七十种作文
示范与解说

张荣初·著

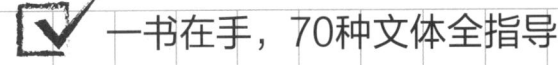
一书在手，70种文体全指导

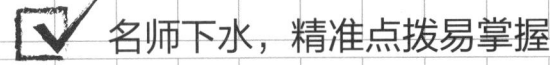
名师下水，精准点拨易掌握

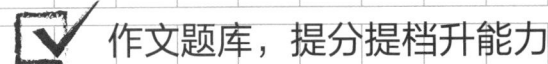
作文题库，提分提档升能力

自 序

　　作文是学生知识水平、分析能力、表达能力、思想观点、道德品质的综合表现，是语文学科的高级练习和测试，是语文教学的中心环节。

　　学生所学字词的形音义、语法、修辞、标点符号、篇章结构、写作方法等各种语文知识，都可通过作文得到运用，通过运用加深理解，掌握在手。

　　语文教学的主要目的是提高学生的阅读、写作能力，语文考试主要考阅读、写作能力。从2019年9月1日起，统编本教材正式在全国启用。专家称，语文新教材的学习，"读写是突破口"。阅读、写作相辅相成。会读的不一定会写，会写的则会有较高的阅读分析能力。叫楼房的建筑师分析楼房的结构、特点、建筑方法，他肯定能够说得头头是道。叫写作高手分析文章的结构、主题、写法，他同样能够说得头头是道。

　　作文水平高的人通常说话水平也会高。作文水平高的人知道：说话也应该像作文那样主题鲜明、条理清楚、用词恰切，因而说得好。如果能够写好发言稿再说，会说得更好。

　　语文教学的目的是提高学生的听、说、读、写这四种能力。写作的能力提高了，说和读的能力也会跟着"水涨船高"，可谓一举三得、一箭三雕。

　　提高作文水平还可提高其他学科的水平、成绩。所有学科都要阅读理解，不少学科考试题目中有表述题。要顺利阅读理解，表述题要答得重点突出、条理分明、句子通顺、结构完整，就必须有较高的写作水平。

　　作文水平高，不仅对学生在学校时非常重要，而且对学生毕业后就业也非常重要。报纸、杂志、广播电台、电视台招聘记者、编辑，行政机关、企事业单位招聘文秘人员，写作水平高是必备条件。在工作中有经验、做法、创造、发明等，善于写作的人能够迅速、完美地写出来，有助于事业的交流发展。

　　老师指导学生作文的一种好方法是写示范作文（又称"下水作文"）。老师通过写示范作文可以具体感知学生写作的心理和困难，从而发现存在的问题，把握情况，切准脉搏；可依据学生的生活实际、作文水平下笔，为学生提供符合实际水平的、具体的、容易仿效的范例。叶圣陶先生说，提倡教师写示范作文"无非希望老师深知作文的甘苦，无论取材布局，遣词造句，知其然又知其所以然，而且非常熟练，具有敏感，几乎不假思索，而自然能左右逢源。这样的时候，随时给学生引导一下，指点几句，全是最有益的启发，最切用的经验"。

在教学过程中，我遵从叶圣陶先生的教导，跟学生同题作文，以自己的写作热情去激发学生的写作兴趣，以自己的写作体会去开导学生的思路，使学生明确文体特点、写作方法。有符合实际水平的、容易仿效的示范作文做范例，有以示范作文为例子讲解文体特点、写法等的具体详细的"解说"指引，有老师通过写示范作文具体感知的、能够切准脉搏的点拨，学生写出符合要求的文章并非难事。因此，利用示范作文及相关"解说"教学生作文是非常好的教学方法。

本书中作文种类齐全，中学生要学、要写、要考的文体，几乎都被囊括其中，是名副其实的中学作文大全。一书在手，所有作文不求人，记叙文、散文、说明文、议论文、话题作文、新材料作文、实用文、文学作品都可以从容应对。

本书对每种示范作文的文体都作了具体解说：结合示范作文讲解其含义、特点、写法等，使读者既知其然又知其所以然。对容易混淆的文体，从多方面分析其区别，以免张冠李戴。示范作文易于仿效，解说具体、详细、通俗，深入浅出。中学生如果能够认真阅读示范作文，仔细阅读、思考解说，就能够对文体的内涵、特征、写法、要求等有比较透彻的理解，就能够写出较好的文章来。

中考、高考作文所考的各种文体，本书都有所涉及；既有对平时作文的具体指导，又有对应试作文的具体指导。作文训练题中，有作者在教学中自拟的作文题，有从报刊上选来的作文题，还有各省中考、高考作文题和全国高考作文题，堪称作文题库，供读者在平时写作训练和备考中选用。因此，本书既适用于平时作文，又适用于应试作文。

如今的作文考试几乎不限制文体，你掌握了多种驾轻就熟的文体，考试时便容易写出好的文章来。掌握的文体越多，选择的余地越大。所以，应该尽可能掌握多一些文体的写法。

打开本书，首先通读全书，然后，课堂上写什么文章就学习书中相关文章，按照书中所写方法下笔；考什么文章就在考后学习书中相关文章：发现问题要根据书中所写方法亡羊补牢，不及格要根据书中所写方法重写。

部分示范作文后面附有同类名篇佳作的题目、作者、出处。根据这些文章的题目、作者或出处，往往可以在网上或出处找到这些文章。学习这些文章可以进一步提高道德品质，了解这些文章的特点和写法。说明文、议论文、话题作文、新材料作文的同类佳作，在中学生优秀作文选、中学生获奖作文选这类书中比比皆是，所以不附这些文章的题目、作者、出处。

本书力图对青少年学生进行全方位的政治、思想、道德品质教育。在示范作文和作文题目中，可以看到知识分子的赤诚、先进人物的无畏、青少年学生的意气风发，可以读到卖弄者的窘态、卑鄙者的可耻、狂热者的可悲，可以认识到共产党的伟大、社会主义制度的优越、新中国的美好。书中的文章和作文题还教人胸怀宽广、持之以恒、团结协作、诚信为本、珍惜时间、艰苦朴素、正确对待金钱、牢记历史教训、做德智体美劳全面发展的人才等等。

书中示范作文三分之一左右在山西省《作文周刊》、河北省《语文教学之友》、浙江省《中学语文报》、广东省《广东语文报》《广州日报》等报刊上发表过。江西省《读写月报》、广东省《珠江教育论坛》都曾连载书中部分文体的全文（示范作文、解说、作文题目）。个别示范作文获过奖，例如《站在国旗前的遐想》，1996年获得《中学语文报》举办的全国中学语文教师示范作文评比唯一的一等奖。

书中有些解说参考了报刊、书籍中的有关内容，谨向相关作者表示衷心感谢。

张荣初

2022年6月10日于广州

目录

记叙文

1. 写人记叙文 ……………………………………… 2
2. 写群体记叙文 …………………………………… 8
3. 叙事记叙文 ……………………………………… 12
4. 写景记叙文 ……………………………………… 18
5. 参观记 …………………………………………… 22
6. 半命题作文 ……………………………………… 25
7. 想象作文 ………………………………………… 32

散文

8. 写人散文 ………………………………………… 37
9. 叙事散文 ………………………………………… 41
10. 状物散文 ……………………………………… 45
11. 写景散文 ……………………………………… 48
12. 抒情散文 ……………………………………… 53
13. 议论散文 ……………………………………… 56
14. 片断式散文 …………………………………… 60
15. 对话式散文 …………………………………… 64

16. 记叙性随笔	67
17. 说明性随笔	69
18. 游记	71

说明文

19. 物品说明文	76
20. 动物说明文	79
21. 植物说明文	81
22. 建筑物说明文	84
23. 事理说明文	87
24. 科学小品文	92
25. 科技小制作说明文	95

议论文

26. 阐明型议论文	98
27. 证明型议论文	105
28. 推究型议论文	110
29. 范围型议论文	113
30. 关系型议论文	118
31. 引申型议论文	123
32. 关系引申型议论文	127
33. 类比型议论文	132
34. 驳论	135

35. 思想评论 ·· 138
36. 文学评论 ·· 141
37. 读后感和观后感 ···································· 144

话题作文

38. 简单话题作文 ······································ 151
39. 普通话题作文 ······································ 154
40. 关系型话题作文 ···································· 161
41. 命题式话题作文 ···································· 166
42. 图画式话题作文 ···································· 170

新材料作文

43. 给简单材料作文 ···································· 176
44. 给普通材料作文 ···································· 181
45. 给正面材料作文 ···································· 189
46. 给负面材料作文 ···································· 196
47. 给正负兼有材料作文 ································ 201
48. 给见仁见智材料作文 ································ 206
49. 命题材料作文 ······································ 211
50. 任务驱动型作文 ···································· 214
51. 给图作文 ·· 219
52. 缩写 ·· 224
53. 扩写 ·· 228

54. 改写 ·· 233
55. 续写 ·· 240
56. 仿写 ·· 244

实用文

57. 发言稿 ·· 249
58. 演讲稿 ·· 259
59. 对联 ·· 263
60. 书信 ·· 265
61. 日记 ·· 270

文学作品

62. 诗歌 ·· 276
63. 儿歌 ·· 281
64. 小说 ·· 283
65. 课本剧 ·· 289
66. 寓言 ·· 295
67. 童话 ·· 298
68. 故事 ·· 301
69. 科幻故事 ·· 306
70. 故事新编 ·· 309

记叙文

以记叙为主要手段的记人、叙事、写景、状物的文章。记叙文的要素一般指时间、地点、人物和事情的原因、经过、结果。

1. 写人记叙文

我的母亲

我的母亲叫黄招太,广东省龙川县黄布镇人。出生不久便被我祖母抱来做童养媳。

她中等身材,一头短发。两眼透露出沉稳、刚毅的神态。脸瘦削,较赤,洋溢着和善、慈祥。手脚粗糙,露出根根青筋。

提起中华人民共和国成立前农民的苦难,石头也会流出眼泪来。那时候,"农民头上三把刀,税多租重利息高;农民眼前三条路,逃荒要饭坐监牢"。税多,连农民进县城挑粪也要纳税,因而有人写了一副对联贴在城门口:"自古未闻屎有税,而今只剩屁无捐。"横批:"民国万税"。租重,农民要将收成的五六成交租。利息高,"高利贷,滚雪球,滚走田地和孩子,一生做马牛"。在"三把刀"的残害下,农民有些要饭,有些坐牢,有些逃荒。他们有的逃到深山野岭,有的逃往海外。在逃往海外的人流中便有我的父亲张彬兰(后改名剑青)。

父亲离家时,母亲22岁,我4岁,我的童养媳2岁,弟弟刚出生。是否离家?父亲犹疑不决。母亲说:"在家死门绝路,又要抽壮丁,出门或许是条生路,你放心离去,我挺得住。"年轻夫妻谁不想生活在一起?生活所迫,只能忍痛分离。

父亲去到北婆罗洲(今马来西亚沙巴州),以耕山为业,一年半载才有一封信或一点钱寄回家。由于当时政府发行的钱币一日变三变,寄回来的钱往往成为一堆废纸。1948年,父亲用100元马来币兑换成一笔金圆券寄回来,由于当时的金圆券不断贬值,收到后只买得两公斤盐。如果不贬值,可买100公斤左右的大米。

面对社会黑暗、夫妻天远地隔、钱币贬值、三个小孩年幼，母亲想：社会黑暗、夫妻分离、钱币贬值是自己没法改变的，多想没用。咬牙几年，小孩便长大了，长到五六岁会做家务，长到七八岁能干农活。自己年轻，有的是力气，只要勤耕苦作，就不会饿死。

她既不高大也不粗壮，但是做起农活来却像只小老虎。扛锄头、拿镰刀、扛扁担，样样是能手。既有力气，又灵活，是村里有名的劳动能手。

农忙时，她起早摸黑地耕种田地；农闲时，她上山砍柴、割草。冬天，她在家绩麻、纺纱、织布，家里用的蚊帐是用她织的麻布做的，用的被单、毛巾、衣服是用她织的棉布做的，有时还有多余的布出售。农忙、农闲，每天都要劳动十四五个小时，简直是一个多面手机器人！

在国民党军队对中央苏区进行"围剿"时，苏区人民与苏区周围的群众很难买到盐。为支持苏区人民的斗争，广东与江西交界的一些县的农民挑盐北上，卖给盐商或苏区附近的群众，逐渐形成一条条"盐路"。后来，这些盐路变成"商路"，成为广东、江西边界物资交流的通道。在这些通道上，有不少盐贩和其他商贩，其中多数是年轻力壮的男子汉，只有少数是妇女。农闲季节，母亲也去当盐贩。她从家里挑30公斤大米出发，到汕尾换50公斤左右生盐，再把盐挑到赣南。每天走50千米左右，来回一趟大概需要20天。爬坡下岭，山路崎岖，冒严寒酷暑，遭日晒雨淋，有些壮汉子也吃不消，母亲却走了一趟又一趟。

母亲每次挑盐回来，都又黑又瘦，疲惫不堪。为了尽快消除疲劳，要我用一只大碗蘸上热水给她刮背，刮得整个背部出现条条红痕才舒服一些。

中华人民共和国成立后，母亲扬眉吐气，积极参加土改运动。母亲为人正直，被推选为物资看管人之一，看管从地主家没收来的物资。这些物资堆积如山，吃的、穿的、用的应有尽有，但母亲没有私取一件，可谓"站在河边不湿脚"。

1964年，母亲积劳成疾，患了严重的心脏病，医生都认为没有康复的希望了,叫我准备后事。母亲说:"病已患,唯有平静应对。"由于她心态好,能够以顽强精神与死神抗争,加上不断治疗,数年后终于康复。

1978年,母亲、弟弟一家获准定居香港。到香港不久,病魔又来纠缠母亲,这次患的是癌症,她再次以顽强精神同病魔抗争。1982年,病情一天天严重。她不顾身体羸弱,辗转来到我工作的地方怀集县。母亲住院治疗期间,我每次去看她,她都不许我久坐。坐下不久,她便催我回学校,生怕耽误了我的工作。患重病的人谁不想亲人待在身边?母亲怕耽误了我的工作,才这样做的。

1982年,母亲仙逝。多年来,我把母亲的骨灰放在我的床对面,怀念她,追思她,以努力工作报答她,为她争光。1987年,我才把她的骨灰送回故乡安葬。

龙川县政协编写出版《龙川县成功人士宝典》。农民入选该书的条件是所生子女全部考上并读完大学。在母亲的熏陶下,我与弟弟都刻苦学习,相继考上并读完大学,因而母亲有条件入选该书,成为龙川县成功人士之一。

母亲是一个平凡的妇女,又是一个不平凡的妇女。她的品质,是中国千千万万平凡妇女所普遍具有的品质,正是她们顶起了"半边天",她们平凡而又伟大。

延伸阅读:黄国平《归来仍是少年》(《读者》2021年第11期)

◆ 描写人物的顺序与要求

写人记叙文是以人物为中心,通过一件或者几件具体、典型的事情表现人物思想、品质等的文章。

描写人物的顺序与要求,可以概括为下面一首顺口溜:

基本情况到外貌,所遇困难心理情;

接着叙写言和行,最后结果写分明。

外貌描写抓特征,所遇困难要艰辛;

心理描写要具体，语言要能体个性；

行动必须着浓墨，细节描写显心灵。

描写人物往往从介绍人物姓名、籍贯等基本情况开始，接着描写人物外貌，让人知道人物的样子。

"人生不如意事，十常八九。"生活在当今社会，人在生活、学习、工作中会碰到困难、痛苦、挫折甚至磨难。描写人物（正面人物）通常写人物同困难作斗争的情形，通过人物同困难作斗争的情形来表现人的思想性格，所以在写外貌后接着写人物碰到困难的情景。人在碰到困难后会出现心理活动，于是接着写人物的心理活动。心理活动后会有语言、行动，因而接着写人物的言行。言行会有结果，所以最后写结果。

因此，描写人物的顺序为：基本情况—外貌—心理活动—语言—行动—结果。《我的母亲》便是按此顺序叙写的。

写困难应当写比较难克服的困难。"沧海横流，方显出英雄本色。"《我的母亲》中母亲碰到的种种困难不是一般的困难，而是难以克服的困难：社会黑暗、22岁时便要夫妻分离、要抚养三个小孩、钱币贬值、挑着重担长途跋涉、濒临死亡的病。

心理描写是对人物在一定环境中所产生的看法、感触、联想、思想斗争等心理状态的描写。它可以深刻揭示人物的精神世界，表达人物的思想感情，使人物形象更加丰满、充实。心理活动要写得具体真切，不要简单化。可从旁观者的角度对人物的内心活动进行描述、分析。《我的母亲》就是这样描写母亲的心理活动的。可通过人物默想、自言自语、内心独白描写人物心理，可通过人物动作暗示人物心理，可通过人物表情表现人物内心，可通过梦境、幻觉显示人物内心，可借景物衬托，还可综合运用多种方法。

"言为心声"，写人物的语言也能反映人物的个性和思想，因为人的身份、职业、性格、思想不同，其语气、语调、用词等往往也不相同。写人物的语言，要能体现人物的身份、职业、性格、思想等，不能"众口一词"，要将人物语言和表情、动作有机地结合起来。《我的母亲》中母亲对父亲说的话、母亲病危时说的话，便是有个性的语言。

人物行动描写就是对人物动作、行为的描写。它最能表现人物的思想和性格。"行动是最好的说明"，所以行动是描写的重点，应该详细描写。写人离不开记事，人物的思想和性格只有通过具体事例才能表现出来，这就是人们常说的"用事实说话"。在叙述事情时，要注意行动描写，事情是"做"出来的，即由行动表现出来的，因而行动描写是表现人物思想、性格等的主要方式。《我的母亲》便是以描写母亲的行动为主的。

此外，还可以通过外貌和细节来描写人物。

人的外貌一般包括容貌、服饰、打扮、身材、体态等。每个人的外貌都有着与别人不同的特点，善于抓住特点，是写人物外貌最常用、最重要的方法。"眼睛是心灵的窗户"，要善于抓住人物眼睛的特点来描写人物外貌。《我的母亲》第二自然段便是对母亲外貌的描写。

细节是描绘人物性格、事情、环境、景物的最小单位，通常由人物的外表特征、行为特征等方面的具体描写来完成。写人物要生动、具体，就不能缺少细节描写。细节很能展示人物的性格与品质，"借一斑略知全豹，以一目尽传精神"。"母亲住院治疗期间，我每次去看她，她都不许我久坐。坐下不久，她便催我回校，生怕耽误了我的工作。"这便是一个细节描写。

这里介绍的人物描写的顺序与要求，适合初写人物的同学。初写人物，如果"老鼠咬乌龟——无从下口"，可以按此顺序与要求写。写作水平提高后，就不一定如此下笔了。

◆ 写人记叙文题目

（一）奖励自己（广东省广州市中考作文题）

（二）为自己喝彩（山东省泰安市中考作文题）

（三）那一次，我真的很棒（山东省滨州市中考作文题）

（四）别担心，我可以的（广东省高考作文题）

记叙文

（五）我的父亲（西藏自治区中考作文题）

（六）我的母亲（全国高考作文题）

（七）我敬佩的老师（黑龙江省中考作文题）

（八）一位与众不同的老师（黑龙江省哈尔滨市中考作文题）

（九）我的班主任（河北省石家庄市中考作文题）

（一〇）记一个值得我学习的同学（吉林省长春市中考作文题）

（一一）他（她）在班上出了名（江苏省徐州市中考作文题）

（一二）总想为你唱支歌（山东省烟台市中考作文题）

（一三）记一个执着追求的人（山东省济南市中考作文题）

2. 写群体记叙文

瞧我一家子

我家有我、妻子、两个儿子、两个儿媳妇、两个孙子、一个孙女。

我是一名中学老师，妻子是学校报刊阅览室管理员，现均已退休。大儿子是大学老师，今因病在家休养。大儿媳妇是公司会计。大孙子是在读研究生。他们定居广州。小儿子原是中学老师，今从事装修工作。小儿媳妇在保险公司工作。孙女读大学。小孙子读高中。他们定居香港。一家人都为人正派，积极向上，生活优裕，相处和睦，其乐融融。

我关爱学生。学生李炎宗患病，我带着礼物去探望他。他是走读生，晚上上完自修后要回家，早上一早上学。为了不用早晚走来走去，加上他家住的是低矮狭窄的小屋，他要求与我同住，我欣然同意，师生同床而卧（那时我还没有结婚）。

我重视业务学习，大胆改革教学方法，对工作非常负责，一再创学校高考最佳成绩。虽然可以去香港或马来西亚定居，却能"咬定青山不放松"，在山区县工作到退休。获得多种先进称号。出版论述语文教学、介绍语文知识的著作四册，出版文学著作三册，还发表了回忆录。《南方日报》、广东电视台曾先后报道我的事迹。

我的妻子杨素雪先后在怀集县大岗中学当图书管理员、县教印厂当工人、怀集一中报刊阅览室当管理员。她工作积极，一丝不苟，受到好评。

大儿子张侃侃原为小学教师，教学任务不重，因此业余时间较多。他利用空闲时间自学英语和数学，打算工作满两年后报考师范大学。他读小学、初中、中师时都没有学过英语，这时候自学就得从 ABCD 开始，而且没人指导,全靠自学。他借来初中六册英语课本,买回这六册英语课本的录音带,眼看课本,耳听录音,口跟着读。读完单词读课文,读熟后背诵,能够顺畅地背诵后再默写,直至初中六册课文全部能够顺畅地背诵和默写出来。高中英语也是这样自学。他没有做过一道课外练习题,没有做过一份试卷,后来在高考中考了75分(满分为100分),比很多应届生的分数都高。他读中师时高中数学只学完一半课程,要考大学,还得自学更加艰深的其余一半。他每天早起晚睡,做好本职工作后自学英语、数学并驾齐驱,在高考中数学也考了75分(满分为100分)。英语、数学自学完毕后,他一边复习巩固这两科知识,一边复习语文、政治、历史和地理,然后参加高考,考上了华南师范大学中文系。那年高考,怀集县文科考生达到本科录取线的只有两人,一个是怀集一中文科应届班学生,一个就是我儿子。四年后,他留校任教。四年前是小学教师,四年后是大学教师,可以说实现了"三级跳"。

我的大儿媳妇刘云燕毕业于华南师范大学财会与计算机应用专业,毕业后边工作边参加会计班学习,考取了会计师职称。她仍不满足,参加湖南大学会计系函授,顺利拿到文凭,今任公司会计。

我的小儿子张孜孜原为中学美术教师,后来经商,再后来从事装修工作。我的小儿媳妇李春巧在读中学时被选为学生会主席,大学毕业后经商,今在香港安盛金融有限公司工作。

我的孙子、孙女个个活泼可爱,勤奋读书。大孙子张维正从华南理工大学毕业后被深圳大学录取为研究生。孙女张诗婷就读于香港理工大学。小孙子张耀正就读于香港喇沙书院,是香港足球队少年组队员。

这就是我的一家,中国千千万万家庭中一个普通而又幸福、和谐的家庭。

延伸阅读:杜江茜、雷远东《陆良八老》(APP"封面新闻")

◆ 怎样写一个群体

写群体的记叙文,即叙写一个家庭、班级、年级、单位、团体等的人物、事情的记叙文。

写一个群体要点面结合。

点指典型的个人或者整个大群体中的某个小群体。《瞧我一家子》中的我和张侃侃便是"点"。

所谓面,指概括的、一般的情况和其他人的简介。《瞧我一家子》第一、二自然段是概括的、一般的情况介绍,第五、第七至第九自然段是其他人的简介。

"点"的叙写可以反映事物的深度,使文章内容具体、真切。

"面"的叙写可以反映事物的广度,使文章内容全面、完整。

要选择典型的、不同类型的"点"来叙写。《瞧我一家子》所选的"点"便比较典型,内容各有侧重。

"面"的介绍要概括,能反映全貌。

运用"点面结合法",一要从整体出发,根据事实进行概括;二要选取典型事例,进行具体叙述;三要做到点与面紧密联系,使之成为一个整体。

所写人物较多,比如写《我们班的那些同学啊》,要点面结合。所写人物较少,比如写《我的一家》,家中只有父母和自己,就不一定要点面结合了。

对"面"上的人物,有些可作简略介绍,有些可一笔带过。《瞧我一家子》中对我妻子、小儿子、两个儿媳妇作简介,对孙辈则一笔带过。

这种文章如果采用散文形式,要注意形散而神聚。

◆ 写群体记叙文题目

(一)瞧我一家子

(二)瞧那一家人

(三)我的伙伴们

(四)嘿,我们这一伙

(五)我们村里的年轻人

（六）我的同窗们

（七）我的老师们

（八）我们班的那些同学啊（山东省济南市中考作文题）

（九）多好的年轻一代（海南省中考作文题）

（一〇）我的好朋友们（青海省西宁市中考作文题）

（一一）长辈（江苏省苏州市中考作文题）

（一二）他们（上海市高考作文题）

3. 叙事记叙文

从沙巴乘机回广州

2006年8月3日清晨，晴空万里，朝霞似锦，晨风醉人。我和妻子、弟弟、从弟、从弟媳等在马来西亚沙巴州探亲结束，准备乘飞机回广州。

在二妹添英家吃过丰盛的早餐后，其他弟妹和他们的子女等二三十人陆续来到二妹家，准备送我们去机场。

在机场即将离别时，大家依依不舍，一再道"保重"。忽然，三妹发英哭了起来。她一哭，惹得不少人眼噙泪花。在一片"保重"声中，大家一再挥手告别。

飞机升空后，我从舷窗深情地望着沙巴——这块父亲生活了六十多年的地方，弟妹们成长的地方，我魂牵梦萦的地方。

经过近三个小时的飞行，飞机慢慢下降，逐渐可以看到珠三角的山峰、河流、乡村和城镇，我们即将回到祖国怀抱了。可是飞机迟迟不降落，反而越飞越高。这时广播响了，分别用英语、马来语和普通话通知乘客：由于受台风"派比安"的影响，飞机不能在广州机场降落，也不能在深圳、香港、福州等地机场降落，要飞到台湾省高雄市去。大家都感到非常意外。

经过近两个小时的飞行，飞机开始降落。高雄市的道路、楼房等跃入眼帘。广播说飞机降落后乘客可以下机，可是飞机降落大约一个小时了，还不见机舱门打开。此时广播又响了，大意是台湾有关方面只准飞机加油，不准乘客下机。因为飞机仍然不能在广州机场降落，所以要飞回沙巴。

经过近五个小时的飞行，飞机飞回了沙巴。下机后办理手续，工作人员交给我们五张票证：免费乘坐的士去酒店的票、免费入住香格里拉酒店的票、免费吃今天晚餐和明天早餐的票、免费换取从沙巴飞往吉隆坡机票的票（因为明天从沙巴飞往广州的飞机已经没有空位，所以要去吉隆坡换乘吉隆坡飞往广州的飞机）、在吉隆坡免费换取到广州机票的票。

乘车到达香格里拉酒店，才知道这是沙巴州首府哥打基纳巴卢（俗称亚庇）最高级的酒店，服务员给我们几对夫妻各安排一间双人房，问我们明天几时起床，以便到时提醒。房间里设备齐全、高档。我们还没有住过这么豪华的酒店，感到非常满意。放好行李，我们便去吃饭。饭厅里摆放着面包、米饭、猪肉、牛肉、青菜、汤、牛奶、饮料等，大家各取所需。吃完晚饭，我赶紧回房间打电话给弟妹们。如果飞机在广州正常降落，他们在下午一时左右便能接到我们的电话，可是到了晚上九时我们还没有打电话给他们，他们一定不放心了。听了我的电话，他们终于放心了。

休息了一会儿，我正想洗澡时，门铃响了，开门一看，原来是沙巴州的弟弟妹妹们来看望我们。交谈时，欢声笑语不断，大家无所不谈。交谈了一个多小时，他们怕影响我们休息，才依依不舍地离开。"血浓于水"，一点不假。

8月4日，我们凌晨起床，清晨乘机从沙巴到吉隆坡，再从吉隆坡乘机到广州。回到家，我立即打电话给弟弟妹妹们。他们接到电话后很高兴，说明年他们来中国探望我们。

2007年4月，添英、发英、莲英、幼英妹妹、黄玉媚弟媳果然先后到香港、广州、龙川、惠州探望我们兄弟姐妹。

延伸阅读：吴鼎《爱的退让》（《现代女报》2003年5月9日）

◆ 叙事"六要"

叙事记叙文：以叙述事情为主，叙述事情发生、发展和结果的文章。

写叙事记叙文要做到"六要"。

1. 要注意审题

审题要抓住"题眼"，即题目中最关键、最重要的词语。"题眼"往往能集中反映题目的范围、重点和要求，是写作的重点所在，所以审题时一定要抓住它。

题目是偏正短语，重点往往在"偏"上。如《亲密的伙伴》，重点在"亲密"上。《难忘的事》，重点在"难忘"上。

题目是主谓短语，重点主要在"谓"上。如《妈妈笑了》，重点在"笑"上。《校园美》，重点在"美"上。

题目是动宾短语，重点主要在动词上。如《热爱祖国》，重点在"热爱"上。《求雨》，重点在"求"上。

题目是联合短语、介宾短语，重点则在"题外"。如《我和同桌》，重点是我和同桌之间发生了什么事。《为了集体》，重点是为集体做了什么。

题目是个句子，"题眼"多在动词谓语或者动宾短语上。如《从沙巴乘机回广州》，重点在"回广州"上。

有的题目只是一个词，如《习惯》《尝试》等，无"题眼"可寻，审这类题的关键是要全面弄清楚这些词的含义。如《脚印》，应由人的脚印联想到人生的历程，联想到人的成长进步，这样思路就开阔了，容易写出好文章。

2. 要围绕主题思想写

先确定主题思想，围绕主题思想编写提纲，叙写。笔者写《从沙巴乘机回广州》，先确定"表现兄弟兄妹间血浓于水的深情厚谊"这一主题，再围绕这一主题叙写。

记事有一文一事与一文多事两种。无论写哪一种，都只能有一个主题。写一文多事的记叙文时尤其要注意这一点。不管是多事并行还是多事连写，不管所写的事情的时间、地点、人物是否相同，这些事都要由一个主题思想贯串起来。

3. 要完整

时间、地点、人物、事情的原因、经过、结果缺一不可。只有把这些内容交代清楚了，读者才会完整地了解人物活动和事件发展的过程，准确地把握文章的内容，并从中受到启发和教育。从写作方面来讲，这样才能使文章眉目清楚、脉络分明、层次清晰。此外，文章结构也要完整，要将材料编织成一个有机的整体，前后照应。《从沙巴乘机回广州》的时间、地点、人物，事情的原因、经过、结果都一一交代清楚了。

4. 要按一定的顺序安排材料

叙事时要确定一定的顺序，它是使文章条理清楚、层次分明的重要因素。在记叙的顺序上，有的要按照时间先后来叙述，如《星期天》；有的要按照空间位置的转移来叙述，如《登××山》；有的要按照事情发生的过程来叙述，如《一次不寻常的考试》；有的要按照事情的属性来安排材料，如《×××同学二三事》可以按照德、智、体方面的事来安排；有的多种顺序并用，如《从沙巴乘机回广州》按照时间、事件发生过程来叙写。

5. 要详略得当

有些事情，头绪多，牵涉面广，可写的内容很多，应该做到与中心思想关系密切的详写，关系不大的略写，没有关系的不写。一般来说，起因、结果可以略写，事情的经过，凡是与主题关系密切的都应该详写。要把一件事情写具体，仅凭记叙是不够的，还必须借助具体的描写，否则该详的地方就难以写得详细。如《从沙巴乘机回广州》一文，能够表现兄弟兄妹深厚情感的地方着墨较多，从沙巴机场到高雄，再从高雄回沙巴的情形着墨也较多，从沙巴机场到吉隆坡机场，从吉隆坡机场到广州机场的情形则一笔带过。

6. 要夹叙夹议或者叙事、议论、抒情相结合

夹叙夹议或者叙事、议论、抒情的综合运用，可以深刻揭示所写事情的意义，充分表达作者的思想感情，深化文章的主旨。如《从沙巴乘机回广州》一文中，"'血浓于水'，一点不假"便有这样的作用。

◆ 叙事记叙文题目

（一）快乐的星期天（吉林省中考作文题）

（二）我在中考前的一天（北京市中考作文题）

（三）难忘的时候（浙江省杭州市中考作文题）

（四）放学之后（云南省昆明市中考作文题）

（五）冬夜（陕西省宝鸡市中考作文题）

（六）雨后（全国高考作文题）

（七）阳光灿烂的日子（云南省昆明市中考作文题）

（八）放学路上（广东省中考作文题）

（九）街头一角（浙江省杭州市中考作文题）

（一〇）市场一角（全国高考作文题）

（一一）补课（江苏省常州市中考作文题）

（一二）心愿（江苏省盐城市中考作文题）

（一三）误会（江苏省丹阳市中考作文题）

（一四）选择（福建省福州市中考作文题）

（一五）感动（陕西省中考作文题）

（一六）责任（浙江省丽水市中考作文题）

（一七）合作（北京市中考作文题）

（一八）机遇（上海市高考作文题）

（一九）尝试（全国高考作文题）

（二〇）渴望（广东省梅州市中考作文题）

（二一）礼物（广西壮族自治区南宁市中考作文题）

（二二）凝聚（北京市中考作文题）

（二三）记一次难忘的争论（江苏省无锡市中考作文题）

（二四）一次难忘的照相（福建省五地市中考作文题）

（二五）一次不寻常的考试（天津市中考作文题）

（二六）记一次升旗活动（辽宁省沈阳市中考作文题）

（二七）我经历的一次小波折（安徽省中考作文题）

（二八）记我的一次成功（天津市中考作文题）

（二九）一件出人意料的事（湖北省宜昌市中考作文题）

（三〇）发生在我家的一件事（北京市中考作文题）

（三一）给我教益的一件事（天津市中考作文题）

（三二）告诉你我的一件新鲜事（江苏省无锡市中考作文题）

（三三）一件值得回忆的事（山东省青岛市中考作文题）

（三四）我成长中的一件事（广东省广州市中考作文题）

（三五）由我做主的一件事（新疆维吾尔自治区乌鲁木齐市中考作文题）

4. 写景记叙文

燕岩

燕岩位于广东省肇庆市怀集县桥头镇，是我国内陆唯一的燕窝产地。

有一种燕子，叫金丝燕，又叫石燕。每年春分过后，千千万万只金丝燕从海岛、海边不远万里向燕岩飞来，筑巢于该岩洞的窟窿崖穴，繁衍子孙。仲秋时节，天气渐冷，老燕带着新燕离岩而去，飞回海岛、海边。飞行的"燕队"形似一匹宽大无比、绵长无比的布，声似波涛拍岸，年年如此，"燕岩"一词由此而来。

燕岩平均高度66米，宽约40米，长约660米，东西各一个大洞口，因而洞内不用借助灯光照明。一条小河、一条公路穿洞而过。岩洞两边多为绝壁，穹顶凹凹凸凸，有无数大大小小的洞穴，金丝燕就在那些洞穴里做窝。穹顶上的钟乳石垂若冰凌，河畔的石笋屹立如林。有些地方洞中有洞，诡谲迷离。那状人状物的钟乳石、石幔、石笋比比皆是，让人目不暇接，如宝鸭倒影、梅树花发、姜公钓鱼、壁上莲花、庵中尼姑、仙女遗鞋、和尚念经、八仙闹东海、狮子上楼台、童子拜观音、花猫捉老鼠……千姿百态，各有千秋，美不胜收。

洞府中部有一石笋拔地而起，倒映于岩河碧波之中。它高约20米，略似人，叫"刘三妹石"。刘三妹是传说中的一个出口成歌的女子，她到燕岩一带传歌唱酬，被燕岩的迷人风景所吸引，舍不得归去而坐化成石。"刘三妹石"旁边有片"梯田"，一叠"梯田"常年水溢田埂，一叠"梯田"长期干涸。人们说有水的那叠是勤劳的刘三妹的，干涸的那叠是懒惰的刘三哥的。人的褒贬之情可谓无处不有，何其鲜明。

"猴子偷桃"可有趣了!那顽皮的小猴弯着腰,右手向前准备偷桃,左手向后甩,全神贯注地盯着盘子里的桃子,口水直流,好像恨不得马上把桃子拿来吃掉。

观音坐莲花高五六米,宽一米左右。那观音慈眉善目,形态安详,静静地坐在莲花上,默默地守护着燕岩,被定为燕岩镇洞之石。

特别令人赞叹不绝的,是一幅由白色石纹构成的"花猫捉老鼠"图,它比画家笔下的画还要有神。

清代陈如锦游罢燕岩,为其美景所倾倒,挥毫写道:"行舟历尽诸天界,出洞浑如隔世人。上却征车更回首,桂林丘壑总凡尘。"在他看来,甲天下的桂林还比不上燕岩呢!

延伸阅读:李海鹏《观云》(2011年百花洲文艺出版社出版的《晚来寂静》中的片段)

◆ 怎样写作写景记叙文

写景记叙文是以描写自然景物为主的记叙文,如描写山川原野、江河湖海、花草树木、云霞雾露、亭台楼阁、日月星辰等的记叙文。

怎样写作写景记叙文?

1. 抓住景物特点

不同的景物有不同的特点,同是名山,华山峻峭,黄山奇秀;同是江河,长江雄伟,漓江秀丽。写景,要突出景物的特征,写出此景与彼景的不同之处,向人们描绘出一幅独具特色的风景画。《燕岩》一文既抓住一般岩洞所具有的状人状物之钟乳石、石幔、石笋比比皆是、生动传神的特征来写,又抓住有金丝燕做窝,东、西各有洞口而洞内不用借助电灯照明的特征来写,便是力求抓住景物特点来写的表现。

要想了解景物的特征,离不开细致的观察。要调动各种感觉器官进行全面、细致的观察,做到"静观默察,烂熟于心"。要进行比较,看看此景物与其他同类景物有哪些相同和不同之处。

2. 按一定顺序写

描写景物像画一幅风景画，要选好观察点，按一定顺序写，由远及近，由左到右，从上到下，从外到内，由"面"（全貌）到"点"（部分）；或者按照时间变化顺序、景物类别顺序来写。总之，要有一定的次序。《燕岩》一文由"面"到"点"来写。

3. 要情景交融

要把自己的喜怒哀乐、爱恶褒贬倾注到所写的景物中去，使客观之景笼上作者的主观感情色彩，以至"一切景语皆情语"。情景交融，借景抒情，才能让人感受到你笔下景物之生动传神、令人神往，才能使读者产生共鸣，进而给读者带来愉悦之感、陶醉之情，将读者带到特定的情景之中，使读者受到美的熏陶，获得美的享受。如果不知道为了抒什么情而写景，则写出来的景必然苍白。为此，写景前必须明白自己写此景到底为了表达什么感受，抒发什么情感。笔者写此文，为的是抒发对鬼斧神工的燕岩的喜爱和赞叹之情。

4. 点面结合

景物往往有很多内容可写，像燕岩中似人似物的钟乳石、石幔、石笋，有数十个之多，没必要一一道来，选其中较典型、生动的叙写即可，其余的概括地叙写一下。因此，写景物要点面结合。面是全局，是整体；点是局部，却是重点。两者结合，既可以全面反映客观景物，又能突出重点。《燕岩》第一至第三自然段写"面"，第四至第七自然段写"点"。

5. 使景物"动"起来

让静止的景物变得生动，跃然纸上，才算精彩的写景文章。要使景物"活"起来，就要从形状、颜色、声音、动态等方面进行具体、细致的描绘，就要巧用比喻、拟人、借代、夸张、排比、引用等修辞方法描写，还要通过对照、映衬、联想、想象等多种手法去描绘。《燕岩》运用了比喻、拟人、引用等修辞方法，并运用了想象等手法。

◆ **写景记叙文题目**

（一）夕阳

（二）家乡的小河

（三）×××山赋

（四）我心目中的春

（五）以"晨"为题，写一幅"街头"或"田野"的小景。（黑龙江省哈尔滨市中考作文题）

5. 参观记

枫树坝水电厂参观记

2007年5月7日,我与家人陪同从马来西亚来中国探亲的四个妹妹、一个弟媳,去枫树坝水电厂探望林初、日初弟及他们的家人。林初弟在该厂任副总工程师,日初弟在该厂当工人,张勤侄在该厂当技工。

枫树坝水电厂位于广东省东江上游的龙川县,1970年5月动工,1973年9月下闸蓄水,是广东省第二大水电厂,是以航运、发电为主,结合防洪等综合利用的水利枢纽工程。

林初弟和张勤侄带领我们参观此厂。我们首先参观大坝。林初弟介绍说,大坝为混凝土宽缝重力坝,由0号至23号共24个坝段构成。0号至5号、12号至23号为挡水坝段,6号至11号为溢洪道坝段。大坝高91.5米,坝顶长418米,坝底宽87米,坝顶宽6.5米。溢洪坝段设有六孔溢洪道,每孔装有13×13米闸门。水从闸口飞泻而下,十分壮观。我们在坝顶拍了一张又一张照片,才依依不舍地离开。

接着,林初弟说要带领我们去坝内参观,我们有点惊讶。因为我们以为整个坝都是用钢筋水泥灌注的实心坝,想不到里面是空的。林初弟说,这大坝属空腹重力型大坝,里面分几层,乘电梯上下。我们先参观厂房。厂房设在5号至7号坝段空腹内,长66米,宽17米,高15.4米。引水钢管直径5.5米。厂房内装有两台各为7.5万千瓦的水轮发电机组。我们都说从来没有见过这么大的机器。中控室设在两台机组之间。接着我们去到设在另一层的变电站参观。变电站位于溢洪坝段跳鼻坝下的孔洞内,宽11.5米,高11米,长110米,内装两台9万千伏安变压器。又是庞然大物。从坝内乘电梯出来时,我们都说大开眼界。

最后，我们参观水库。水库以库区水面为中心，南北长约25.5公里，东西宽约15公里，水深100多米。水库一碧千顷，碧波荡漾，小岛屿纵横。四周群山绵延起伏，林木茂盛，青苍翠绿。青山碧水、蓝天白云融为一体，使人仿佛置身仙境。

林初弟请我们到设在水库船上的餐馆吃午饭。吃过丰盛的午饭，我们再次来到大坝上，贪婪地观看青苍翠绿的山峰、波光潋滟的水库、喷珠泻玉的"飞瀑"，尽兴离去。

◆ 参观记的写作

参观记，记述参观情景的文章。

如何写参观记呢？

1. 详略得当

参观的地方往往比较大，比如参观一个村庄、一间工厂。参观的东西往往很多、内容很丰富，比如参观博物馆、科技馆、展览馆。可写的东西很多，不能都写下来，必须根据主题，详写重要、有价值、自己很受教育启发、感受较深的东西，略写其他东西。

如果参观的地方不大或者所见不多且都有意义，则可都写下来。笔者只参观了枫树坝水电厂三个地方，内容不多且都有意义，所以笔者在《枫树坝水电厂参观记》中都写了下来。不过，也有侧重，重点写水电厂的核心部分坝内所见。

2. 要有恰当的顺序

参观记一般按照参观顺序写。比如，参观一个村庄，按照农、林、牧、渔的顺序参观，就按此顺序下笔，随着场景的转移，使读者仿佛有随着作者一同参观的感觉。

3. 要有恰当的评述

写参观记可以根据主题的需要适当插入一些评述、感受，但是不宜过多。《枫树坝水电厂参观记》中,"十分壮观""我们都说大开眼界""使人仿佛置身仙境"便是评述、感受。

4. 参观时要做记录

"好记性不如烂笔头。"参观记要写得好、写得快,就要在参观时做记录,把重要内容、数据等记录下来,这样写时才能"一挥而就"。

有时候,要把一些看不到的情况,比如基本情况、相关情况交代一下,让读者对参观对象有更全面、具体的了解。《枫树坝水电厂参观记》第二自然段便是交代基本情况的段落。

◆ 参观记题目

(一) ××村参观记

(二) ××厂参观记

(三) ××水库参观记

(四) ××电站参观记

(五) ××博物馆参观记

(六) 我参观了××××

6. 半命题作文

伯父琐忆

小心谨慎是不嫌多余的

父亲农忙种田，农闲做商贩。他在村里收购活鸡五六十只，挑到老隆，从老隆乘船到惠州，把鸡卖掉，顺便买两三种日常用品回村里兜售。

1935年，伯父张彬泉被抽丁时，父亲在外经商。他回家后得知伯父被抽丁，已经被送到老隆，立即带钱赶到老隆，打算用钱把伯父赎回来。可是去到老隆后，壮丁们已经乘船离去。父亲只好回家，回到家后大哭一场。

1941年，伯父所在部队驻扎在湖南某地，常有日本飞机来轰炸。日机来时，警报一响，大家便往防空洞飞奔。防空洞里空气污浊，蹲久了难受，伯父想：前几次进防空洞都不见日机来轰炸，这次也可能不会来轰炸，洞里难受，何不去洞口吸一会儿新鲜空气再回来？于是，他不听劝告，走到洞口附近吸新鲜空气。想不到一会儿便有日机来轰炸，一块弹片削去他左小腿的一大块皮肉，鲜血直流。真是"小心谨慎是不嫌多余的"。

伯父腿部受伤，行走不便，部队让他回家，他一瘸一拐地回到家里。

伯父回来后，他和我父亲兄弟俩在家。"两丁抽一"，父亲会被拉去当兵。在家求生不易，又要抽丁，父亲只好离乡背井，踏上去外国的"掘金"之路。

凡事都不要讲得太死

我家房屋建在一大片稻田中间，周围沟渠纵横交错，沟渠里常常有鲫鱼、泥鳅等游来游去。

一天下午放学后，我看见一条水渠里有不少鱼，便跑回家，拿了小木桶打算去捉鱼。我看见伯父正闲着，便叫他跟我一起去捉。他答应了，我很高兴，说："今晚有鱼吃了。"他说："不一定。"我说："难道一条也捉不到？"他不作声。

到了那有不少鱼的渠段，我和伯父用泥巴、石块把水渠两头堵住，伯父用小木桶戽水，我用勺子戽水。水越来越少，鱼儿窜来窜去。我说："今晚有鱼吃了。"

伯父说："不一定。"

水渠露底了，鱼儿或躺在泥面上甩尾巴，或蹦来蹦去。我和伯父开始捉鱼。我说："今晚肯定有鱼吃了！"哪知伯父仍然说"不一定"。

捉了一半左右的鱼，堵住上游的水的泥巴、石块被水冲垮，大水一下子涌了进来，其余的鱼捉不到了。

晚上，我用小锅把鱼煎熟，一边往碗里倒一边得意地对伯父说："我说今晚有鱼吃，你老是说'不一定'，现在可以定了吧？"哪知他仍说"不一定"。

我有点火了，把小锅一放，指着装在碗里的鱼说："明明已经煎熟了，马上可以吃了，还死鸡撑硬脚，说'不一定'，你……"就在这时，我家的猫跃了过来，把盛鱼的碗撞倒，鱼全部掉在又是水又是泥的脏地上。猫和狗争着吃了起来，转眼就吃光了。

伯父说："怎么样？还是我说的对吧！告诉你吧，很多事情的发展千变万化，出人意料，'半路杀出个程咬金'的情形并不少见。故此，凡事都不要讲得太死。"

哪能包粽子

伯父农忙种田，农闲或做小生意，或当挑夫，或打短工。1948年三四月间，他给一个住在深山里的人搬土，一直拿不到工钱。农历七月初，伯父又去向那人要工钱，那人说："我确实无钱，用一担箬叶抵一半工钱怎么样？"伯父说："我要箬叶做什么？"那人说："如今是七月初，过十几天就过七月节。七月节包粽子，包粽子要箬叶，你把箬叶卖了不就有钱了。"伯父想：不知什么时候才能收到工钱，不如要了箬叶吧，于是答应了。

裹粽子本来是端午节的习俗。但是，在我们家乡龙川县鹤市区（今紫市镇、黄布镇、鹤市镇、通衢镇、登云镇）的农民，"放下禾镰无粒谷"（收割水稻后，除了交租、交公粮、交税、还债等，稻谷所剩无几）。端午节正值青黄不接时期，不少人无米下锅，吃糠咽菜，哪里还有米裹粽子？只好把裹粽子这事推迟到七月节，成为七月节的习俗。

农历七月初七，天刚蒙蒙亮，伯父便把我叫醒，要我跟他去卖箬叶。我一骨碌爬起来，喝了两碗"浪打浪"的稀粥便跟他上路了。

我家周围十余里村庄距山岭不远，山中有少量箬叶，村里人要箬叶都自己上山寻找、采摘。鹤市、通衢、登云多数村庄在一片盆地上，距山岭很远，采摘箬叶谈何容易。因此，我和伯父赶到这些村庄去卖，边走边大声吆喝。可是，穿村过寨，走了约20公里，竟连一片箬叶也没有卖出去。一个老婆婆说："这年头，年年打仗，税多租重利息高，水旱风虫轮着来，浪打浪的稀粥还喝不上，哪能包粽子！"

我俩非常失望地回家。在离家还有七八里的地方，我想大便。伯父说："别拉，回到家再拉。"我问："为什么？"他说："农家挣钱千艰万难，今天的情景就是例子。所以，农家主要指望种田。种田靠肥，一泡尿一把谷，一斤粪一斤粮。故此，能忍到回家后拉的大小便，都要尽量忍着，回家后再拉。"我听后只好不拉。

因为又饥又渴又累，伯父担子又重，所以回家时走得很慢，而且走走歇歇，回到家时已是半夜时分了。一回到家，我立即上厕所。

◆ 半命题作文的写作

半命题作文（补题作文），介于命题作文与自由命题作文之间的一种作文。命题时限定一半的内容，留出一半的内容让学生填写。它一般由两部分组成：

一部分是已经命好的半个题目加上"……""——""×××"等符号,要求学生自己填空完成;一部分是限制性内容,提出某些要求或限制。其优点是:只限定一个写作范围,而把选材、立意等留给学生,学生自主发挥、自由驰骋的空间大;既给学生提供广阔的写作平台,又给学生指明了写作的思维方向,有利于调动学生写作积极性,展示自我才情;是限制与开放的完美结合,是束缚与自由的高度统一。在近年来的中考中,不少省市自治区采用半命题作文。

半命题作文的关键是完成题目的填空,因为填空过程就是构思、选材过程。填空时要注意:(1)要按照题目内容要求填空。要看清填的是人、事、物、感受还是其他,要填的是字、词、短语还是其他。题目填好后,要看看全题是否搭配得当,是否符合要求等,确认万无一失后再动笔作文。《_____琐忆》可填人、事、物,笔者选择了人。(2)要选择自己熟悉的人、事、物、感受或掌握材料多的东西来填,以"熟"为考虑的重点。笔者对伯父熟悉,可写的材料多,所以在《_____琐忆》中选择了"伯父"。(3)要考虑自己的写作特长,选择自己擅长的文体。

要注意命题者所提的要求或注意事项,对其进行分析,领会其要求或注意事项,并严格按照要求或注意事项写作。

半命题作文常出现于初中作文、中考作文中,一般写记叙文,故笔者把它列入记叙文这一类。

命题者命正题,副题由学生补上;命题者命副题,正题由学生补上:都可归入半命题作文。

◆ 半命题作文题目

(一)题目:我终于_____

【要求】(1)可先在横线上选填"学会了""盼到了""成功了""了解了他(或她)",也可填上别的词或短语,然后作文。(2)写一篇600字左右的文章。(上海市中考作文题)

（二）题目：×××——我心中的"星"

【要求】（1）先在题目中的破折号前填上你崇敬的人的名字，再按题意作文。（2）记叙、议论、抒情相结合。（3）不少于800字。（新疆维吾尔自治区乌鲁木齐市中考作文题）

（三）题目：我渴望_____

【提示】中学生富于幻想，易动感情。在同学们的心灵深处一定会不断地萌发出许许多多"渴望"，如渴望得到父母师长的理解，渴望有位好友，渴望得到成功，或者渴望得到一条漂亮的裙子、一个足球等。请以"我渴望_____"为题，写一篇记叙文。

【要求】（1）要将题目补充完整。通过完整的一件事或几件事具体写出渴望的原因。（2）以叙述为主，适当运用抒情、议论等表述方式。详略结合。（3）不少于800字。（安徽省中考作文题）

（四）题目：喜爱_____的××

【要求】在题目的横线上可任意填一个项目，如"读书""体育""文娱""语文""数学""唱歌"等等。"××"可指任何一个人。写一篇不少于500字的记叙文。（上海市中考作文题）

（五）题目：_____教我正确对待_____

【要求】先把题目补充完整，前边空白处只能指人，后边空白处可指某个道理，或某件事物、某项活动，也可指某一个人。不少于500字。（山西省吕梁地区中考作文题）

（六）题目：一次_____的_____

【要求】（1）在第一个横线上填上修饰、限制的词语，在第二个横线上填上表示事情的词语，将题目补充完整后，写一篇内容具体，感情真实、健康的记叙文。（2）恰当运用抒情、议论的表达方式。（3）不少于500字。（宁夏回族自治区中考作文题）

（七）题目：我想让_____更_____

【提示】作为一个初中三年级的学生，你已经有了不少生活经历。这些经历启发着你思考过去,认识现在,唤起了你心中许许多多善良而美好的愿望:你想让自己更成熟,你想让家庭更和睦,你想让人与人之间更真诚,你想让江河更洁净……请你以《我想让_____更_____》为题,写一篇以记叙为主的文章,描述你自己的某一经历,并以议论、抒情的方式写出你的感悟。

【要求】(1)在题目的横线处填上恰当的词语,使题目完整。(2)记叙要内容具体,中心明确,语言要通顺、简洁、得体。(3)议论、抒情要适当。(4)600~900字。书写要工整,标点要正确。(5)文中不得写出所在学校的名称和人物的真实姓名。(北京市海淀区中考作文题)

(八)题目:让_____永驻心中

【要求】文体不限(诗歌除外),不少于600字。(山东省滨州市中考作文题)

(九)题目:动力来自_____

【要求】(1)将题目补充完整,构成你的作文题目,并抄写在作文纸上。(2)不限文本(诗歌除外)。(3)不少于600字。(4)作文中不要出现所在学校的名称和师生姓名。(北京市中考作文题)

(一〇)题目:我心中的那_____(一轮太阳、一抹绿色、一份真情、一丝牵挂)

【要求】写一篇不于少600字的文章。(湖北省黄冈地区中考作文题)

(一一)题目:_____也是一种幸福

【要求】(1)先在横线上填上恰当的词语(如"牵挂""等待""放弃""挫折""疼痛"等),使题目完整,然后作文。(2)不限文体,不少于500字。(新疆维吾尔自治区乌鲁木齐市中考作文题)

(十二)题目:劳动_____

【提示】劳动,是人类创造物质或精神财富的活动。劳动伴随着人们的每一天,每一月,每一年。劳动带给人的有许多……

请结合自己的经历或感受,写一篇文章。

【要求】（1）将题目补充完整，构成你的作文题目，并抄写在作文纸上。（2）不限文体（诗歌除外）。（3）不少于600字。（4）作文中不要出现所在学校的校名和教师名。（北京市中考作文题）

（一三）题目：树木·森林·气候

——谈_____

【提示】一棵树不能改变气候，只有森林才能改变气候，而形成一片森林又需要一定的条件。如果温度适宜，树木就迅速生长起来，形成茂密的森林。大片森林的出现，会使气候变得更好。

这里说的是一种自然现象，社会生活中的某些现象也有类似之处。请从现实生活中选择一个有意义的话题，用上述现象作比喻，发表自己的见解。

【要求】全文不少于600字。副标题自定，写在横线上。（全国高考作文题）

（一四）阅读下列材料，根据要求写作。

今年是我国恢复高考40周年。40年来，高考为国选材，推动了教育改革与社会进步，取得了举世瞩目的成就。40年来，高考激扬梦想，凝聚着几代青年的集体记忆与个人情感，饱含着无数家庭的泪珠汗水与笑语欢声。想当年，1977年的高考标志着一个时代的拐点；看今天，你正在与全国千万考生一起，奋战在2017的高考考场上……

请以"我看高考"或"我的高考"为副标题，写一篇文章。要求选好角度，确定立意；明确文体，自拟标题；不要套作，不得抄袭；不少于800字。（全国高考作文题）

7. 想象作文

与国共存亡
——屈原访谈手记

屈原，战国时期人，楚国左徒、三闾大夫，著名诗人。经过多次邀请，他终于答应我采访他。

张：(非常兴奋)先生，您是伟大的爱国者，伟大的诗人，我非常崇拜您，是您的粉丝，很想同您见见面，谈一谈。多谢您接受邀请，答应我的采访。

屈：不用客气。

张：您博闻强记，品德高尚，赤心爱国，既崇高又伟大。但是，有一个问题，我始终不很理解。

屈：什么问题？

张：平头百姓都知道"好死不如赖活"，伟大人物一息尚存也要继续奋斗。可是您为什么要投江自尽呢？

屈：(思索片刻)怀王命我起草宪令，上官大夫想抢功争宠，在怀王面前诽谤、陷害我。怀王不问青红皂白，将我罢黜。信而见疑，忠而被谤，能够没有怨愤吗？

张：难免有怨愤。

屈：(异常悲愤)怀王因为贪心而听信张仪的话，招致楚军被秦军打得落花流水，八万士兵被斩首。

张：太惨了。

屈：后来，秦昭王与楚联姻，想与怀王相会。怀王想前往，我劝阻道："秦国是虎狼之国，不可相信，千万不要去。"怀王不听我劝告，贸然前往，结果被秦拘留,死于秦国。

张:不听忠言,自取死亡。

屈:怀王去世,顷襄王继位。我眷念国家,心系楚王,想重返朝廷,辅助新君。但是,他把我拒之门外。我提醒他:先王不知忠奸之分,内患于郑袖,外欺于张仪,兵败地削,客死于秦。前车之覆,后车之鉴。希望他不要重蹈覆辙。

张:金玉良言,顷襄王应该听取。

屈:(悲愤失望)可是他不接受,将我革职,放逐湖南。我只得离开京城,行吟各地。

张:忠臣不用,奸佞当道,国将不国。

屈:(无限悲痛)那是一定的了。楚国变得更加腐败,更加衰弱,首都被秦军占领,国家灭亡。我无力挽救国家危亡,只好以死报国。

张:您聪明能干,忠心耿耿,声望极高,不论去到哪个国家,都会给您高官厚禄。"良禽择佳木而栖",您为什么不离开楚国,到其他国家去?

屈:我无限热爱楚国,曾任楚国高官,应该与楚国共存亡。

张:自尽毕竟就是寻短见,不可取。

屈:国家灭亡就要当亡国奴,就要受敌人凌辱。像我这样的人,要受奇耻大辱。我宁可葬身鱼腹,也不愿高洁之身蒙受凌辱。

张:啊,我明白您投江的原因了。(稍停片刻)在天国,您有没有去见怀王、顷襄王?

屈:去了。他们见了我,都捶胸顿足,涕泪横流,万分后悔没有听我的话,以致重用小人,国灭身死。

张:您如何看待当今中国?

屈:当今中国,从毛泽东到习近平,伟人治国,选贤任能,铲除腐败,惩办奸邪官员,因而国家日新月异,欣欣向荣,是五千年来最繁荣强盛的国家,大唐盛世也比不上。

张:好。多谢您接受我采访。

屈：不用客气。

张：再见！

屈：再见！

我望着屈原远去的背影，直到背影消失。

◆ 想象作文的写作

想象是一切希望和灵感的源泉，想象力是人类能力的试金石。

想象，在已有的生活经验、知识基础上，推想出新的具体形象。想象作文即通过想象写出来的作文。因为学生写的想象作文多为记叙文，所以把它归入记叙文一类。

写想象作文要大胆想象，让人耳目一新；要突破时间、空间的限制，上九天揽月，下五洋捉鳖，飞越历史，纵横古今。屈原出生于两千多年前，我写采访他的情景，可谓飞越历史，匪夷所思。

想象要合理。大胆想象并非胡思乱想，它毕竟还是建立在现实基础之上的，要符合社会、人类思维的发展规律，要符合人类对世界的认识。比如，你想象一万年后的世界，就不能写还有石油动力的汽车，因为到那个时候石油早就消耗尽了。

要把想象的内容写得具体详细。比如，你写与孙悟空相遇，相遇在什么时候、什么地方，为何相遇，相遇时的情景，大家说了什么、做了什么，都应写得具体详细。《与国共存亡——屈原访谈手记》把采访屈原时的情景具体写了出来。

最后，要融入自己的思想情感。写美好的未来，要把幸福感渗透到未来的场景中。写警示作文，要在字里行间显示出警示的力量。在《与国共存亡——屈原访谈手记》中，笔者融入了对屈原的无限崇敬之情。

◆ **想象作文题目**

（一）未来的房子

（二）20年后的我

（三）我与嫦娥游月宫

（四）我遇见了猪八戒

（五）我班同学30年后再相聚

（六）2049年，我们的共和国将迎来百年华诞。届时假如请你拍摄一幅或几幅照片来显示中华民族伟大复兴的辉煌成就，你将选择怎样的画面？请展开想象，以"共和国，我为你拍照"为题，写一篇记叙文。要求：想象合理，有叙述，有描写，可以写宏大的画面，也可以写小的场景，以小见大。（北京市高考作文题）

（七）在中华民族发展的历史长河中，从古至今有无数英雄人物：岳飞、林则徐、邓世昌、赵一曼、张自忠、黄继光、邓稼先……他们为了祖国，为了正义，不畏艰险，不怕牺牲；他们也不乏儿女情长，有普通人一样的对美好生活的眷恋。中华英雄令人钦敬，是一代又一代华夏儿女的榜样。

请以"假如我与心中的英雄生活一天"为题，写一篇记叙文。

要求：自选一位中华英雄，展开想象，叙述你和他（她）在一起的故事，写出英雄人物的风貌和你的情感。将题目抄写在答题卡上。（北京市高考作文题）

散文

表现作者对生活的情思等形散神不散的文章。

散文以描写真人真事为基础,允许适当的艺术加工,通过对生活片断的描写,表达作者的思想感情,揭示某种社会意义。

散文的主要特点是形散而神不散。形散,上下几千年、天南地北"混为一谈",工农商学兵"走在一起",粒子之微、宇宙之大无不入其范围。神不散,中心思想鲜明,思路清晰,线索清楚。

8. 写人散文

七舛①

  我的岳母张玉梅出生于河源县（今东源县）黄村。

  她的父亲靠做木材生意等致富。在她五岁时，一群强盗破门而入，她的父亲问："你们想做什么？"强盗头子说："老老实实地把金银、钱币全都拿出来，不然性命难保。"她父亲气愤地说："我千辛万苦、流血流汗得来的东西，怎能白白送给你们？！"强盗头子二话不说，挥刀把他砍死，抢走了全部财物。不久，她的母亲因此变故忧郁而死。一舛也。

  父母双亡，家徒四壁，年幼的她先投靠大姐张玉清，后投靠三姐张玉珊。她长得漂亮，五官端正，两眼有神，透出智慧和刚毅。她聪明伶俐，乖巧勤劳。两位姐姐及其丈夫都非常喜欢她，对她关怀有加，送她去读书。她"头悬梁，锥刺股"，刻苦自觉读书，16岁那年考上了广州一所护士学校。本来可以成为护士，可是因为种种原因而不能就读，愿望落空，憧憬化为泡影。二舛也。

  18岁那年，她嫁给我岳父杨日宏。婚后，连续生了三个女儿。在我们家乡，旧时妇女生男孩称"好命"，生女孩称"唔好命"。岳母连生三个女孩，可谓非常"唔好命"。家婆虐待，妯娌歧视，外人也瞧不起。后来，三个女儿先后夭折了。三舛也。

  在我们家乡，放眼四望，几乎到处都是房屋多、耕地少，谋生不易。在东南亚的北婆罗洲（今马来西亚沙巴州），自然条件好，地广人稀，任由外国人前去开垦。我的岳祖父杨德初年轻时前往那里谋生，通过做牛贩、经营橡

---
① 舛（chuǎn）：不幸。

胶种植等致富。由于事务多，他叫我三岳叔杨日亮前去协助，后来又叫我岳父前去协助，顺便把三岳叔妻子带过去，却没有带我岳母去。岳父去到那里后不久便重婚。四舛也。

抗日战争期间，在风传日军将侵占北婆罗洲时，深知日寇如狼似虎的北婆罗洲华侨们人心惶惶，如惊弓之鸟。或只留一青壮年人"看家护院"，其余全部回故乡；或由一年轻男子带领老人、小孩回故乡，其余青壮年人留下。岳祖父要三岳叔夫妻留下，其余的由我岳父带领回乡。岳父带着父母、再婚妻子和两个孩子历尽千辛万苦，辗转回到故乡，个个疲惫不堪。日军占领北婆罗洲后，三岳叔来信说，一群日军来到他家，把他头在下脚在上吊在树上，他答应把所有贵重东西交出来后才被放下来。日寇到处烧杀抢掠，生意难做，橡胶生产停顿，他以吃番薯度日，今后无钱可寄了。本已年迈衰弱的岳祖父母见信后，非常悲痛，不久后便撒手人寰。这些变故使岳父大受打击，沮丧，颓废，常去赌博，还抽鸦片。"赌博会倾家荡产，吸毒会家破人亡。"岳父赌博、抽鸦片花光金钱，数年后去世。他去世时，岳母才三十多岁，留下五个孩子，最大的九岁，最小的刚出生，由岳母独自抚养（抗战结束后，二岳母返回北婆罗洲）。五舛也。

岳父从北婆罗洲回国时叫我三岳叔代管他的360余亩橡胶林。抗战胜利后，三岳叔每年从我岳父橡胶林的收入中兑300至400港元寄给我岳母，而我岳父生前说他的360余亩橡胶林每年的纯收入，兑换成港币最少也有2000港元。这样，他寄来的钱还不足五分之一。后来，他来信说我岳父的橡胶树已经全部老化，没有收入了，便没有再寄钱来。其实，并非橡胶树枯老，而是他要花招把这些橡胶林的业主由我岳父转为他。远隔千里，不同国家，岳母无计可施。六舛也。

我岳祖父分产业给儿子时，留一处橡胶林做养老的经济来源，声明在他去世后此产业由我岳父、三个岳叔继承。岳祖父去世后，三岳叔把它卖掉，分给我在抗战胜利后前往北婆罗洲的四岳叔杨日辉13万马来亚币。既然我岳祖父声明此遗产由我岳父、岳叔继承，既然我四岳叔分得13万马来亚币，也应该分给我岳母13万马来亚币，可是她一分钱也没有收到。当时的13

万马来亚币,相当于如今的 100 万左右马来西亚币[①]。七舛也。

父亲、母亲、三个孩子、丈夫接二连三地非正常死亡,年轻守寡,巨额遗产接连被鲸吞。面对如此接踵而至的不幸,不断增加的重负,一般人很难化解,或者需要很长时间、很大心力才能化解,而岳母很快就化解了;一般人很难承受,可能改嫁,可能一蹶不振,可能发疯,可能悲痛欲绝,可能忧郁而死,可能寻短见,但是岳母不会如此。因为她心中明白:人无法支配自己的命运,但可支配自己对命运的态度,应该平静地承受落在自己头上的遭遇。她想得开,放得下,敢于坚强地面对现实,因而能够以惊人的毅力忍受一次又一次痛彻骨髓之痛,独自挑起家庭重担,照顾小孩、做家务、耕作、砍柴,日夜操劳,把一大群孩子拉扯大,可谓如顽强的小草,似无惧的寒梅。

岳母的"七舛"是旧社会的社会制度、风气等造成的。旧社会土匪盗贼流窜横行,赌博成风,吸毒成风,至亲之间也尔虞我诈,男尊女卑,注定她命运多舛。因此,她的命运偶然中有必然。正如钱锺书所说:"天下就没有偶然,那不过是化了妆的、戴了面具的必然。"

封建社会黑暗,是吃人的社会。从我岳母的"七舛"中可见一斑。

中华人民共和国成立前,娘家、夫家都比较富裕的妇女的命运尚且如此多舛,广大普通妇女的命运如何,不言而喻。

延伸阅读:方舟《冬残奥会冠军旗手郭雨洁:不辜负期望》(《家庭》2022 年第 8 期)

◆ 写人散文的写作

散文的主要特点是形散而神不散。写人散文要通过一件曲折复杂的事或几件事、几个片断去表现人物的性格、思想、精神世界。这一件曲折复杂

---

① 北婆罗洲没有自己货币,所以用马来亚币。1963 年,马来亚与北婆罗洲、沙捞越等组成马来西亚,马来亚币成为马来西亚币。

的事或几件事、几个片断要紧紧围绕主题思想去写。《七舛》写我岳母遭遇七件不幸之事,共同表现她不畏劳苦、刚毅的思想性格。

写人散文一般写正面人物,写他们的种种优秀表现。作者在叙述中要饱含感情,这样才能感动读者。《七舛》不但在叙事中将事情、感情融为一体,而且在后面用了一大段文字直接赞美岳母的思想、精神。

写人散文要写一件曲折复杂之事或几件事、几个片断,要思路清晰、线索分明。常见结构形式有三种:

(1)层进式(纵式):将有关事情一件接一件地写下去。《七舛》便是这样写的。

(2)并列式(横式):由不同的人或事,或同一人物、同一事物的不同侧面组合而成。如写《同桌》,按照德、智、体写下去。

(3)辐射式(蛛网式):多以感情为总绳,从一个中心向四面八方展开联想。如写《雷锋叔叔回来了》,写自己在生活、学习中,在生病、受伤时都得到热心人帮助。

写人散文写法自由,叙述、描写、议论、抒情可以一种为主,兼有其他,也可包揽一切,熔为一炉。《七舛》就运用了夹叙夹议的写法。

词语要准确、形象、生动、丰富,句式比较多变,多用几种修辞手法,如综合运用比喻、排比、拟人等。秦牧说,"丰富的词汇,生动的口语,铿锵的音节,适当的偶句,色彩鲜明的描绘,精彩的叠句",以及"智慧横溢的警句""卓特美妙的譬喻"都能增加散文的语言美。

◆ 写人散文题目

(一)我这个人啊(广西壮族自治区中考作文题)

(二)榜样(山东省中考作文题)

(三)同桌(上海市中考作文题)

(四)雷锋叔叔回来了(广东省高考作文题)

9. 叙事散文

怀城桥变迁

1965年，怀集县怀城钢筋水泥大桥竣工，我以《怀城桥》为题要学生作文，目的是要学生通过描写怀城桥从浮桥、木桥到钢筋水泥桥的变迁，反映、认识新旧社会两重天。

不少学生在作文中诉说中华人民共和国成立前自己长辈过怀城浮桥的悲惨情景，有些情景我至今记忆犹新。

一个学生写道：1935年，我祖母患病，我父亲请医生来给她诊病。那医生是个中医，开的是中药。附近没有药店，要到怀城去买。时已过午，父亲接过药方便大步流星赶往怀城。买到药后已近傍晚。晚上，浮桥要在中间"打开"，让停在浮桥两边的大小船只、木排、竹排等通过。河水暴涨，浮桥也要"打开"，以免被冲走。当时正下暴雨，河水不断上涨。我父亲怕浮桥"打开"后回不去，以百米跑速度往河边狂奔。可是当他奔到河边时，浮桥已经"打开"了，回不去了。无钱住客栈，他只好蹲在街边骑楼下过夜，第二天浮桥合拢后才赶回家。

一个学生回忆道：我祖父曾经对我说，1940年夏收后，他挑一石稻谷去怀城，想用卖谷的钱买生活必需品。过浮桥时，由于桥面湿滑，他又饥又累，脚步不稳，一不小心便连人带担子掉进河里。他不会游水，立即大喊救命。幸亏停在旁边等待通过的小船船主搭救，不然就凶多吉少了。

一个学生悲伤地写道：提起怀城浮桥，我祖母便会流泪。她曾沉痛地对我说，1945年某日，她去怀城买东西，我七岁的小姑想跟她去。她不同意，小姑偷偷地跟着走。祖母没有回头看，所以没有发觉。过浮桥时，小姑一不小心掉进河里,被水冲走。祖母买完东西回到浮桥边,听说刚才有个七岁左右的女孩掉进河里被水冲走。她回家后便找小姑,找来找去找不到,感到不妙,心急如焚。一个邻居问她:"你走时,你的细女跟在你后面,相距大约两百米,你没有发觉吗?"祖母听后当即晕倒。

怀城浮桥建于明朝崇祯年间(1628—1644),25只小船一字摆开,上面铺上木板,用又粗又结实的笏缆串联在一起。几百年来,浮桥或毁于洪水,或毁于战乱,曾经五次重修。虽是浮桥,也不是毁后便能很快修复的。"后之宰斯土者,匪不欲复,不暇及耳。"(《怀集县志》)这句话的意思是:浮桥被毁后,当时的怀集知县没有修复。他离任后,继任知县不是不想修复,而是没有时间顾及此事。可见,此"浮动之桥"也不是时时都有,而是时有时无。政府于1943年重建浮桥时,用铁索代替笏缆串联船只。

中华人民共和国成立后,1960年在浮桥旁边建了钢架木桥,用钢筋水泥筑桥墩,用当地又粗又硬又直又不易变质的杉木做桥面,为当时广东省跨径最大的木桥。桥面长133.7米、宽6.2米,两车道,可以通行10吨重货车。1965年,政府拆去木桥面,建钢筋水泥桥面。此桥如今仍很坚固。建筑此桥时,县城机关干部、中学师生等轮流前往参加义务劳动,主要是担沙石把桥两端的桥头填高数米。能为建筑新桥出力,大家热情似火。"挑沙百斤如冲锋,汗流浃背笑声扬。"

如今怀城绥江除了怀城大桥外,还有文昌大桥、幸福大桥、金鸡大桥、三江大桥、龙西大桥、上郭大桥、九龙湾大桥、中心洲大桥等。这些桥桥面宽阔、高大美观、异常牢固,造型各异,各有春秋。

旧社会,用渡船渡江数千年,用时有时无、不安全的浮桥过江数百年;新社会,七十多年间建了九座钢筋水泥大桥,桥上车水马龙,安全快捷。此可谓旧社会停滞不前,新社会一日千里。

延伸阅读:金小林《送你一根葱》(《长寿养生报》2022年6月24日)

◆ **叙事散文的写作**

叙事散文以记事为主，对事情如实叙述。在叙述的字里行间，要蕴含着作者的感情，使事情、感情完美统一。在《怀城桥变迁》中，蕴含着笔者赞美新中国突飞猛进、一日千里之情。

所叙之事，有的是一件完整的事，更多的是一件事的几个片断，也有几件事的几个场面。不论是哪一种，都要通过一定线索、合理顺序有机地结合起来。

散文多用第一人称写，叙事散文也不例外。散文或自由地畅谈自身的经历和感受；或以"我"作为线索，将所见所闻贯串成篇。散文用第一人称写，给读者以真实感、亲切感，这是散文富有艺术魅力的重要因素。

选材不要贪大，而要力求以小见大，以一滴水折射整个太阳。《怀城桥变迁》写一个县城桥梁的变化，反映我国日新月异的变化，便是以小见大。

◆ **叙事散文题目**

（一）校园见闻

（二）往事琐忆

（三）童年琐事（新疆维吾尔自治区乌鲁木齐市中考作文题）

（四）在迎接中考的日子里（内蒙古自治区四盟市中考作文题）

（五）在即将毕业的日子里（甘肃省中考作文题）

（六）师生情深（广东省广州市中考作文题）

（七）初中生活二三事（山东省淄博市中考作文题）

（八）家庭生活二三事（四川省泸州市中考作文题）

（九）可敬天下父母心——记家长对我期望的二三事（辽宁省中考作文题）

（一〇）我的初中生活（内蒙古自治区西部盟市中考作文题）

（一一）初中生活的苦与乐（安徽省中考作文题）

（一二）成长的脚印（江苏省苏州市中考作文题）

（一三）在我成长的道路上（安徽省六安市中考作文题）

（一四）中学生活的回顾与思考（上海市高考作文题）

（一五）记我的一段有意义的生活（全国高考作文题）

（一六）生活在幸福的时代里（全国高考作文题）

10. 状物散文

青松

不论在哪里，松树的果实一旦发芽，都会茁壮生长。

尽情地沐浴着灿烂阳光，深深地吸吮着大地养分，从炎夏到寒冬，从针尖幼苗到参天盖地，永远青翠欲滴，郁郁葱葱，树干越老越苍劲挺拔，树枝越老越似钢筋铁骨。

不需浇水，不需除草，不必施肥。绿化大地母亲，点缀名胜古迹，对抗肆虐的风暴，阻挡可怕的黄沙，为人类提供松香、松节油、挥发油、枕木、造纸原料、木柴……

啊！青松，你顶天立地，刚正不阿，勇于同恶势力搏斗，绝不低头弯腰。"大雪压青松，青松挺且直。"暖风吹来的时候，你不与百花争艳。风雪来临的时候，你不变色趋时。你永远精神抖擞，神采奕奕，青春焕发，奋发向上。你深深懂得"给"永远比"拿"愉快，"要求于人的甚少，给予人的甚多"。你朴实无华，尽忠职守，粉身碎骨也甘心。

青松，你使我想起了鲁迅，"吃的是草，挤出的是牛奶、血"，"横眉冷对千夫指，俯首甘为孺子牛"。

青松，你使我想起"生的伟大，死的光荣"的刘胡兰，她在凶残的敌人面前不屈不挠，在闪着寒光的铡刀下无所畏惧。她多像在雷电交加、狂风暴雨中傲然挺立的青松啊！

青松，你使我想起周恩来总理，他积极探索，奋发图强；他与豺狼周旋，出生入死；他在伏尸百万、血流成河的战场上南征北战；他日理万机，废寝忘食；他鞠躬尽瘁，死而后已。

青松值得歌颂，英雄值得赞美。

青松崇高，英雄伟大。

青松就是英雄，英雄就是青松。

延伸阅读：赵丽宏《假如你想做一株腊梅》（1990年上海三联书店《赵丽宏散文选》）

◆ 状物散文的写作

状物散文是借描写一种物而歌颂某种人物、精神等的散文。

状物散文没有固定的写法，初学者可按形—性—人（精神）的顺序写作。"形"即物的外部形态表现，"性"即物之"品德性质"，人（精神）即由物联想到的人（精神）。《青松》便是按照这种顺序描写的：第一至第三自然段写青松的"形"，第四自然段写青松的"性"，第五自然段以后写由松树联想到的人。

写状物散文要善于运用象征和联想手法。

象征：通过描写某种具体的物表现某种人、精神或感情。本文第一至第三自然段通过描写青松的种种"形"，表现坚强不屈、青春焕发、勇于献身的人，便是运用了象征手法。

联想是从一件事物联想到另一件事物的思想过程。联想的方法很多。

相似联想：由某一事物想到同它有相似之处的其他事物等。《青松》由顶天立地、"要求于人的甚少，给予人的甚多"的青松联想到同青松在气质上有相似之处的鲁迅、刘胡兰、周总理等人，便是相似联想。

相反联想：又称对比联想，即由某一事物想到同它有相反之处的其他事物等。如从傲然挺立的青松想到弯腰曲背的柳树等。

相关联想：由某一事物想到同它有关联的事物等。如由青松想到同它有关的泥土、阳光等，由扫把想到环卫工人。

延展联想：以一个人、一件事、一件物为中心，想到其在不同时间、空间里的不同情景。如写青松,写它在春夏秋冬、天南地北、平地高山、沃土悬崖的情景。

写咏物散文有时可立与众不同之意。如对小草,人皆颂之,我贬之;对藤,人皆贬之,我颂之。

写散文,尤其是写咏物散文,要注意文采。

◆ **状物散文题目**

(一)泥土颂

(二)山遐想

(三)水礼赞

(四)伟大啊,黄牛

(五)赞歌献落叶

(六)根之歌

(七)咏竹

(八)我赞美野草

(九)青松赞(云南省高考作文题)

(一〇)桥(台湾地区高考作文题)

11. 写景散文

"直是画工须搁笔"
——霍山览胜

霍山位于广东龙川县田心镇,毗邻兴宁、五华县。海拔557米,方圆数十公里。广东七大名山之一。省级森林公园。国家AAAA级旅游风景区。

霍山是沉积岩类的沙砾岩,典型的丹霞地貌。随着地质的运动和变迁,霍山诸岩悬崖高耸,怪石嶙峋,气势磅礴,洞深谷幽,溪水潺流,波光岚影。丹崖、奇岩、秀石、碧泉、云影、药香,秀丽景色,目不暇接。中国南疆一翡翠,中华大地一明珠。历代名人、墨客、高僧、老道慕名登霍山者,数不胜数。

宋至和年间(1054—1056)任循州参军的朱何在《霍山记》中说:"为霍山者,当益自负于杳冥磅礴之间,朝而苍烟与之俱,暮而白云与之娱,明月清风之与室庐,列仙群灵之与游居,岂不绰绰然,其自特重以深乎!"

霍山胜景很多,较著名的有雄狮吼龙、酒瓮凌云、船头观日、玉麟玩月等。

雄狮吼龙:

霍山太乙岩状如狮子张大口,故又名狮子岩,是霍山最大的天然岩洞。岩深30米,宽30余米,高8米余。岩洞高大、宽敞、壮观,洞内夏凉冬暖,十分幽静。昔日洞内建有寺院、佛堂、经馆、轩室、斋堂。岩洞深处有一石井,深不可测。洞门两侧石柱上有一副楹联:

山势压龙川,形在天影在地,怪石磋硪,俨似神仙山海上;

洞门开狮口,冬不寒夏不暑,灵岩清净,居然仙洞在人间。

传说宋仁宗时乡进士蓝乔不第,隐居于此洞,常独坐岩前吹弄铁笛,因而北宋大诗人、大文学家苏轼在《龙川八景》中有"太乙仙岩吹铁笛"一句。

明朝翰林学士钱习礼《太乙仙岩》诗云：

仙人住世炼大还，宜栖乃在嵌岩间。

清猿夜啼挂松壁，猛虎昼卧当柴关。

洞门飞翠来滴滴，石桥流水鸣潺潺。

丹成高举游八极，至今遗迹留空山。

酒瓮凌云：

"岩上峰名'酒瓮石'，崛起平地百余仞，上锐中博下顿，如瓮然。泉涓涓倾出，味甘如醴，因名'酒瓮泉'。所注成潭，大亩许，清深不测。旁多万年松、风兰、仙人掌、金星草、黄精、白术之属。远近随风，处处芬馥，如入罗浮之百花径矣。……酒瓮石，予尝欲终老其间。有诗云：酒瓮峰头石，涓涓出醴泉。愿同鲸吸者，长傍白云眠。"（岭南杰出学者、诗人屈大均《广东新语》）。

船头观日：

霍山船头石，霍山最高峰，山顶酷似船头，二十多米宽。三面悬崖绝壁，唯东北面有一小路可登。立足船头远望，只见群山俯伏，宛若蛇行。和平、东源、五华、兴宁县依稀可见。顶峰石上，相传由古时仙人所刻"云坞"两字至今可见。

玉麟玩月：

霍山玉麟洞，洞内四面皆峭壁，举头可望四角天空，唯一石径可进。洞门有一佳联：

石径有尘风自扫

洞门无锁积云封

洞内开阔，一眼玉液泉清冽甘甜，长年不断。

邑人张镇江《玉麟洞》诗云：

胜揽霞仙洞，幽奇得未曾。

花泉霏细雨，玉印排垂藤。

叠石将门护，群山入户登。

盘陀岩月朗，何用佛传灯。

此外，还有一线天、吊谷上棚、地下花园、姐妹石等。

一线天：

两石山相望处皆为绝壁，中间只有一小径，长约200米，高约180米。

吊谷上棚：

通往船头石最险峻的阶梯有一百多级。在还没有开凿此阶梯之前，要登上一个垂直的悬崖，得用有钩的绳索钩住悬崖上的树或藤，抓住绳索攀爬上去。登上去的人用有钩的绳索把下面坐在箩筐里的人吊上去，犹如站在楼上的人用有钩的绳索把装在箩筐里的稻谷吊上去。

地下花园：

这里怪石嶙峋，曲径清幽，山泉淙淙，古藤蔓延，奇花异草芳香四溢。相传吕洞宾、何仙姑曾在此相会。

姐妹石：

两座并列石峰，犹如两姐妹在一起聊天。石峰顶上平坦开阔，草木茂盛，有白术、人参等药材。

霍山奇特、险峻、秀美、雄伟壮观，鬼斧神工，美不胜收，古往今来多少文人墨客为之倾倒，留下脍炙人口的诗句。

唐光化四年（901）进士曹松（安徽人）《霍山》（《全唐诗》第十一函第二册七百十七）云：

七千七百七十丈，丈丈藤萝势入天。

未必展来空似翅，不妨开去也成莲。

月将河汉分岩转，僧与龙蛇共窟眠。

直是画工须搁笔，况无名画可流传。

明正德九年（1514）进士王天舆（广东兴宁人）《登霍山》诗云：

特访循州第一峰，仙岩高处近蟾宫。

插天石笋云逾湿，向日山花春自红。

万象包罗归眼底，两仪阖辟属胸中。

兴浓直上飞云顶,望见西南山万重。

北京电影制片厂原编导室文学部主任谢逢松(广东龙川人)《霍山》诗云:

总信霍山是艘船,飞来宇外落龙川。

峰岚四野凝成浪,石柱中央化作杆。

大瓮航员狂饮酒,绩笼少妇细纺棉。

如今我立船头石,欲驾长风再上天。

霍山,还有光辉灿烂的历史。明末清初,抗清义士巫三祝曾聚集义士于霍山,筑寨抵御清军,方圆百里的群众纷纷响应。大革命时期,红军古大存部下刘江夏、罗俊青等曾率部驻扎霍山,与反动派进行顽强的斗争。

2019年,霍山景区建了高空栈道4.7公里,其中玻璃栈道200米,还建了大型玻璃观光飘台400平方米。游客观光更加方便了。

◆ 写景散文的写作

写景散文,以描写自然景物为主的散文,如描写山川原野、江河湖海、风景名胜等景物的散文。

写作写景散文要突出景物的特征,描绘出一幅独具特色的风景画。《"直是画工须搁笔"——霍山览胜》抓住霍山的山形奇特险峻、岩洞清幽来写,便是力求抓住景物特点来写。

要按一定顺序写。《"直是画工须搁笔"——霍山览胜》按照由"面"到"点"再到"面"的顺序写。

要把自己的感情倾注到景物中去。笔者写《"直是画工须搁笔"——霍山览胜》,为的是抒发对鬼斧神工的霍山的喜爱、赞叹之情。

要点面结合。《"直是画工须搁笔"——霍山览胜》前四、后五个自然段写"面",中间写"点"。

要使景物"动"起来。《"直是画工须搁笔"——霍山览胜》从形状、颜色、声音、动态等方面描写霍山,运用了比喻、拟人、夸张、排比、引用等修辞方法,诗文结合,便是让景"动"起来的手法。

◆ **写景散文题目**
（一）春
（二）故乡的田野
（三）××山览胜

12. 抒情散文

站在国旗前的遐想

晴空万里，朝霞似锦。

井然有序的队列，庄严肃穆的气氛。

嘹亮激越、节奏明快的国歌声响起，鲜艳夺目、金星耀眼的国旗徐徐升起。

站在国旗前面，我思想的野马纵情驰骋。

我想到：井冈红旗如彩霞，映红长天与大地；遵义红旗像灯塔，铁流滚滚二万五千里；延安红旗迸金光，人民军队所向披靡；跃过长江的红旗似朝阳，驱除黑暗，扫除迷雾。这红旗不就是国旗的前身？这国旗不就是红旗的化身？

我想到：1949年10月1日，在北京天安门广场，毛主席亲自升起第一面五星红旗，庄严宣告："中华人民共和国中央人民政府今天成立了！"这声音震荡神州，传遍世界。这国旗高傲地飘扬，金光四射。它使黑沉沉的茅舍豁然光亮，它使奄奄待毙的几亿人苏醒，它使满目疮痍的大地春意盎然。

仰望着国旗，我思想的野马继续驰骋。

我想到：十一届三中全会后，改革开放的大潮气势磅礴，方兴未艾；在五星红旗的指引下，"四化"大军浩浩荡荡，一日千里。长城内外，大江南北，到处欣欣向荣，到处日新月异。古老神州青春焕发，中华大地铺金叠翠。

仰望着国旗，我思想的野马驰骋得更远。

苏联解体，东欧剧变，一些人预言：中国的五星红旗也飘不久了。可是，这五星红旗不但没有飘落，反而更加鲜艳，更加耀眼！中国人民在五星红旗照耀下，沿着建设中国特色社会主义道路，以前所未有的速度阔步前进。

为什么这红旗这么出众？因为有久经考验的中国共产党领导，因为中国人民认识到只有社会主义才能救中国。

国旗在杆顶不停地迎风招展，像向我们招手，像向我们呼唤：继承先烈遗志，发扬优良传统，永远高举五星红旗，奋勇前进！

延伸阅读：赵丽宏《青春》（《中国青年》2003年第7期）

◆ 抒情散文的写作

抒情散文，抒发强烈思想情感之散文。

创作抒情散文的关键在于掌握抒情方法。常见的抒情方法有五种：

（1）寓情于景。把感情寄托在描写的景物之中，或结合写景抒情。如《站在国旗前的遐想》的开头。

（2）寓情于事。把感情寄托在叙述的事情之中，或结合叙事抒情。《站在国旗前的遐想》概述了一系列事情，通过这些事情，抒发讴歌中国共产党英明、伟大和中华人民共和国现代化建设突飞猛进之情。

（3）寓情于议。通过议论说理抒情。例如《站在国旗前的遐想》中的："为什么这红旗这么出众？因为有久经考验的中国共产党领导，因为中国人民认识到只有社会主义才能救中国。"

（4）寓情于物。把感情寄托在所叙写的事物之中。

（5）直抒胸臆。作者不用借托，直接抒发自己的感情。这种抒情显得直率、诚挚，感情往往比较强烈，表达也痛快淋漓。

这些方法往往综合使用，而以叙述、议论为主。叶圣陶说："抒情无非是叙述、议论，但里面有作者心理上的感受与变动作灵魂。换句话说，就是于叙述、议论上加上一重情感的色彩，使它们成为一种抒情的工具。"

抒情要真实自然，即对事物有深切感受，所抒之情发自内心，是感情的自然流露，切忌做作、虚假。

◆ 抒情散文题目

（一）赞歌献给共产党

（二）英雄赋

（三）江山如此多娇

（四）自古英雄出少年

（五）火柴的联想（山东省中考作文题）

（六）梅（黑龙江省中考作文题）

（七）星的遐想（江苏省徐州市中考作文题）

七十种作文示范与解说

13. 议论散文

求异思维——创新思维的内核

在生活、学习、工作中,创新无处不在,有些人之所以不能创新,很多时候是因为只有惯性思维,没有求异思维。正如叔本华所说:"世界上最大的监狱,是人的思维意识。"

求异思维指不依常规,即不按通常方式去思维,而是寻求变异,按别种视角、思路去思考的思维形式。它的特点是:富有创造性——思路广阔辐射,善于多方求索;富有灵活性——思路活泼多变,善于随机应变。它是创造性思维的主要形式,是创造性思维的内核。诺贝尔物理学奖获得者朱棣文指出:"要想在科学上取得成功,最重要的一点就是要学会用与别人不同的思维方式、别人忽略的思维方式来思考问题。"古今中外,无论是自然科学还是社会科学,求异思维都是理论研究者、创造发明者所具有的一种可贵的思想素质。凡是新见解、新做法、新突破,都是求异思维所绽放出的鲜花;凡是创新成功的,都是求异思维所奏出的凯歌。如果不运用求异思维,人类历史将早早画上句号。且看三个小故事。

故事一:一个司机载着货物要在一座旱桥下经过,货物高出了一点点,没法通过。他请来了一帮人,想把货物搬下来,但是因为货物又大又重而搬不下来。一过路人对他说:"你把车轮的气放掉一些,汽车的高度便会降低一些,便能过去了。"

故事二:两个推销员到一个岛上推销鞋子,发现岛上没有一个人穿鞋。一个推销员觉得岛上居民都不穿鞋,没有销路,立即离开了。另一个推销员则认为没有人穿鞋代表潜在需求大,决定住在此岛,向岛上的人宣传穿鞋的好处,让大家试穿,最终在几个月里销售了数千双鞋子。

故事三:"一个暴风雨的晚上,你开车经过一个公共汽车站。有三个人在那里焦急地等待久久不见来的车:一个是病危老人,一个是曾经救过你的命的医生,一个是你的梦中情人。车上只有一个空位,你如何选择?"这是一道面试题。参加面试的人,有人说要有爱心,载病危老人去医院。有人说要知恩图报,载医生回去。有人说碰上梦中情人机会难得,应载梦中情人,否则可能终生遗憾。两百个应聘者中,只有一个人说:"让医生开我的车载病危老人去医院,我留下陪梦中情人等公共汽车。"结果只有他被录用。

由于货物高于旱桥就把货物搬下来,汽车通过后再把货物搬上车,这是惯性思维。把轮胎的气放掉一些,让汽车高度降低以便通过,这是求异思维。不穿鞋就不买鞋,这是惯性思维。对不穿鞋的人宣传穿鞋的好处,让其试穿,再向其推销,这是求异思维。车上只有一个空位,三个人中只能选载一个人,是惯性思维。让医生开车送病人去医院,自己留下来陪梦中情人,是求异思维。可见,只有惯性思维者难有新办法、新突破,无大作为;有求异思维者能够"反弹琵琶"出新意,会有新点子、新突破,有大作为。

在求异思维中,逆向思维、发散性思维是最常见、最常用的两种思维方式。

逆向思维,又称另类思维。对某些固有观点、惯常看法,从相反的视角进行思考,进行求异探索。由于思维的立足点变动了,因而往往能够得出与众不同的新见解,取得神奇效果。

在沧州南面,有一座靠近河边的寺庙,庙门倒塌,门旁两只石兽沉到河里去了。十多年后,和尚要修庙门,便到河里打捞那两只石兽,可怎么找也找不到。和尚以为石兽已经顺水慢慢滚走了,便驾船往下游寻找,找了十几里却毫无踪影。有一个人说,应该到上游去找,因为石兽沉重,水冲不走。反冲力量会使石兽迎水的地方慢慢形成陷坑,石兽便倒下来。时间长了,石兽就会逆水而上。和尚去找,果然在几里外的上游找到了。

发散性思维,围绕某个中心、事物,从不同的角度,朝不同的方向进行思考,重组眼前的信息和记忆系统中的信息,寻求多面性。美国著名心理学家吉尔福德认为,"一般把创造力看作扩散思维的能力"。浮想联翩,"精骛八极,心游万仞"是也。

主人要外出两年,把两箱金子交给两个仆人,各保管一箱。仆人甲把金子藏好,日夜防守,严防被盗。两年后,主人回来,他如释重负地把金子交回主人,继续当仆人。仆人乙想:把金子藏起来时刻看守既辛苦又不安全,更不能增加财富。我可以把金子存入银行,既不用看守又有利息。我也可拿金子去做稳当的生意,两年后买一箱金子还给主人,自己继续当商店老板。我还可以拿金子去办稳当的工厂,两年后买一箱金子还给主人,自己继续当工厂老板。经过权衡,征得主人同意,他办了工厂。两年后,他既有钱买金子还给主人,自己又继续当工厂老板,有不菲的收入。有无发散性思维,差距何其大!

要有创新思维,就必须有求异思维,因为求异思维是创新思维的内核。有求异思维才有创新思维,有创新思维才能成为能够创新的人。

延伸阅读:王晓河《淡的意味》(《河北日报》2007年3月9日)

◆ 议论散文的写作

议论散文又叫哲理散文,是借助形象的描述和情感的抒发来论理的一种文体。论理是写作的目的,形象描述和情感抒发是手段。也就是说,它的议论不是通过逻辑推理的方式去进行严密的论证,而是通过形象的勾画来论理,娓娓道来,既以情感人,又以形象服人。其特点是:围绕一个观点,简要地叙事写人,在精当的评议中阐明观点。

议论散文具有一般散文的特点,在写作时要按散文写作的要求写。

议论散文还有自身的特点,在写作过程中还要做到以下三点:

(1)材料具有形象性,借助形象说理。这是议论散文最主要的特点。《求异思维——创新思维的内核》借助司机、推销员、应聘者、和尚、仆人形象说理。这样的论理,生动形象、义理并蓄、情趣兼备,是议论散文生命之所在。

（2）情真理切。选好具有形象性的材料之后，作者要把真实的感情倾注于形象之中，并让这样的真情在描述形象时抒发出来，这样的文章才能感人。

（3）所描述的形象同所论之理要有必然的联系，做到形象切理，此理才能服人。《求异思维——创新思维的内核》所写形象都与所论之理有必然联系。

◆ 议论散文题目

（一）有一种鸟，它能够飞行几万里，飞越太平洋，而它需要的只是一小截树枝。在飞行中，它把树枝衔在嘴里，累了就把树枝扔到水面上，然后飞落在树枝上休息一会儿；饿了它就站在树枝上捕鱼；困了就站在那截树枝上睡觉。谁能想到，小鸟成功地飞越太平洋，靠的却仅是一小截树枝。

看了这段材料后，你对成功与条件的关系是怎么看的？请以"成功的条件"为题，写一篇议论散文。

（二）现代流行的一种观念叫作"竞争"：上学要竞争，上岗要竞争……无论什么事情，中间都包含着竞争的理念。有的学者认为，竞争机制是必须提倡的，但是这又与千百年来中华民族的美德"和睦"存在着一些矛盾。如何处理这一矛盾，成为调节我们日常人际关系的一个不大不小的问题。

请以"竞争"为题，写一篇议论散文，题目自拟，不少于800字。

14. 片断式散文

读书的意义

一

书,人类生产实践、科学实验的总结;书,传播知识、积累文化的工具;书,眺望世界的窗口,打开知识宝库的钥匙,认识未来的望远镜,飞向自由王国的翅膀。所以,读书可以使你聪慧,获得知识,"知识就是力量",有知识才能有本领、才干,才能为实现自己的理想提供强有力的武器、工具。

二

书,精神的食粮,心灵的钟声,引路的明灯,人生的指南;书,传播思想、改造思想的工具;书,塑造灵魂、净化灵魂的导师。高尔基说:"书是人类进步的阶梯。"所以,读书能够使人树立正确的政治观点,陶冶情操、气质,催人向上;能够使人跳出个人狭隘的圈子,摆脱只为自己盘算的冥想,洗涤头脑里的杂质,从而具有正确的人生观、世界观、价值观,具有崇高思想、优秀品德、高尚情操、远大理想,成为有贡献、有益于人类的人。

三

读书能让人知道天地间的许多奥妙,而且知道还有很多奥秘没有被人发现,因而不能用目空一切的眼神睥睨天下,不敢口出狂言;读书能让人有海纳百川的气度、优雅风骨。博览群书的人有书的气质,心灵充盈,精神富足,格局博大,气宇轩昂。曾国藩说:"人之气质,由于天生,本难改变,唯读书则可变化气质。""书味深者,面自粹润。"习近平总书记说:"读书可以让人保持思想活力,让人得到智慧启发,让人滋养浩然之气。""学史可以看成败、鉴得失、知兴替;学诗可以情飞扬、志高昂、人灵秀;学伦理可以知廉耻、懂荣辱、辨是非。"

四

良好的家风不仅有利于家庭和睦美满,而且能够促进社会和谐,是社会主义精神文明建设的重要组成部分。如何形成良好的家风呢?著名作家梁晓声说:"最好的家风,一定是有读书传统的家风。书架是一个家庭最好的不动产。"一个家庭,长辈酷爱读书,又引导后辈读书,使他们热爱阅读、勤于思考,逐渐养成读书习惯,代代传承,便形成有读书传统的家风。家庭有了浓浓的读书氛围,可使全家人有知识,有正确的人生观,有气质、风度,成为有价值、有贡献之人。

五

有一段父子之间的经典对话,告诉我们读书和不读书的大不同。

儿子上学不久就问父亲:"人为什么要读书?"

父亲说:"一棵小树长一年的话,只能用来做篱笆,或者当柴烧。10年的树可以做檩条。20年的树用处就大了,可以做梁,可以做柱子,可以做家具。一个孩子如果不上学,他七岁就可以放羊,长大了能放一大群羊。但除了放羊,他基本上干不了别的。如果小学毕业,他在农村可以用一些新技术种地,在城市可以到建筑工地打工,做保安,也可以当个小商贩。如果初中毕业,他可以学习一些机械操作。如果高中毕业,他可以学习很多机械修理。如果大学毕业,他可以设计高楼大厦、铁路、桥梁。如果硕士、博士毕业,他可以发明、创造出原来没有的东西。知道了吗?"儿子说:"知道了。"

延伸阅读:吕蓓卡《陌生人是世界给你的盲盒》(微信公众号"人物")

◆ 片断式散文的写作

片断式散文由若干散文片断构成,是一种结构比较松散的散文。

写片断式散文可把不同时间、不同地点、不同人物、不同事情、不同感受等组合在一起。《读书的意义》把书的含义和重要价值、重要的读书理论、读书与不读书的巨大差异组合在一起。

片断式散文的选材范围大,可表达丰富的内容,所以写片断式散文可把凡是切合题意的重要材料都写下来,以求内容丰富。《读书的意义》的选择范围便比较大,内容比较丰富。

片断之间不要求密切衔接,可以一个片断、一个片断接连写下去,可以在片断之间空一行,可以用一、二、三……隔开。

片段指整体中相对完整的一个段落。例如,《武松打虎》是《水浒传》中的一个片段。片断指一般的零碎材料、内容。《读书的意义》中的材料不是整体中相对完整的段落,而是一般的零碎材料,所以称片断式散文,而不称片段式散文。

◆ 片断式散文题目

(一)司马迁说:"人固有一死,或重于泰山,或轻于鸿毛。"文天祥说:"人生自古谁无死?留取丹心照汗青。"裴多菲说:"生命诚可贵,爱情价更高。若为自由故,二者皆可抛。"古今中外,许许多多的人讨论过生与死。世界上最宝贵的莫过于生命,我们应该怎样对待生命呢?

请以"生命"为题写一篇文章,文体采用片断式散文的形式,题目自拟,不少于800字。

(二)"横看成岭侧成峰,远近高低各不同。不识庐山真面目,只缘身在此山中。"苏轼这首诗,主要讲看事物的角度不同就会产生不同的看法。哪怕是同一种事物,如果从另外一种角度来看的话,也会产生另外一种效果。

请以"角度"为题,写一篇片断式散文,题目自拟,不少于800字。

（三）人人都渴望拥有财富，但是不同的人对财富的看法各有不同。一个心理学家曾经问一些人一个问题：财富是什么？有的人说，是金钱；有的人说，是智慧；有的人说，是权力……

请以"财富"为题，写一篇片断式散文，题目自拟，不少于800字。

（四）"一寸光阴一寸金，寸金难买寸光阴。"

"劝君莫惜金缕衣，劝君须惜少年时。"

"少年应有鸿鹄志，一寸光阴未可轻。"

"少壮不努力，老大徒伤悲。"

古人珍惜光阴的诗词歌赋，真是不胜枚举。但是，什么是"光阴"？单单指的是时间吗？应该怎么做才称得上是"珍惜光阴"？

请以"光阴"为题，写一篇片断式散文，题目自拟，不少于800字。

15. 对话式散文

读书的作用

我问一群古代名人:"读书有什么作用?"他们争先恐后地回答。

刘向:"书犹药也,善读之可以医愚。"

韩愈:"人之能为人,由腹有诗书。"

欧阳修:"立身以立学为先,立学以读书为本。"

黄庭坚:"士大夫三日不读书,则义理不交于胸中,对镜觉面目可憎,向人亦语言无味。"

赵普:"臣有《论语》一部,以半部佐太祖定天下,以半部佐陛下致太平。"

赵恒:"富有不用买良田,书中自有千钟粟。安居不用架高堂,书中自有黄金屋。娶妻莫恨无良媒,书中自有颜如玉。出门莫恨无人随,书中车马多如簇。男儿若遂平生志,五经勤向窗前读。"

于谦:"书卷多情似故人,晨昏忧乐每相亲。眼前直下三千字,胸次全无一点尘。"

朱熹说,我念我的《观书有感》给你听吧:"半亩放塘一鉴开,天光云影共徘徊。问渠那得清如许?为有源头活水来。"

我问一群现代名人:"读书有什么作用?"他们先后回答。

张元济:"天下第一好事,还是读书。"

杨绛:"读书就好比到世界上最杰出的人家里去串门。"

叔本华:"在身体方面,人靠所吃的东西而生活;在精神方面,人靠所读的东西而生活。"

三毛:"读书多了,容颜自然改变,许多时候,自己可能以为许多看过的书籍都成过眼云烟，不复记忆，其实它们仍是潜在的。在气质里，在谈吐上，在胸襟的无涯，当然也可能显露在生活和文字中。"

巴金："在我还是一个孩子的时候，我就从文学作品中汲取大量的养料。文学作品用具体的形象打动了我的心，把我的思想引到较高的境界。艺术的魅力使我精神振奋，作者们的爱恨使我受到感染。一篇接一篇，一本接一本，我如饥似渴地读着能拿到手的一切书刊。平凡的人物，日常的生活，纯真的感情，高尚的情操，激发了我的爱和我的同情。不知不觉中，我逐渐改变自己对人对事的看法。优秀的作品给了我生活的勇气，使我看到理想的光辉。前辈作家把热爱生活的火种传给我，我也把火传给别人。我这支笔是从抨击黑暗开始的，看够了人间的苦难，我更加热爱生活，热爱光明。"

臧克家："读过一本好书，像交了一个益友。"

我问一群外国名人："读书有什么作用？"他们先后回答。

别林斯基："书是我们时代的生命。"

莎士比亚："书籍是全世界的营养品。生活里没有书籍，就好像没有阳光；智慧里没有书籍，就好像鸟儿没有翅膀。"

雨果："书籍是造就灵魂的工具。"

罗曼·罗兰："和书籍生活在一起，永远不会叹气。"

奥斯特洛夫斯基："阳光给我们温暖，读书给我们知识。"

培根："读史使人明智，读诗使人灵秀，数学使人严密，物理使人深刻，伦理学使人庄重，逻辑学、修辞学使人善辩。"

米哈尔科夫："有时，一本适时的好书能够决定一个人的命运，或者成为他的指路明灯，确定他终生的理想。"

巴罗："读书的乐趣，就在于能够结交好多比我们高明的人，指引我们走向广阔的人生。"

◆ 对话式散文的写作

对话式散文，文章的主体内容基本上由对话构成，一般涉及两个或更多的人物，主要由对话形式展开，不用叙述与描写，结构灵活。

一般不用叙述、描写。不过，当有些情况如果不交代的话，读者就会"不明就里"，此时就要叙述或描写一下。

对话式散文结构灵活，写法自由。笔者在《读书的作用》中虚构自己与古今中外名人对话，把他们谈读书重要作用的话聚集在一起，便是利用这种散文结构灵活、写法自由的特点来写的。

人物原话要用引号，人物说话的大概意思不用加引号。

对话式散文以问为纲，以答为主，所以问话要简洁，尽可能把问话浓缩为一两句话或两三句话。

说话要口语化、性格化。问答都要用口语，都要能体现人物性格。

◆ 对话式散文题目

（一）母子问答，亲情洋溢

（二）温馨
　　——父子问答

（三）关怀
　　——师生问答

（四）×××与×××问答

16. 记叙性随笔

五折优惠

2006年7月24日，我同妻子、弟弟、弟媳等去马来西亚沙巴州探亲。马来西亚的弟弟妹妹及其子女等对我们非常热情、周到，大家异口同声地说从来没有遇到过像他们这样热情、周到的人，因而在离别前要再买礼品送给他们，作为答谢。但是，我们一直没有看到合适的可做礼品的商品。

8月2日早上，弟弟妹妹们带我们去沙巴旅游胜地——沙巴海岛游玩，下午三时半才回到沙巴州首府亚庇的码头。次日上午就要回国了，剩下的时间是买礼品的最后时间了，我们赶快去商店。

在码头附近的商店逛来逛去，我们才在一间工艺品专卖店看到满意的商品——镀金奔马。它生动美观、金光闪闪，标价马来西亚币115元，折合人民币约250元，于是我们决定买。因为有七个弟弟妹妹在马来西亚，所以要买七件。售货员说只有两件，要打电话叫人送来，要我们等一等。

我们说要七件这么多，应该给予优惠。售货员拿起笔算了算，想了想，说："400元。"我们听了喜出望外。要知道，如果按原价的话要805元，收400元便是五折优惠了。我们盼望着赶快成交，怕夜长梦多。但是，等了约20分钟，仍不见有人送货来，兄弟中有人有点不耐烦了。老板娘拿起计算器按了一会儿，想了一下，对我们说："420元。"本来我们对售货员说的五折优惠有怀疑，现在听老板娘这么一说便没有怀疑了。老板娘的报价虽然比售货员的报价多了20元，我们也不计较了，决定耐心地等下去。

半个小时后陆续有人送货来，40分钟后终于凑齐了七件。我交钱给老板娘，她不接，拿起计算器按了一下，惊讶地说："哎呀，对不起，刚才算错了，七件应该收700元。"我们说："刚才售货员说400元，你说420元，现在说700元，怎么相差这么远？"她再三说对不起，算错了。经过讨价还价，最后以660元成交。

往回走的时候，一个弟弟说："我本来以为这两个人老实，一下子给人家五折。想不到这是花招，使我们以为捡了大便宜，稳住我们，真会耍花招。"

延伸阅读：魏继新《定风珠》（《文萃报·周二版》2020年第44期）

◆ 记叙性随笔的写作

随笔是一种散文体裁，篇幅短小，表现形式多样，可以叙事、说理、抒情、议论，多以借题发挥、夹叙夹议为特点。

记叙性随笔取材于日常生活中的片断见闻或者偶然经历，基本内容是叙事写人。《五折优惠》写的便是笔者的偶然经历，内容以叙事为主。由于所见所闻所历往往使作者动了感情或者有所感触，因此文章往往带有一定的抒情、议论色彩。《五折优惠》便借弟弟之口议论了一番。记叙性随笔所写的大多是平凡小事，但仔细品味会发现有的可以使你了解世俗风情，有的可以使你感悟人生道理。《五折优惠》写的虽是平凡小事，但仔细品味会使你有所感悟。

◆ 记叙性随笔题目

根据记叙性随笔的写法，写一篇记叙性随笔。

17. 说明性随笔

错把蚯蚓当巨龙

传说古时候有个国王很爱玩。一天,他对大臣们说,希望得到一种玩不腻的玩意儿,谁能贡献给他,将有重赏。

不久,一位聪明的大臣向他献上一副棋,棋盘上有64个格子,棋子上刻着"皇帝""皇后""车""马""炮"等字,即现在的国际象棋。下这种棋,是玩一种变化无穷的游戏,确实让人百玩不厌。国王就对那位大臣说:"我要重赏你。说吧,你要什么,我都能满足你。"

大臣说:"国王陛下,我只要些麦粒。"

"麦粒?哈哈,你要多少呢?"

"国王陛下,你在棋盘的第一格上放一粒,第二格上放两粒,第三格上放四粒,第四格放八粒……照这样放下去就行了。"

国王想:这最多就几百斤吧?小意思,就要管粮食的大臣满足那位大臣的要求。

管粮食的大臣计算后,大惊失色,忙向国王报告道:"照这样计算,把全国所有麦子都给他还不够呢!"说完,他把计算题列给国王看,得数巨大无比。

这种每次都在原数基础上再成倍增加叫"翻 × 倍(番)",它与"增 × 倍"有天壤之别。

翻 × 倍(番)是原数乘以 × 个2,或者说是将基数乘以2的 × 次方。那位大臣所要的赏赐就是1翻63倍(番)。

增 × 倍是用 × 去乘以基数,再加上基数。基数是1,增加63倍是 63×1=63,再加上1等于64。

两者相差十万八千里。

可是，现在的大小报纸在该用"增加×倍"时几乎都用"翻×倍（番）"，把蚯蚓当作巨龙，大错特错。

延伸阅读：闫晗《怎样写"穷"》（《中国新闻周刊》2020年第47期）

◆ **说明性随笔的写作**

说明性随笔有谈山说水的，有谈花说鸟的，有记亭台楼阁之胜的，有写器物之状的，有谈词说字的，不一而足。

说明性随笔不同于纯粹的说明文，因为它所看重的是物中意趣，带有鉴赏性质，有时借物抒怀，另有寄托。《错把蚯蚓当巨龙》便是这种文章。

◆ **说明性随笔题目**

（一）故乡的山

（二）××楼阁

（三）××亭记

18. 游记

游黄山记

　　黄山奇、险、秀。它有奇松、怪石、云海、温泉"四绝",集泰山之雄伟、衡岳之烟云、庐山之飞瀑、雁荡之怪石、峨眉之清凉于一体,所以徐霞客说:"五岳归来不看山,黄山归来不看岳。"

　　1991年7月,我们广东省优秀教师旅游团一行三十多人来到黄山,入住桃源宾馆。第二天早晨五时,我们乘车到云谷寺,从云谷寺乘缆车登白鹅岭,接着赶到光明顶气象站招待所登记住宿,以便能在山顶过夜,次日早上能在极顶看日出。

　　下午,我们游排云亭、始信峰一带,只见奇松屹立,怪石千姿百态。从排云亭远眺,在那白云飘忽的山谷里可见一块耸立的怪石,形似一位侧立的巨人,足尖点地,微微前倾,欲倒欲立,被冠以"仙人踩高跷"美名。像这样惟妙惟肖的怪石,这一带便有仙鹤观海、仙人晒靴、猴子观海、猪八戒吃西瓜、双猫捕鼠、天狗望月等。有的怪石从不同角度看,形象也会随之变化。有些怪石与奇松巧妙结合,形成特殊景观。在排云亭前远望,一怪石好似一位亭亭玉立的仙女,呼之欲出,一棵横卧的奇松适巧从她胸前伸出,好似一架古筝摆设在前。微风吹拂,松枝摇曳,宛如仙女拨动琴弦,这巧景便是"仙女弹琴"。像这样的景观还有"两仙下棋""妙笔生花"等,皆逼真自然、奇趣横生。黄山怪石,是立体的画、无声的诗,给人以绝佳的艺术享受。

　　傍晚,我站在光明顶看云海。黄山云海宏伟神奇,变幻莫测,极为壮观。深沟巨壑之中,烟云升腾,波澜壮阔,远近山峦,出没无常,犹如大海的无数岛屿,时隐时现于波澜之间,山风乍起,银涛雪浪汹涌翻卷,拍打着绝壁悬崖，撞击着寥廓苍天。夕阳西下，霞光万道，茫茫云海翻滚着五彩波浪，为群山披上斑斓锦衣。

次日凌晨，我们醒来后赶快起床，前往光明顶山崖边。到那里一看，已经站着不少人。举目远眺，淡蓝的东方天空逐渐显出鱼肚白。不久，淡白变浅红，然后逐渐变成金黄色。日将出处则为深红色，射出道道霞光。霞光越来越耀眼，越来越艳丽，但是始终不见日出。有些人以为日已出，但是被浓雾遮住了，便离开一早起来抢占的位子。其实太阳还没有出来。他们走后，后边的人赶紧往前拥。不久，自云海尽头绽出一个红色光点，它不断上升，成为弧形光盘，人们欢呼雀跃。一会儿，弧形光盘成为半圆、大半圆，眨眼工夫，一团红彤彤的"火球"一跃而出，人们更大声地欢呼。放眼远望，大小山峰像披上五彩缤纷的薄纱，令人眼花缭乱，真是美不胜收。

早饭后，我们向莲花峰进发，莲花峰盘道如梯，巧石争奇，奇松竞秀。黄山松顶平如削，针叶短粗而稠密，干曲枝虬，翠绿苍劲，盘根错节。它打破平衡对称，甚至完全放弃背阴面而只朝向阳面生长。因岩石纵横堆叠，长在悬崖绝壁上的松树，盘屈倒挂，干合枝分。有的亭亭玉立，有的凌空欲飞，有的象形指事，千奇百怪。就拿玉屏楼附近的松树来说吧。玉屏楼西的一棵松树树冠密集，苍劲有力，挺立在岩石之上，宛若站在高处眺望游客的到来，故名望客松。玉屏楼东侧，一松破石而长，枝干苍劲，高大优美，一枝长丫低垂于文殊洞口，恰似好客的主人伸手迎接四方客人，故名迎客松。玉屏楼象石前的一棵松树，枝干奇秀苍郁，一枝向前伸出，形若长者伸开手臂欢送游人离去，故名送客松。

中午，我们来到天都峰脚下，休息了一会儿便往上攀登。登峰小径就像一垂直的绳梯，悬挂在斧劈刀削的岩壁上，有约三里路的登山石阶，坡度均在 70 度以上，险处竟达 85 度！拾级而上，千峰脚下踩，白云绕足行。鲫鱼背是天都峰上险中之险，那是一块有四五丈长，"两厢直削，下临无底"的巨石，恰似一条露出水面的鲫鱼背傲然突兀于峰顶中路。路过此地时，我不禁有些害怕。登上峰顶，头顶蓝天，实有"惊回首，离天三尺三"之感。在峰顶休息时我想：这么峻峭惊险的天都峰人也能成群结队地登上，真可谓"山高人为峰"，"自然伟大，人更伟大"。

下午四时多，我们才从峰顶下到慈光阁，乘车回桃源宾馆。

延伸阅读：贾平凹《冰风洞体验》（漓江出版社《贾平凹散文大系》第一卷）

◆ 游记的写作

游记是一种以描写游览山川景物、名胜古迹为主的记叙文、散文。它以生动形象的笔法记叙作者旅途中的所见所闻。特点：取材范围广泛，景物描写占突出位置，用第一人称叙写。

写游记多以游踪为线索，随着立足点的变化，描写对象也不断变化。《游黄山记》便是这样，它以时间为顺序，以游踪为线索，移步换景。时间顺序为：早晨五时—下午—傍晚—次日凌晨—早饭后—中午—下午四时多。游踪为：排云亭和始信峰—光明顶—光明顶山崖边—莲花峰—天都峰。步移而景换：排云亭、始信峰写怪石之景—光明顶写云海之景—光明顶山崖边写日出之景—莲花峰写奇松之景—天都峰写险道之景。

写游览途中所见景物，要抓住其特点。只有把握了景物的特点，才能真正把握它的形象，写出它的风貌。《游黄山记》从黄山奇、险、秀的总特点着墨，在写各种景物时，又抓住石之怪、云海之壮观、日出之美、松之奇、道之险的独特之处来写。

写游记要有明确立意。《游黄山记》便有明确主旨：赞颂祖国河山之壮丽秀美。为记游而记游是不可取的。

有时候，可将记叙、描写与议论结合起来，通过所写之景阐发某种道理，给人以启迪。"真可谓'山高人为峰'，'自然伟大，人更伟大'"便有这种作用。

◆ **游记题目**

（一）游××山

（二）游××园

（三）重游××记（湖北省中考作文题）

（四）风景这边独好——××游记（湖北省黄石市、鄂州市中考作文题）

说明文

用说明手段说明事物情况、特征或道理等的文章。写说明文要做到内容严密、说明有条理、语言准确、抓住特点下笔。

19. 物品说明文

桌子

　　桌子是上有平面、下有支柱、部分中间有抽屉的用具。它种类繁多，构造或简单或复杂，用途极广。

　　桌子的种类可谓五花八门。按用料分，有木桌、竹桌、石桌、玻璃桌、塑料桌、金属桌等；按形状分，有圆桌、椭圆桌、方桌、长方桌等，还有其他奇形怪状的桌；按用途分，有餐桌、书桌、办公桌、会议桌等。此外，还有大小、高矮之分。

　　一般来说，餐桌的构造比较简单，它通常只有桌面和桌脚。桌面、桌脚多数可拆开，少数不可拆；多数不可折叠，少数可折叠。书桌结构复杂一些，有桌面、抽屉、桌脚。办公桌结构更为复杂，一般有整洁光滑的面，宽敞平坦的肚，或粗或细的脚。"肚"即抽屉。抽屉数量不一，通常有三四个，多的有六七个。

　　桌子用途极广，是我们生活、学习、工作等必需的用具。每餐吃饭，一家人围坐一桌，共享天伦之乐。学生学习离不开书桌。现在的书桌多为单人桌，桌面可开合，打开桌面，抽屉里的东西一目了然，容易拿取。有的书桌涂上绿色油漆，那绿色有保护眼睛的作用。办公桌是教师、医生、机关干部、技术人员等办公时必不可少的"忠实伴侣"，通常桌面放办公常用物品，抽屉存放各种资料、用品等。举行某些会议，特别是圆桌会议时，大家围桌而坐，如果没有圆桌或椭圆桌，便名不副实了。

　　随着科技的进步，桌子的用料、品种、式样将更加多样和美观，更加有利于我们的生活、学习和工作。

◆ 物品说明文写作"四要"

"物品说明文"中的"物品"指除了动物、植物和建筑物外其余的物。物品说明文,对物品做科学说明的文章。

如何写物品说明文呢?

(1)要抓住物品的特征来说明。物品的特征是这一物品所特有的征象,是这一物品区别于其他物品的标志,也是人们认识不同物品的依据。抓住了特征,也就是抓住了物品的本质,这样才能说到关键处,说得深刻、清楚,让人容易了解。任何物品的特征都是多方面的,要想把物品明明白白地告诉人家,就要抓住主要特征,抓住决定物品性质的特征。《桌子》抓住桌子种类多、用途广来写,便是力求抓住主要特征来说明的。如何知道物品的特征呢?可以通过认真细致地观察或者查阅有关资料去了解。

(2)要按一定的顺序着墨。我们要根据物品的特点,按照人们认识物品的过程和规律来安排材料,这样才能有条不紊、条理井然。或按空间顺序安排,如介绍较大的物体等;或按逻辑顺序安排,如说明日常生活用品,先说形状、构造,后说功能、用途等;或综合运用多种顺序安排,如说明复杂物品时往往要综合运用多种顺序来安排材料。《桌子》按照种类、结构、用途的顺序写,是按照逻辑顺序说明的。

(3)要多用一些说明方法。说明物品,特别是说明比较复杂的物品,要多用一些说明方法,以求头绪清楚、条理分明、具体形象地说明物品。可采取下定义、分类别、打比方、举例子、列数字等说明方法。《桌子》用了下定义、分类别、打比方等说明方法。

(4)要力求生动、形象。①有精彩的标题。标题力求既能够明确指出说明对象和它的特征,又能引起读者的兴趣。如《死海不死》便是精彩的标题。②有具体的描写。说明文以说明为主,并不排除描写,相反,插入一些描写,能为其增添"异彩"。③既讲究语言准确,又追求语言生动。说明文讲究修辞,力求词语简洁、明晰、通俗,句式有一定变化,多用几种修辞格,使文章生动些。

◆ 物品说明文题目

（一）柜子

（二）电冰箱

（三）现在电脑已经成为我们工作、学习、生活所必不可少的一种工具。电脑可以为我们做很多事情：利用电脑打字，利用电脑上网，利用电脑购物，利用电脑绘图，利用电脑设计一切我们想要的东西。但是，电脑也有一些不利的影响。

请以"电脑"为题写一篇说明文，题目自拟，不少于800字。

（四）水（陕西省秦都、榆林地区中考作文题）

（五）写一段不少于200字的说明性文字，介绍你面前的这份试卷。（福建省福州市中考微作文作文题）

（六）题目：筷子

【要求】（1）符合说明文文体特点。（2）不少于200字。（重庆市高考微作文作文题）

说明文

20. 动物说明文

牛

牛是哺乳动物，身躯高大，反刍，品种多，作用大，有崇高的象征意义，在民族精神的塑造上起巨大作用。

因为牛的身躯高大，所以人们常用"牛高马大"来形容人高大强壮。它头大，身大，尾长，腿又粗又壮。它全身长毛，人们常用"多如牛毛"来形容数量多，就是这个原因。牛毛有白色、黑色、灰色、黄色等颜色，长10毫米至60毫米，靠它来保持体温。它头上有两只角，腿的趾端有蹄，走起路来平稳有力。

牛吃草、禾秆等饲料。它先把草、禾秆等粗略咀嚼一下就咽到胃里，闲时再让饲料返回嘴里细嚼慢咽。人们把这种方式叫作"反刍"。

按照品种分，牛的种类有黄牛、水牛、牦牛等。黄牛、水牛较常见。牦牛则主要分布于青海、西藏等平均海拔在3000米以上的高寒地区，常用来在高山峻岭驮运东西，号称"高原之舟"。按照用途来分，牛可分为耕牛、奶牛、肉牛、役牛等。耕牛能拉犁耙，帮农民耕地。在没有农用机械的地方和时候，牛对农民耕作具有非常重要的作用。"耕田无牛难过下棋无车。"奶牛吃的是草等饲料，产的是营养丰富、可口的奶。肉牛吃的饲料更加粗劣，产的是营养丰富、美味的牛肉。役牛力气大，能拉大车等。不论什么牛，牛年纪大后都会成为"肉牛"而被宰杀。

牛除了给人耕田、拉车，提供奶、肉外，骨头可制笄、梳、锥、针、镞，可熬制胶，还可以制成骨粉做鸡饲料。牛的毛可以用来做毯子，角可以制作各种器物，还可以用来制号角。牛皮可以做盔甲、鼓、鞋、皮带、衣服等。牛粪是很好的肥料，农民常说："一堆牛粪蛋，就是一堆粮。"牛可谓"浑身是宝"。

牛有崇高的象征意义。《易经》以乾、坤两卦象征天、地，统领万物。牛能负重且驯顺，与坤卦相似，故《说卦传》称"坤为牛"，直言牛为负载生养万物的大地，即坤卦的象征。

牛经常受到称赞，被用来比喻美好的人物或者精神等。如人们用"拓荒牛"比喻勇于创新发展者，用"老黄牛"比喻艰苦奋斗者，用"孺子牛"比喻甘为人民大众服务者……

不少诗人写诗赞颂牛。李纲《病牛》："耕犁千亩实千箱，力尽精疲谁复伤？但得众生皆得饱，不辞羸病卧残阳。"臧克家《老黄牛》："块块荒田水和泥，深耕细作走东西。老牛亦解韶光贵，不待扬鞭自奋蹄。"

◆ **动物说明文的写作**

说明动物要抓住动物的特点来写。《牛》就是抓住牛身躯高大、反刍、品种多、作用大这几个特点来写的。

说明动物要讲究顺序。可以按照动物的外部形态、内部结构、生活习性、种类、作用等逻辑顺序来说明，也可以按照其生长过程即时间顺序来说明。《牛》按照牛的体形、习性、种类、用途等顺序来说明，即按照逻辑顺序来说明。

在说明动物时，应该尽可能多用一些说明方法。《牛》除了采用分类别、打比方等一般说明方法外，比较突出的是用了引用说明法。

◆ **动物说明文题目**

（一）狗

（二）猫

（三）鱼

（四）自拟题目，说明一种小动物或者一种花卉。（安徽省中考作文题）

21. 植物说明文

"钢竹"

广东省怀集县的特产茶杆竹又叫厘竹,大小兼有,竹竿通直,节疏,弹性强,耐虫蛀,特别坚韧,生命力强,用途极广,中外闻名。

一般来说,同一种竹子的大小、长短相差不大,而茶杆竹则有大有小,有长有短。小的只有手指那般小,大的则有大茶盅那般粗;长的可达三丈,短的只有丈许。

一般的竹子竹枝较长,竹尾向下弯,而茶杆竹的枝、叶一律向上,枝特别短,叶特别稀。因为负担轻,所以它的腰杆挺得直直的,绝不弯腰曲背,也不东倒西歪。茶杆竹节少、坚韧、光滑,弹性特别强,耐碱耐酸,不易受虫蛀。怀集茶杆竹被称为"钢竹",又被誉为"竹中之王"。

茶杆竹的生命力比一般竹子的生命力强。在怀集县的坳仔、大坑山、闸岗、永固等地,只要种下少量种苗,它就会把根伸向四面八方,生长起来。不用几年,在那溪流之畔,在那山窝深处,在那高山之巅,漫山遍野,到处都是它的世界。它们手拉手,肩并肩,密密麻麻地站着,狂风刮不倒,暴雨冲不垮。骄阳喷火,它们互相遮盖;霜打冰压,它们彼此掩护。靠着集体的力量,战胜各种侵袭。不过,茶杆竹的乡土观念根深蒂固,极难把它引种到外地。

茶杆竹的用途比一般竹子的用途广泛得多。它可以做造纸、造船、造窗、舞台布景的材料;可以躺在水上做浮标,站在路旁做路标;可以做果树、农作物的支架;可以做篱笆;可以制作美观大方的竹椅、竹沙发、竹套凳、竹台、竹床;可以制作精巧别致的竹书架、竹屏风、竹帘、竹画、竹花盆、竹碟子；还可以制作竹牙签、生活用具柄等。它的幼芽是鲜美可口的蔬菜，要不是有关部门禁止挖掘，它肯定会成群夭折。

怀集茶杆竹不但驰名国内，而且扬名海外。早在1840年，它便进入国际市场。现在，它已远销欧美和东南亚40多个国家和地区。20世纪50年代，苏联用怀集县坳仔镇产的茶杆竹制成的"古比雪夫"牌滑雪杆名声大噪。经胶合处理制成的渔竿更是无与伦比。一支食指大的茶杆竹制成的渔竿，能钓起一条约五公斤重的鱼，每支售价100美元至300美元。1925年，美国植物学家莫古里不远万里来到怀集县坳仔镇，对茶杆竹进行了历时20多天的研究，并把研究情况写入《世界竹子研究》。1974年，莫古里的学生、美国地理学会主席卢斯·马登也前来考察、研究茶杆竹。

中华人民共和国成立之初，全县10万亩竹林中残林占了一半，年产量只有9000吨。此后，不但残林得到迅速恢复，而且不断开辟新竹林。党的十一届三中全会后，落实了山权，落实了责任制，茶杆竹生产更加突飞猛进，年产量10万多吨；年出口量5万多吨，占全国同类产品出口量的70%以上。怀集茶杆竹是地理标志产品。2020年，入选"广东省第三届名特优新农产品入库名单"。

◆ 植物说明文的写作

说明植物要抓住植物的特点着墨。《"钢竹"》就是抓住茶杆竹特别坚韧、弹性强、耐虫蛀、生长力特别强、用途特别广等特点来说明的。

说明植物要讲究顺序，可以按照植物生长过程顺序即时间顺序来写，可以按照植物外部形态、特性、用途等顺序即逻辑顺序来写。《"钢竹"》先写茶杆竹外部形态、坚韧等特性，接着写它的用途广泛，然后写它扬名海内外，便是按照逻辑顺序来说明的。

说明植物应该尽量多用一些说明方法。《"钢竹"》运用了做比较、举例子、列数字、引史实等说明方法。

说明植物应该力求生动形象。《"钢竹"》的标题比较形象,文中有一些生动形象的描写,词语也力求准确、鲜明,并运用了排比、比喻、拟人等修辞手法,因而比较生动形象。

◆ 植物说明文题目

（一）松

（二）××竹

（三）××花

（四）自拟题目,说明一种小动物或者一种花卉。字数为600字左右。

（安徽省中考作文题）

22. 建筑物说明文

中山纪念堂

  中山纪念堂位于广州市东风中路，是广州人民、海外侨胞为纪念孙中山先生而集资兴建的，于1929年11月动工，1931年11月建成。它由我国著名建筑师吕彦直设计。1950年重铸孙中山像，1963年大规模翻修。

  整个纪念堂占地6.1万平方米，有门楼、孙中山像、纪念堂、铁花围墙。它是广东省、全国重点文物保护单位，国家AAAA级旅游景区。

  纪念堂的大门楼是屋宇式三孔大拱门，朱红色铁门。门上重檐叠阁，飞檐出卷。蓝色琉璃瓦映着阳光，显得庄重而不失绚丽。

  从门楼进去不远，屹立着孙中山青铜色全身像，栩栩如生。像高5.5米，重3.9吨。

  再进去不远，矗立着纪念堂。纪念堂呈方形，坐北朝南，庄严宏伟，金碧辉煌，美轮美奂，具有浓厚的民族特色。四周绿草如茵，翠柏青苍，红棉高屹，绿榕成荫。

  纪念堂顶部为重檐歇山顶①，像四层卷叠的龙脊组成一个整体，烘托出中央巨大的八角形攒尖式屋顶。屋顶上的金顶呈椭圆形，高达3.79米，直径最大处有4米。熠熠生辉的金顶表面使用了黄金箔36116张。重檐歇山顶的中央高挂一块蓝底红边漆金大匾，上有孙中山手书的"天下为公"四个

---

  ① 重檐歇山顶：歇山顶即歇山式屋顶，中国古代建筑的屋顶样式之一。共有九条屋脊，其中一条正脊、四条垂脊和四条戗脊。歇山顶分单檐和重檐两种。重檐即在基本歇山顶下方再加一层屋檐。

大字,雄浑有力。檐下八根三人才能合围的朱色水磨大石柱,承托着彩绘的水磨石米拱斗、花梁和拼花图案的天花板,做工精细。五盏巨大的长方形嵌玻璃青铜大吊灯悬挂在高大的走廊半空,映着镂花门,把殿堂衬托得更加富丽堂皇,古色古香。

纪念堂采用木桩基础,为钢架和钢筋混凝土结构。八角形大厅设计了30米跨度的钢桁架,大屋顶由八排钢桁架结合为一个整体。四角墙壁为厚达50厘米钢筋混凝土的剪刀墙,同八根大柱一同负荷屋顶的全部重量。

建筑面积8700平方米,加上东西附楼、后面休息室及地下化妆室,主体建筑占地面积达1.2万平方米。大堂空间极大,有4729个席位。这么大的大堂,一般都会有不少柱子。中山纪念堂的大堂却看不到一根柱子。整个纪念堂给人以新颖、宽敞、高大、雄伟、明亮的感觉,堪称建筑艺术之杰作。

◆ 建筑物说明文的写作

要说明某一建筑物,首先必须对它的特征、结构等有清楚的了解。如果对要说明的建筑物不十分了解,就要认真观察它。笔者写此文前便做了认真的观察。

写建筑物说明文应该抓住建筑物的特征。建筑物的特征指它的外形、结构特征等。《中山纪念堂》写它面积大、美轮美奂、大堂无一根柱子,便是力求体现这一点的。

建筑物占有空间,其构造的各个部分都有一定的位置,因而说明时应该力求有序。一般先总说后分说,先整体后局部,并按一定的空间顺序写;或由前至后,或由下而上,或由外及里,或按东西南北方位,或综合运用多种顺序。《中山纪念堂》按照由整体到局部、由外到内、由上到下的顺序写。

多用一些说明方法,才能具体形象地说明建筑物,常采用引数据、打比方、做比较等方法。《中山纪念堂》便运用了这些方法。

在介绍建筑物时,由于观察点在不断转移,使用"前后左右"这类方位词很容易造成误解,因此最好使用"东西南北"的概念。介绍教室、住房等建筑时,观察点一般是固定的,方位概念容易理解,为了介绍方便,可以运用"前后左右"这些方位词,但一定要先交代清楚观察点。

◆ **建筑物说明文题目**

（一）我家的房子

（二）××影剧院

（三）××校实验楼

（四）××校礼堂

（五）我们的教室（陕西省中考作文题）

23. 事理说明文

积累作文材料的方法

对写文章的人来说，即使是写作大师，如果没有材料，也难以施展其技艺。媳妇再巧，无米也难为炊；厨师再巧，无鱼无肉也炒不出菜肴。苏联教育家马卡连柯说："只有正确地解决了材料问题，才谈得上技巧问题。"桐城派文章家刘大櫆说："譬如大匠操斤，无土木材料，纵有成风尽垩手段，何处设施？"叶圣陶说："生活犹如源泉，文章犹如溪流，泉源丰富，溪流自然就会活泼，昼夜不息。"

材料从何而来？靠平时积累。"不积小流，无以成江海。"在我们日常学习、生活中，材料的"小流"随处都有，如果注意汇集，就会形成"滔滔江海"。

怎样积累作文材料呢？

1. 留心观察生活

观察内容：

（1）观察人。观察人的外貌神态、思想个性、语言行动、心理活动，观察人的前后变化等。

（2）观察事。观察事情的起因、发展、结局，观察事与事之间的关系等。

（3）观察物。观察物的形状、色彩、种类、特性等。

（4）观察环境。观察自然环境和社会环境（时代形势、政治气氛、风俗习惯等）。

观察方法：

（1）观察要细致。确定观察目标后，要耐心细致地观察它，有时还要持久地观察。

（2）要着重观察事物的特征。抓住事物、人物和景物的特征进行观察，才能观察到此事物、人物和景物跟其他事物、人物和景物的不同点。要按一定的顺序观察。按时间顺序观察是最常用的顺序，因为事物的发展总是随时间的顺序发展的。若观察景物、环境，则一般按空间顺序进行。

（3）要注意思索。在平凡的生活、平凡的事物中蕴藏着闪光的东西，只有善于思索的人才能了解事物的独特性，才能找到对事物的感受，才能在平凡中发现伟大。

另外，要及时把观察到的东西记录下来。

2. 积极参加各种活动

要积极参加各种有意义的活动，如参观、访问、游览、劳动、节日庆祝活动、考察活动等，多做好事。有时也不妨去体验一下自己要描写的生活。同时，要及时把参加活动的情景记录下来。

3. 多看报纸、杂志、书籍

"读书破万卷，下笔如有神。""劳于读书，逸于作文。""熟读唐诗三百首，不会吟诗也会吟。"要积累材料，除了在现实生活中观察、实践外，主要靠读书。书籍是前人或者别人生活经验、社会经验的总结。一个人的活动会受到时间、环境、体力等条件的限制，不可能什么地方都去，什么人都接触到，更无法倒退到古代去。一个人的生活经验是非常有限的，应该通过读书积累材料。因此，要养成看报纸、杂志的习惯，并经常看课外书。阅读要边读边记，把重要的数据、生动的事例、有说服力的理论等记录下来。

经典作品是人类历史长河大浪淘沙后的思想、文化、精神的结晶，蕴藏无穷的智慧，是民族文化的奠基之石。与经典对话，与先哲对话，在"对话"中理解先人们的人生，理解先人们的思想与感情，从而反观自身，体味自我的生命状态，反思自我的生命历程。因此，应该阅读《水浒传》《西游记》《三国演义》《红楼梦》《红与黑》《复活》《呼啸山庄》《钢铁是怎样炼成的》

等古今中外名著。当然，研读屈原、苏轼、李白、杜甫等的作品，也是阅读经典作品。

高中生通过阅读经典，年轻的心灵中自然会形成对历史更迭、社会矛盾、人心善恶的正确认识。更为重要的是，这些作品所诠释的是属于整个人类总体的情感取向和价值观念。让这些伟大作品所展现的宏大、高尚、开阔的精神境界，帮助我们抵抗丑恶，改造贫乏和平庸，远离虚无和轻浮。总之，我们在经典中不仅可以获取大量写作材料，而且可以重塑自己，从中真切感受到生活的真谛。

4. 回忆整理自身经历的有关素材

将储存在自己记忆中的材料，按照一定的题目、要求加以归纳、整理。如，我的童年时代，我的少年时代，我的一段有意义的生活，我的理想，我的好朋友，我的父母，我最敬爱的一个人，我最喜欢的一种物（或活动）等。这些材料在写记叙文、写读后感与议论文摆事例或联系实际的时候，往往都用得上。

5. 分门别类地记录、存放

有了材料，但杂乱无章，作用也不大。只有分门别类地记录、存放，才能发挥其重大作用。所以，记录观察到的东西和参加活动的情景，记录报刊、书籍中的材料等，都应该分门别类。如果用笔记簿记录，要用厚一点的笔记簿，在前面几页目录中写明类别、页码。每个类别要留能写千字左右的字的页数，记录时哪一类内容记录在哪一类里。如果用一页一页的纸写，一页纸写一则材料，并编上号码，分类放好。

6. 购买有关书籍

可以到书店购买议论文论据手册、作文素材库、作文资料大全等方面的书。这方面的书籍材料丰富而全面，容易查找，对作文材料缺乏者有很大帮助。

7. 在网上查找有关资料

可以在网上搜寻查找相关资料，并做好采摘和记录。

◆ 事理说明文的写作

事物发展变化的过程和规律，事物本身的科学原理、内部联系，对事物的处理方法等，通常被称为事理。对事理进行阐述说明的文章，叫作事理说明文。

写事理说明文要注意四个方面：

（1）要对说明对象有具体了解。要说明事理，必须对事理有具体的了解，或观察分析，或查看有关资料等。

（2）要抓住重点着墨。要分清主次，不要"捡了芝麻丢了西瓜"，也不要"胡子眉毛一把抓"。积累作文材料的方法很多，《积累作文材料的方法》一文选择重要的方面来写，便是力求抓住重点来着墨的。

（3）要注意顺序。事理说明文多按逻辑顺序安排材料。《积累作文材料的方法》便是按逻辑顺序进行说明的。

（4）要多用一些说明方法。一般可用分类别、做比较、举例子、打比方等说明方法。《积累作文材料的方法》用了分类别、举例子、引资料的说明方法。

事物说明文、事理说明文的区别：事物说明文说明生物、用物、建筑物等实体事物，事理说明文说明事情成因、原理、规律、关系、方法等抽象之理。前者常按时间、空间顺序写，后者常按逻辑顺序写。

◆ 事理说明文题目

（一）绿化好处多

（二）吸烟的害处（广西壮族自治区中考作文题）

（三）介绍一种有效的学习方法（安徽省中考作文题）

（四）写一篇短文，介绍阅读说明文的一般方法。（江苏省连云港市中考作文题）

（五）以"写作的益处"为题，写一段说明性文字。不少于200字。（湖

北省武汉市中考微作文作文题)

（六）有些学校的个别清洁工，打扫校园以后把树叶、废塑料、废纸等垃圾集中放在校园某个角落，然后点火焚烧。

请你写一段说明性文字（可适当描写），说说这样处理垃圾的害处。不少于300字。(江苏省扬州市中考微作文作文题)

24. 科学小品文

水的自述

在通常状态下,我是无色无味的液体,是由大量水分子构成的,水分子中包含着氢、氧两种元素。

在不同温度下,我有三种存在形态:液态、固态、气态。我在常温下保持液态,在 0℃以下会结成冰,当温度达到 100℃时便会沸腾并急剧汽化。那潺潺的细流、滚滚的江河、汹涌的海洋,是我的液态;那轻如鹅毛的飞雪、耸入云霄的冰峰,是我的固态;那蓝天上的朵朵白云、峰尖上的山岚,是我的气态。

"水,滋润万物;水,生命之源。"一切生物都离不开我,没有我便没有生命。人可以一连几天不吃饭,但不可以几天不喝水。

由我汇成的条条江河,能够使片片农田绿油油,能够冲击水轮机而把光明送到千家万户,能够背着大小船只来往穿梭,能够让大小木排、竹排顺流而下……

在工业上,电解食盐制造化肥、制取氧气和氢气、冷却钢水和机件,都得靠我。"水利是农业的命脉。"农、林、牧、副、渔都离不开我。种植作物可以不用泥土,却不可以没有我。在日常生活中,人们更是离不开我。

我还能调节气温,例如沿海地区就是靠我的作用形成温暖的海洋性气候。白天由于阳光的照射而气温上升,我会及时吸收大量的热量使气温下降;晚上气温下降,我又能及时释放出大量的热量使温度不至于太低。

由我汇成的江流,穿峡破谷,一往无前,象征着执着,象征着矢志不移……

由我汇成的洪流,汹涌澎湃,势不可当,冲刷着污泥浊水,摧枯拉朽,象征着革命,象征着正义。

我能够给人不少启示:

水滴石穿。

水能载舟,亦能覆舟。

海纳百川,有容乃大。

脏了自己,净了别人。

智者乐水,仁者乐山。

上善若水,水善利万物而不争。

水只有流动才能保持新鲜。

问渠那得清如许?为有源头活水来。

水多成洋,人多成王。

滴水流成河,粒米积成箩。

柔弱不过山溪水,到了不平地上也高声。

……

人们深情地赞美我:自己活动并推动别人活动的,是水;经常探求自己方向的,是水;遇到障碍物能发挥百倍力量、更有气势的,是水;有容清纳污大度量的,是水;以自己的洁净濯洗别人的污浊的,是水;不论如何变化,仍不失其本性的,还是水。

以水悟道,可以悟到:想成为成功人士,就要做到百折不挠,包容接纳,以柔克刚,能屈能伸,达济天下。

◆ 科学小品文的写作

科学小品文又名知识小品文,它用写小品文的笔调描写某一方面的科学知识,既有科学性又有文艺性。

科学小品文题材十分广泛。从肉眼看不见的粒子、原子到地球、太阳,无论是工业、农业,还是物理、化学、天文、地理、生物等,都是科学小品文的题材。

写作科学小品文必须注意科学性和趣味性。引用的材料必须可靠，数据必须精确。可采用自述式，也可采用故事式、寓言式等。应该多用文学手段和修辞手法，多设想些情节，多渲染些气氛，甚至可以塑造性格。应该多用比喻、拟人等修辞方法，把知识性和趣味性融于一体。

《水的自述》介绍水的科学知识，材料可靠，描述准确，具有科学性。笔者采用自述式手法，用文艺笔调做描述，采用了比喻、拟人、排比、引用等多种修辞手法，具有趣味性。

◆ 科学小品文题目

（一）笔的自述

（二）以"雨的自述"为题，写一篇200~300字的科学小品文。（甘肃省兰州市中考微作文作文题）

25. 科技小制作说明文

蝴蝶风筝的制作

风筝是一种传统的娱乐健身玩具，用竹支或竹篾捆扎成禽、虫、鱼、龙等形状的骨架，糊上纸或绢便大功告成。风筝借助风力在空中飘动，人通过拉动系在上面的长线来控制它。

当微风吹拂的时候，在操场、广场、旷野等处放风筝是一件愉快的事。

买风筝要花钱，自己制作则比较实惠。有时候在一些地方（如偏僻的农村），即使有钱也买不到，要想放风筝，就必须自己动手制作。

其实，制作风筝并不难。下面介绍蝴蝶风筝的制作过程。

第一步：削竹签。去竹林里砍一根竹子，或者向人要一段竹子，根据要制作的风筝的大小，把竹子锯断或者砍断。蝴蝶风筝可大可小，大的用 1 米左右的竹签扎骨架，小的用 0.5 米左右的竹签扎骨架。根据要扎的风筝的大小把竹子锯断或者砍断后，将它剖成若干条，选择比较好的两条削一削，使两条大小基本一致。风筝大则竹签粗些，风筝小则竹签细些。

第二步：扎骨架。用线把两条竹签捆绑在一起，捆绑的位置在竹签一头接近 1/3 处。例如，竹签长 1 米，就可以在 30 厘米左右处捆绑，然后用线把两条竹签扎成骨架。（见下图）

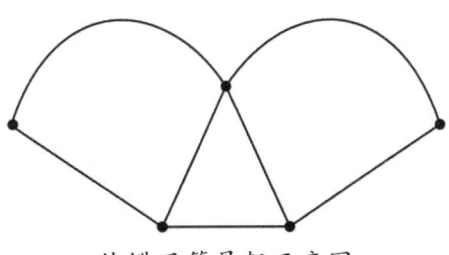

蝴蝶风筝骨架示意图

第三步：糊上纸或绢。把骨架放在纸或绢上，用笔沿骨架边缘（距骨架约2厘米）画线，用剪刀把线外部分剪掉，把剪好的纸或绢糊在骨架上，然后在尾部糊上尾巴。如果用纸糊，纸要有一定的韧性。尾巴要有一定的长度，一般是扎骨架的竹签长度的两倍。

第四步：系线。在骨架的三角形的各个角上系上一根短线，把三根短线系在一起，接上一根长线，一个蝴蝶形状的风筝便制作成功了。

◆ 科技小制作说明文的写作

科技小制作说明文主要介绍小制作的制作过程、原理，有时还要简要介绍小制作物的构造、性能、用途等。如果不止一种，还要介绍其种类。

要注意说明的重点，有详有略。一般来说，制作过程和制作原理是说明的重点，要详写，其他略写。《蝴蝶风筝的制作》便是以制作过程作为重点来写的。

这类说明文大多按照制作过程来安排顺序。《蝴蝶风筝的制作》便是按照制作过程安排顺序的。在说明制作原理时，可按事物自身的条理性来说明。

为了具体清楚地说明事物，需要采取多种说明方法，例如举例说明法、比较说明法、数字说明法、图表说明法、分类列项说明法等。其中，数字说明法和图表说明法用得较多。有时需要辅以简图，以增强直观性。

有时需要指出或提醒制作时必须注意的地方，即制作过程中容易疏忽、出错的地方。《蝴蝶风筝的制作》指出纸要有一定的韧性，尾巴要有一定的长度，便是指出需要注意的地方。

◆ 科技小制作说明文题目

写一篇科技小制作说明文，说明你的一种小制作或家乡某种特产的制作过程。不少于600字。

议论文

以议论为主要表达方式,通过讲道理、摆事实等表达作者观点的文章。写议论文要做到观点明确、论据充分、语言精练、论证合理。

26. 阐明型议论文

事实论据运用的原则

"事实胜于雄辩",因为事实可以使读者对论点产生由衷的认同。对中学生来说,在各种论证方法中,例证法最易掌握,运用例证最易成篇,因而例证法成了中学生最常用、最基本的论证方法,可以说"每论必用"。但是,由于对事实论据运用的原则、要求不是很明白,往往出现种种问题,以致效果不佳。

要使事实论据起到应有的效果,必须做到准、真、精、新、简、析、合七个方面。现在结合中学生写作实际对这些原则逐一加以阐析。

事实论据要以"准"为本

"观点统率材料,材料证明观点。"事例对论点要如众星拱月,如影随形,否则就如药不对症。要在大理石上雕出人脸来,就要把大理石上不是脸的地方剔掉。同样,选择事例时要把与论点无关的"脱靶"材料、与观点关系不大的"擦边"材料毫不客气地去掉,选择"正中靶心"的事实。

但是,不少同学所摆事实与论点或对不上号,或若即若离。写《学习必须持之以恒》时,举司马迁花十余年写《史记》、爱迪生持之以恒地发明电灯为例证,这不是驴唇不对马嘴吗?

不少事例可从不同侧面论证不同论点,例如张海迪的事迹可从不同侧面论证有志者事竟成、知识就是力量、生命的价值在于"给予"、人美在心灵等。叙述时应该针对论点有所侧重,着重叙写能够证明观点的内容。如论证"知识就是力量",就要着重叙写知识如何使她懂得了人应该如何生活,知识如何使她做出一项又一项重大贡献;论证"人美在心灵",则应着重叙写她如何千方百计为人民服务，最终被全国人民当作美的典型；等等。但不少同学"一花敬千佛"，不论论证什么论点，都以不变应万变，从而使事例与观点若即若离。有些人叙写事例时视野狭窄，写《飞瀑之下，必有深潭》，论点是目标专一、持之以恒、冲劲十足才能成就大业，本应举专一、持恒、劲足三者兼备而成就大业者为例，但不少人举目标专一者有所成就，持之以恒者有所成就。这便不够切题了。

不少人叙写事例时重经过而轻结果，例如写《纪律是胜利的保证》，举邱少云为例，写他如何埋伏，即使烈火烧身也一动不动，最终壮烈牺牲，但没有写战斗取得胜利的具体情形。还有些人重结果而轻经过，例如写《坚持就是成功》，举鲁迅为例，写他是中国文坛公认的巨匠，著译丰硕，其作品像匕首一样直插敌人的心脏，但没有写他坚持不懈的情形。这同样是事例与观点若即若离。

因此，在叙写事例时，必须牢记它是否扣住了观点。对那些似是而非、与观点若即若离的材料，一定要细心辨别，谨慎行文。

事实论据要以"真"为贵

桥面靠桥墩支撑，桥墩如果不实，就会桥毁人亡。同样，论点要靠论据作证，事例不真，论点就无法确立。用铁的事实去论证论点，才能令人折服。

但是，有不少同学凭印象，想当然，以致或是时间、地点出错，或是张冠李戴，闹出笑话。如把司马光的事说成是司马迁的事；把爱因斯坦的事说成是爱迪生的事；说陈景润没有上过大学，靠自学攀上数学顶峰；等等。有些同学胡编乱造事实，不能令人信服。由于是胡诌瞎编的，因而不写人物的姓名、单位，不写事情发生的时间、地点，用"有一个人""Z君""某日""某市"来表示，这样怎能证明观点呢？

为什么会出现这些情况呢？因为有些同学平时不看报纸杂志，不留心身边的事，闭目塞听，论证时无事例可举，只好无中生有；有些同学虽然读了报纸杂志，但是没有做笔记，作文时凭印象叙写，难免不够真实；有些同学对发生在当地的事没有了解清楚便轻率地用作论据，因而也不够真实。

事实论据要以"精"为佳

事实论据要精当——有典型性，即有代表性。典型事例最能反映事物的本质和规律，具有极强的涵盖力，可以以一当十。精当的事例如金子，不精当的事例如沙子。

不少同学所举事例达不到精当的要求。所选事例没有代表性，不能反映事物的本来面目，因而不能有力地论证论点。例如，写《要做心灵美的人》，举在学校食堂打饭不插队、做值日生认真扫地为例；论证"志当存高远"，举考试总分要居班级前五名、考上重点中学为例。这些例子均不够精当。

此外，把个别现象当作普遍现象，把偶然现象当作必然现象，也非个别情况。

"论据充分"不仅仅着眼于论据的数量，更主要的是指它的质量——能够充分、有力地证明论点。为此，应该力求事实论据有一定的代表性、典型性。

事实论据要以"新"为高

写议论文举事例时，应尽可能举新近出现的人物、事情，使文章内容新颖，有时代感。清代刘熙载在《艺概·诗概》中说："诗要避俗，更要避熟。"写文章同样要"避熟"。当今社会，在各个领域里有所建树的人数不胜数，新人新事如雨后春笋，层出不穷。我们在举例时应把这些作为首选事例。如果所选的事都是"陈年谷子"、老生常谈之事，难免使人厌倦。

但是，不少同学在举例时谈古代的多，讲现代的少，新人新事更少。把司马迁、岳飞、爱迪生等作为"万能论据"，百用不厌，以致文章缺乏新鲜感、时代感。

为什么会出现这种情况呢？还是因为平时不看报纸杂志，不看课外书。有些人虽然看了，但是没有做到"不动笔墨不看书"，没有做笔记，不注意积累材料，以致作文时"无案可稽"。

诚然，要求所写事例全是新近发生的也不太可能。对中学生来说，在几个事例中有一两个是"刚出炉"的便算"有新意"了。对众所周知的例子如能有所侧重或翻出新意，也是"有新意"了。

要想有新鲜事例，就要多关心周围的事，体验生活，发掘生活的底蕴；要养成读书看报的好习惯，阅读时要把新人新事记录下来，以备作文时使用。

事实论据要以"简"为妙

议论文中的事例是作为论据出现的，它的任务是论证论点，而不是向读者展示其本身的发生、发展过程。因此，一般只要求点明事实，而不要求记叙、描写事实。所以，陈说事例要简明扼要，有时只需把能证明观点的那部分叙述一下就行，力避详尽冗长。

有时为了充分说明论据与论点的必然联系，特举一个例子，或是人们比较生疏的事例，或是"点面结合"中"点"的事例，或是最能体现同类事物特征的典型事例，可以写得具体一些。但是，即使是这样的事例，也要加以浓缩，用精练的语言表达出来。

不少同学运用事例时不会概括，叙写过于具体，而且全文除了运用例证法外，没有运用或极少运用其他论证方法，因而写出来的文章类同记叙文或散文。

为什么会出现这种情况呢？这与大家不懂得记叙文之叙事、写人同议论文之举例有根本的不同有关。这两者的不同之处是：记叙文叙事、写人是要艺术地再现生活画面，因而要具体地叙述、描写；议论文举例子是为了论证观点，要以逻辑推理折服读者，因而只需交代某人某事的简要情况即可。记叙文通过具体记叙才能表现人物思想，显示文章的主题；而议论文则是通过论证才能阐明观点，显示文章的论点。

事实论据要以"析"为榫

论点是桌面，论据是桌腿，阐析则是连接两者的榫头。

对事例加以议论、阐析，揭示事例所蕴含的哲理、本质、内涵、意义、影响，揭示事例与论点的内在关系，让人明白它为什么能证明论点，这样才能深刻有力地论证论点。否则，就可能看不出所举事例与论点的关系，以致"有米做不成饭"，读后给人以夹生感。不少同学只摆事实，不加阐析，往往不能有力地证明论点，或者看不出事例与论点之间的关系。

该如何议论阐析呢？

（1）把事例与论点挂上钩。有位考生在高考时写《近墨者未必黑》，叙写了日本丰田公司的几条规定：纸张正面写完反面写；一只手套破了只能先换一只，另一只破了以后再换另一只……这位考生在写了这些规定后评析："在经济大国、高消费社会、花花世界的世界著名公司，出现这种近乎'可笑'的节约，不正说明了'近墨者未必黑'吗？客观环境对人虽然有影响，但是人的主观能动性起着决定性的作用。"经过这样阐析，事例与论点便"接轨"了。如果他只叙写这些规定，没有这一议论阐析，便不能有力地论证论点了。

（2）揭示事例的社会意义、影响等。如写《见义必须勇为》，在介绍了英雄义士的事迹后，将这种行为对人民生命的保护作用、对国家财产的保护作用、对人们的激励作用、对精神文明建设的推动作用等揭示出来，这样才能使人认识到见义勇为的重大作用和深远意义。如果只写他们的"勇为"和牺牲的结果，不揭示其价值，就会使人觉得见义勇为就会牺牲，牺牲了有什么意义又看不出来，这便难以论证论点了。

（3）归纳推论。选用一些事例后，通过归纳证明自己的观点。例如，"《今日诗》：'今日复今日，今日何其少。今日又不为，此事何时了。'《明日歌》：'明日复明日，明日何其多。我生待明日，万事成蹉跎。'拿破仑说：'不惜寸阴于今日，必留遗憾于明日。'席勒说：'时间的步伐有三种：未来姗姗来迟，现在像箭一般飞逝，过去永远静立不动。'这些话无不说明时间转瞬即逝，要想事业有成，必须珍惜眼前时间，分秒必争地从现在做起，一句话：今日最重要。"

事实论证要以"合"为高

事实论证与理论论证珠联璧合，才能使人既知其然又知其所以然，这样的文章才有深度，才能得高分。

但是，不少同学写议论文只摆事实而无理论论证，"有据而无理"，使人知其然而不知其所以然。因为没有深度，所以难得高分。

因此，写议论文必须事实论证与理论论证珠联璧合。要做到这一点，平时就要多阅读，多积累，去书店或网上购买议论文论据手册、作文资料库之类的书籍。笔者写的示范作文中的议论文，每篇都有不少理论论据是从这些书中得来的。

◆ 议论文的分类和阐明型议论文的写作

议论文可以分为两大类：一类是阐明型议论文，一类是论证型议论文。

阐明型议论文是阐述说明事理的议论文。

论证型议论文是论证观点的议论文。

阐明型议论文和论证型议论文的区别：

（1）阐明型议论文一般没有中心论点，论证型议论文有中心论点。

（2）阐明型议论文以回答"是什么""有哪些""怎么办"为主。如《事实论据运用的原则》以回答"有哪些""怎么办"为主。论证型议论文以回答"为什么"为主。如《人的正确思想是从哪里来的？》以回答"为什么说人的正确思想是从实践中来的"为主。

（3）阐明型议论文中的"是什么""有哪些""怎么办"是回答"不知"的问题，所以需要阐述。论证型议论文中的中心论点是需要证明而又贯串全文的主要思想观点，所以需要证明。所谓"需要证明"，就是需要回答"为什么"；所谓"贯串全文"，就是文章各个段落、各个部分都紧扣"为什么"论证。"为什么"是解决"不信"的问题，所以需要证明。这是阐明型议论文和论证型议论文的根本区别。

阐明型议论文和说明文的区别：

（1）阐明型议论文阐明的对象一般是抽象事理，说明文说明的对象一般是具体事物。

（2）阐明型议论文既用论证方法又用说明方法，说明文很少用论证方法。

写阐明型议论文的关键是对要阐明的问题有深入的研究、深刻的理解。笔者写《事实论据运用的原则》前，对历届学生运用事实论证存在的问题进行了分析、归纳，然后才动笔。

◆ **阐明型议论文题目**

（一）论理想

（二）学习论

（三）精神文明说

27. 证明型议论文

要学会忍让

人要学会忍让。

为什么要学会忍让？人生活在社会上，时时要与人接触，在接触中难免会发生一些矛盾冲突。如果对方不是有心加害，就不必斤斤计较。即使对方有意刁难，也应该做到"该放手时则放手，得饶人处且饶人"。因为"针尖对麦芒""乌龟碰石头"会两败俱伤，甚至两败俱亡。须知"火气"既会烧伤别人，也会烧痛自己，有百害而无一利；忍让则可以化干戈为玉帛。海洋能容纳大川小溪，才会气势磅礴，浩渺壮阔；宇宙能容纳千万星球，才会浩瀚无垠，包罗万象；人能容纳别人，世界才会融洽、安定、和睦、幸福。

一些人之所以不能忍让，一个重要原因是觉得有气不出、有"仇"不报不是英雄好汉，只有以牙还牙方显"英雄本色"，这其实是对英雄好汉的误解。岂不闻"饶人不是痴汉，痴汉不会饶人"？没有豁达胸怀的人是算不上好汉的。除了对歹徒、侵略者之外，对其他人襟怀宽广，才是真正的英雄好汉。

事实胜于雄辩。清代桐城人张廷玉官至军机大臣，家乡邻居与他家争占三尺宅地，他家总管写信告知。张廷玉见了信，在信上批了一首诗寄回。这首诗是："千里修书只为墙，让他三尺又何妨？长城万里今犹在，不见当年秦始皇。"于是张家总管立即吩咐让出三尺通道。邻居见了，也让出三尺。于是有了六尺通道，成为桐城著名的"六尺巷"。

上海市公共汽车0897号售票员，见一个男青年不买票，就很有礼貌地说："同志，请买票。"那青年掏出钱吐上口水后扔到她的工作台上。她用手绢擦净口水,撕一张票,把票和应找回的钱有礼貌地递给那青年。几天后,她收到那名青年的赔礼道歉信,信里赞扬她是心灵美的榜样,决心向她学习。这正如苏联教育家苏霍姆林斯基所说:"宽容引起的道德震动比惩罚更强烈。"

相反,如果为人心胸狭窄,睚眦必报,后果可能会十分严重。安徽省安远县谢楼村的谢传雨、谢传春兄弟,因为谢传和与他们的妹妹争坐一张凳子发生纠纷,就把谢传和与他的弟弟谢传弟杀死,酿成大祸。在广东省四会市玉城,从四川省忠县到此打工的刘昭清因一元钱而与同乡向定波发生口角,进而发生打斗。刘昭清用水果刀把向定波杀死,后被判死刑。可见,不会忍让,就会因为一张凳子、一元钱而酿成惨剧。

由此可见,人必须学会忍让,必须宽宏大量。请记住雨果的一句话:"世界上最宽阔的是海洋,比海洋更宽阔的是天空,比天空更宽阔的是人的心灵。"

逆境也能成才

如果我们稍稍留意一下那些在人类历史上做出杰出贡献的人,就会惊奇地发现他们几乎都是从逆境中"脱颖而出"的。

唐代卢慧能幼年丧父,长大后靠砍柴、做零工维持生活。他从广东步行去湖北拜五祖弘忍为师,五祖安排他去碓房干舂米等活,完成任务后可随众听五祖讲经。因为他表现出色,所以五祖把衣钵传给了他,他成为六祖。他得到衣钵后南下,数百佛徒追寻他,想夺衣钵。他只好在野岭隐居,十余年后才出来弘扬佛法。后来,他成为禅宗的真正创始人——与孔子、老子齐名的"东方文化三大圣人"之一。

元末王冕出生于贫困家庭,年少时替人放牛,靠自学成为画家、诗人、篆刻家。

高玉宝出生于贫困家庭,从小就做劳工、木匠等,只上过一个月的学,与文盲差不多。参军后，他刻苦自学文化，不断创作文学作品，创作了 200 多万字作品。他的作品不仅在国内闻名，而且被翻译成 15 种外文。

张海迪小时候因患血管瘤而导致高位截瘫，不能上学。她靠自学学完小学、中学全部课程，还自学英语、日语、德语和世界语。她克服种种困难，顽强地从事文学创作和翻译工作，取得巨大成就，名噪中华。1983 年，中共中央发出向她学习的决定。

俄国的高尔基 10 岁时开始独立谋生，当过学徒、搬运工、看门人、面包工等。他刻苦自学文化，不断创作，成为作家、诗人、评论家、政论家、学者。

美国的海伦·凯勒两岁时因病丧失视觉、听觉。她顽强地与命运抗争，自学手语和文化知识，成为作家、教育家、社会活动家。

英国的史蒂芬·霍金因病导致不能说话，全身瘫痪。他凭坚毅不屈的意志创造了一个个奇迹，成为当代最著名的物理学家、最杰出的科学家之一。

树受过伤的部位，结疤之后，会变得更硬。人有了苦难，会在苦难的磨炼中变得坚强起来。逆境像磨砺宝剑的石，像炼钢的火，像淬钢的水，能够使人磨炼意志、毅力，有不屈斗志、刚强性格，能够使人在与艰难困苦作斗争中增长才干，从而成就大业，成为人才。孟子说："生于忧患而死于安乐。"梁启超说："患难困苦，是磨炼人格之最高学校。""美国商业偶像第一人"艾科卡说："人类中最伟大者和最优秀者，皆孕育于贫困这所学校中。这是催人奋进的学校，是唯一能出伟人和天才的学校。"总之，不论身处何种逆境，只要有远大目标，充分发挥自己的主观能动作用，刻苦学习，不断拼搏，勇于进取，就能成就大业，成为人才。

◆ 证明型议论文的写作

证明型议论文又称"论点型议论文"，即题目直接揭示了文章论点的议论文，如《改造我们的学习》《作家要铸炼语言》等。这是最常见的议论文。论证时要紧扣题目展开论证，不要节外生枝。

写这样的议论文,初学者如果不知道如何构思,可以按照下面的模式写。

开端:重提题目。如《要学会忍让》第一自然段。

第二部分:以"为什么……"加上题目作为开头,接着说出理论根据。如《要学会忍让》第二、第三自然段。

第三部分:以"事实胜于雄辩"作为开头,接着把事实摆出来。如《要学会忍让》第四、第五自然段。

第四部分:以"相反"为开头,写出反面事例。如《要学会忍让》第六自然段。

结尾:以"由此可见"为开头,得出结论,提出做法。如《要学会忍让》第七自然段。

这样写能够紧扣论点,段落和条理清楚,结构完整,论证方法也比较多样。不过,总是写这种千篇一律的"八股文式"的文章会令人生厌。所以,这种"套套"只宜在初学时套用,在掌握了议论文的各种结构方式、各种写作方法后,就不一定这样写了。

记叙文、说明文、议论文的区别

文体	要素	写作对象	写作目的	表现方式
记叙文	时、地、人、事	人物、事情	以情感人	记叙、描写为主,兼有议论、抒情
说明文		事物、事理	传播知识	说明为主,兼有记叙、描写
议论文	论点、论据、结论	观点、主张	以理服人	议论为主,兼有记叙、说明

◆ **证明型议论文题目**

(一)天才之花汗水浇

(二)学海无涯苦作舟

（三）莫让青春等闲过

（四）尊敬长辈（浙江省杭州市中考作文题）

（五）小事不可小视（甘肃省中考作文题）

（六）天下无难事（黑龙江省中考作文题）

（七）勿以善小而不为（贵州省遵义地区中考作文题）

（八）攀比花钱要不得（青海省中考作文题）

（九）攻书莫畏难（云南省高考作文题）

（一〇）先天下之忧而忧，后天下之乐而乐（全国高考作文题）

28. 推究型议论文

为什么"人美在心灵"

掏粪工人时传祥一身臭味，送煤工人赵春娥浑身又脏又黑，张海迪高位截瘫，《巴黎圣母院》中的敲钟人加西莫夫奇丑无比，但是人们都说他们美；商朝纣王的宠妃妲己美若天仙，人们却都说她丑陋。

明明是臭、脏、残、丑，人们却说美；明明是光彩照人，人们却说丑。为什么会出现这么大的"反差"，这么"不公平"呢？

美，是人们所憧憬、追求的。人既憧憬、追求环境美、生活美等，也憧憬、追求自身美；既憧憬、追求自身外表美，也憧憬、追求自身内在美。外表美固然重要，但是内在美更加重要，所以人们常说"人美在心灵"。

人的心灵美包括正确的人生观、崇高的理想、高尚的道德品质等。

人生观指对人生的看法，也就是人对自己生存的目的、价值、意义的看法。人的一举一动都受人生观的指引。人生观正确，才会有正确的行为、举动。具有无产阶级人生观的人，为了人民的幸福、民族的兴旺、国家的富强而努力奋斗，因而崇高伟大。人生观不正确，就会走邪门歪道，成为卑鄙渺小的人。

理想指人对未来事物的想象、希望。理想崇高的人，才有可能为崇高理想的实现而不断学习、努力奋斗，成就崇高事业，成为崇高的人。

高尚的道德品质指大公无私、正直、诚实、助人为乐、敬业等。有了这些品质，才能成为高尚的人，才能圆满完成学习、工作任务，人与人之间才能充满友爱、温暖，社会才能不断进步。

时传祥虽然一身臭味，但是他"宁肯一人脏，换来万人净"，不怕脏、不怕臭，为千家万户掏粪。赵春娥虽然浑身又脏又黑，但是她任劳任怨地给千家万户送煤。张海迪虽然高位截瘫，但是她身残志坚，乐于助人。《巴黎圣母院》中的敲钟人加西莫夫虽然奇丑无比，但是他有正义感，心地善良。所以，人们都说他们美。妲己虽然有沉鱼落雁之貌，但是与纣王沆瀣一气，祸国殃民。所以人们都说她丑。

在我国，人们普遍认为西施最漂亮。提到美人，总是首先提到她。其实，跟她一样漂亮的大有人在，为什么却认为她最美呢？因为她不但有闭月羞花之貌，沉鱼落雁之容，而且有爱国之心。她协助越王勾践打败吴王夫差，使越国复仇成功。

可见，"人并不是因为美丽才可爱，而是因为可爱才美丽"。

"爱美之心，人皆有之。"我们赞颂心灵美，但并不否定外表美，只不过认为心灵美比外表美更重要而已。要是能像西施那样既有外在美，又有内在美，那是再好不过的了。

当前，我国正处在社会变革时期，就像洪流越汹涌澎湃，泡沫和逆流就会越多一样，在社会飞速发展的时候，各种不健康的思想、消极的人生哲学也会无孔不入。只有加强思想道德修养，追求心灵美，踏踏实实地走好人生的每一步，才能沿着社会主义的康庄大道不断前进。

◆ 推究型议论文的写作

推究型议论文是对产生某一种现象、得出某种结论的原因、根源进行论述的议论文。《为什么"人美在心灵"》便是对得出"人美在心灵"这一结论的原因进行论述的。

客观事物呈现在人们面前的往往是现象，而要了解事物的本质，就要对现象进行由表及里的分析研究。事物总是发展变化、互相联系的，要了解其原因，了解此事物与彼事物的联系，就要对事物进行由此及彼、由果及因的研究。推究型议论文要论述的就是这种探求本源的过程和结果。

因此，写推究型议论文时，要善于分析事物的现象或结论与原因的关系，揭示现象或结论与原因之间的必然联系。《为什么"人美在心灵"》一文便写出了结论与原因之间的必然联系(关系)。

推究型议论文的基本结构模式通常为推进式。由表及里、由此及彼地逐层分析论述，构成推究型议论文结构的基本框架。《为什么"人美在心灵"》一文首先摆出现象和结论(论点)，接着阐明原因，对论点进行多方面论证，便是由表及里、由此及彼地逐层论述，构成推进式结构框架的。

◆ 推究型议论文题目

为什么无私者才能无畏

29. 范围型议论文

谈读书（之一）

读书要求甚解。

要想分清书中的精华糟粕，领会书中的思想内容，掌握其精髓，融会贯通等，就要"求甚解"。不求甚解，囫囵吞枣，则读书再多也用处不大。孔子说："学而不思则罔。"意思是读书不开动脑筋思考，就会感到迷惑。朱熹说："大抵观书，先须熟读，使其言皆若出于吾之口；继以精思，使其意皆若出于吾之心，然后可以有得尔。"瞿秋白指出："一切书都是为着帮助你思想，而不是为着代替你思想而写的。"列夫·托尔斯泰说："知识，只有当它靠积极思维得来而不是凭记忆得来的时候，才是真正的知识。"爱因斯坦说得更干脆："学习知识要善于思考、思考、再思考。"看，古今中外的名人无不认为读书学习要"求甚解"。

南宋学者陈正之在青年时代浏览群书，不求甚解，边看边忘，虽然读完许多书，但得益很少。他向朱熹请教，朱熹叫他每天只读50字，读二三百遍，深入领会其内容。他照着做，知识与日俱增。

明朝宋濂"幼时即嗜学""每假借于藏书之家""因得遍观群书"。为求得甚解，他"尝趋百里外，从乡之先达执经叩问"，"援疑质理"，因而成为著名学者。

有些青年看了《射雕英雄传》后，效仿书中情节插香结拜，做名为"行侠仗义"而实为打架斗殴的事，这样做轻则伤身，重则送命。鲁迅先生曾对一些看小说的人提出批评，说他们看小说后便"硬去充一个其中的脚色。所以青年看《红楼梦》，便以宝玉、黛玉自居；而年老人看去，又多占据了贾政管束宝玉的身分，满心是利害的打算，别的什么也看不见了"。这些都是读书不求甚解的结果。

不过，有时候我们却要"好读书，不求甚解"。当今社会信息、知识"爆炸"，各类书报杂志如决堤的江河汹涌而来。若看什么书都求甚解，势必不能博览群书。因此，我们在看某些书报杂志时，不一定要求甚解。

莎士比亚说："书籍是全世界的营养品。"我们需要读书、需要知识，就像婴儿需要营养一样。但是，要是让婴儿吞成团的饭，咽成块的肉，婴儿能得到所需的营养品吗？

谈读书（之二）

读书可以使人增长知识，而"知识就是力量"。读书可以使人树立正确的政治观点，而"没有正确的政治观点，就等于没有灵魂"。读书要讲究方法，方法正确，事半功倍；方法不正确，事倍功半。读书要勤奋，只有勤奋读书者才能学到渊博的知识。

下面，笔者着重谈谈读书的重要意义。

"腹有诗书气自华。"因为书能够使人风度高雅，气宇轩昂，远胜服饰上的奢华、家宅中的堆金积玉；书能够使人享有恬淡宁适、心安理得的快乐，绝非终日孜孜为利、唯恐失去财宝的人所可比拟的。

通过读书，我们才能跳出个人狭隘的圈子；通过读书，我们方能摆脱只为自己盘算这种毫无价值的冥想。读书，能将人头脑里的杂质清洗干净；读书，能使人斗志旺盛。

书是我们认识历史的工具，也是我们了解自己没有经历的社会的最好途径，是我们认识未来的望远镜。

彭德怀读了《新青年》杂志，才知道社会主义，读了《共产党宣言》《通俗资本论》《新社会》等，才开始研究马克思主义，从而怀着社会可以改造的信念努力工作和斗争，才成为受人尊敬的无产阶级革命家。

罗蒙诺索夫在青年时代就有强烈的求知欲。有一天，父亲带他去邻村一个姑娘家相亲。在那姑娘家的书架上，他发现了一本有趣的书，立即全神贯注地看了起来，把相亲的事忘得一干二净。在回家的路上，父亲问他对那位姑娘的印象如何，他张口结舌，答不上来。由于他长期如饥似渴地读书，并能理论联系实际，融会贯通，因而最终成为俄罗斯自然科学的奠基者，成为著名文学家、诗人、语言学家、历史学家、哲学家、地理学家、地质学者、物理学家、化学家等。

当今的文明是前人世世代代的知识和经验的积累，要想享有它，就要阅读书籍。让我们像高尔基那样："我扑在书籍上，像饥饿的人扑在面包上。"

谈读书（之三）

你想成为一个有现代观念的人吗？——读书吧！

你想创造自己人生的辉煌吗？——读书吧！

你想把你的一切梦想都变为现实吗？——读书吧！

你想在离开这个世界时毫无怨恨吗？——读书吧！

一本好书是一艘载满童话的船，是一条走出大山的路，是一束点亮生活的光。读一本好书可以看到万物的起源陨落，看清上下五千年的风云变幻，看懂闪耀着光芒的人类文明。一个人阅读书籍的历史，就是他的精神成长史。

在浩如烟海的书籍里，有些书是智慧的殿堂、人生思想的精英、金玉良言的宝库；有些书却藏污纳垢，滋生、散布着病菌和毒素。前者像希腊神话中的美德女神，把人引向坦途，造福人类；后者像希腊神话中的恶德女神，把人引向歧途，危害社会。好书如同晶莹可人的清泉，泉水流过的地方，绿草如茵，花团锦簇，彩蝶飞舞，小鸟欢歌，一派生机盎然，令人心旷神怡，真是美不胜收。读这样的书，能涤荡灵魂，滋身补气，健全人格，升华精神。坏书好似被严重污染过的河流，它流过的地方，花无法生，草不能长，没有鱼跃，没有虾跳，腐枝败叶随处可见，酸臭之气到处可闻，无一丝生机。读这样的书，只能毒化灵魂，摧残身心，丧失自我，耗损精神。一本好书，它的价值胜过一箱珍宝；一本坏书，它的毒素超过一箱鸦片。

一切知识的获得都从有疑开始。小疑小进，大疑大进，不疑不进。质疑是理解的起点，也是思维活跃的标志。学起于思，而思又源于疑。巴尔扎克说："打开一切科学的钥匙都毫无异议地是问号。""尽信书则不如无书"，所以读书要敢于质疑，破除"尽信书"的陋习。

书籍浩如烟海，而读书时间有限，不可能对所有的书都作深入钻研，因而必须将精读与略读相结合。有的书应该仔细品味，反复推敲；有的书则可以一目十行，随意翻翻。

徐特立同志说："不动笔墨不读书。"大意是说读书一定要动笔墨。动笔墨写什么？可把精彩词句摘抄下来或加圈画线，可写内容提要，可作褒贬评论，也可质疑问难，可作艺术鉴赏，也可写心得体会。

书是一种工具，和锯子、锄头一样，都是给人用的。我们与其说"读书"，不如说"用书"。读而不用，价值不大。

读书免不了碰到生僻字词，应当查字典、词典。字典、词典被誉为"无声的老师"，读书时有它们做伴，疑难字词的音、义就会一清二楚。

美国诗人狄金森说："没有一艘船能像一本书／也没有一匹马能像一页跳跃着的诗行那样——／把人带往远方。"

因此，我们要爱读书，读好书，善读书。

◆ 范围型议论文写作的三种形式

范围型议论文就是题目只指明议论范围的议论文。如《谈谈实事求是》《六国论》《谈骨气》《论谦虚》等。

写范围型议论文，可以"化大为小""大小结合""全面开花"。

"化大为小"即在题目范围内选择其中一方面论述。《谈读书》（之一）就是这样写的，它只论述读书要"求甚解"，其余概不涉及。

"大小结合"即先概括地谈及几个方面，然后就某一方面作较深刻的论证。如《谈读书》(之二)，先概括地谈及书的含义、读书的意义、读书要讲究方法和要勤奋等，然后就读书的重要性作较深刻的论证。写范围型议论文常采用此法。

　　"全面开花"即漫谈式地论证。如《谈读书》(之三)，首先谈读书的作用，接着论读书要读好书，最后议读书的方法。各部分篇幅既可大致相等，也可有所侧重。在前两种写法缺乏素材时，可以采用此种写法，它可以"东拉西扯"。

◆ 范围型议论文题目

　　（一）谈立志

　　（二）论纪律

　　（三）话理想

　　（四）谈拼搏

　　（五）人生价值议

　　（六）谈骨气

　　（七）谈读书

　　（八）论幸福

　　（九）说"让"

　　（一〇）谈困难（江苏省连云港市中考作文题）

　　（一一）起步（山东省中考作文题）

　　（一二）小议写字（广东省中考作文题）

　　（一三）谈兴趣（云南省中考作文题）

　　（一四）机遇（上海市高考作文题）

　　（一五）习惯（全国高考作文题）

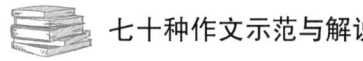
七十种作文示范与解说

30. 关系型议论文

不破不立

不破不立，破是立的前提条件。

辩证唯物主义认为，事物是发展变化的。自然界、人类社会都是由简单到复杂、由低级到高级发展的。事物的发展过程是质变过程。事物发展中的质变是通过新事物对旧事物的否定来完成的。没有对旧事物的否定，就不可能有新事物的产生，所以要使新事物产生，就要否定旧事物。要想"立"，须先"破"，不破不立。

细胞是生物的基本结构和功能单位。生物体内的细胞每天都进行着自我更新的过程，每时每刻都有新的细胞产生和旧的细胞死亡。但是，如果死亡的细胞长期停留在体内，新细胞的产生就会受阻碍。肌肉是由细胞组成的，如果体内的腐肉不去除，不给新肌肉"让位"，新肌肉就难以产生，这也是"不破不立"。

苏联优秀儿童文学作家连卡·班台采耶夫曾经是一个流浪儿，做过小偷，先后被送到少年劳教学校、陀思妥耶夫斯基社会劳教学校进行劳教学习。痛苦的三年劳教生活期满后，他弃旧图新，剜掉腐肉——旧思想、坏习惯，努力学习文化知识，终于成为享有盛名的作家。

2000年4月，中国国家大剧院破土动工。这是投资估算25.5亿元人民币、外汇额度1亿美元的建筑。有关人员认识到：只有大破大立，彻底破除旧的建筑理念，大胆接受前卫建筑理念，才能建造出21世纪象征中国文明的建筑。他们从国内外69个设计方案中选中法国工程师保罗·安德鲁的方案：一片草地围绕一个方形湖泊，湖上是一座由玻璃等材料构成的半透明、椭圆形的银色建筑物,其曲线的外形像含苞待放的花朵,又像浮出蓝色水面的一颗珍珠,演员、观众等要由水下长廊进入剧院。这一方案遭到思想守旧的人反对,甚至有几十名院士联名上书表示反对,认为这个设计"无法无天"。有关人员认为,前卫的设计是建筑理念大破大立的结果,不破除陈规旧俗,哪能建造出超凡脱俗的建筑物?决策者不改初衷,终于建成了"充满诗意和浪漫"的国家大剧院。不破除旧建筑观念,哪有此"惊世"建筑?

不推翻奴隶社会,封建社会从何而来?不推翻封建社会,资本主义社会能出现吗?不推翻资本主义社会,共产主义社会就不会到来。人类社会的进程,也是一个"不破不立"的进程。

破是立的前提,所以,有缺点、错误的人,有坏习惯的人,只有改正错误,破除旧思想、坏习惯,才能为确立新思想、新习惯铺路架桥。

◆ 弄清关系,阐明关系

关系型议论文议论对象涉及两个或三个概念,故又称"两概念一议""三概念一议"议论文。要求阐述这些概念关系。如《想和做》《言与行》《简笔与繁笔》《个人和集体》《草·草原·气候》等。

写这种文章要做到下面几点:

1. 理解概念的意思

有些概念有比喻义、引申义或另有含义,要正确理解它。如《"拿"还是"给"》中的"拿"是享受,"给"是贡献。

2. 概念比较生僻或另有含义的应作解释

如《次品、废品、危险品——论德智体全面发展》中,"次品"指知识欠缺的人,"废品"指体质差的人,"危险品"指品德差的人,论述前应作解释。

3. 在文章开头要明白地交代概念的关系

《不破不立》在开头就点明了概念间的条件关系。

概念间的关系主要有:

（1）选择关系：概念间一般非此即彼，应该肯定正确观点，批判错误看法。如《叹息还是奋斗》《"要我学"还是"我要学"》。

（2）并列关系：概念间无主次之分，彼此平等并列。写时既依次议论，又说明其关系（一般为同样重要，必须互相结合）。如《专心与恒心》《勤奋·方法》。

（3）条件关系：一个（或两个）概念表示条件，一个概念表示结果，以阐述一方是另一方的条件为主。如《不破不立》，以阐述"破"是"立"的前提条件为主。

（4）相辅相成关系：彼此"相依为命"，但往往有一个占主要方面。如《个人与集体》，论述个人与集体相辅相成，以集体占主导地位。

（5）相反相成关系：两者既对立又统一。如《苦与乐》《得与失》，论述两者既对立又统一的关系。

（6）对立关系：彼此水火不容。如《正义与邪恶》，论述两者水火不容。

（7）递进关系：概念间或在程度上由浅入深，或在范围方面由小到大，或在做法方面由一般到上乘。如《智育·既重智育又重体育·德智体全面发展》，论述家长的做法由片面到一般再到上乘。

4. 深入论述概念的关系

关系型议论文以论证概念间的关系为主，所以必须对概念之间的关系作深入的论证。《不破不立》通过摆事实、讲道理、比喻论证、对比论证等论证方法，用比较充分的论据论证概念间的条件关系。

◆ **关系型议论文题目**

（一）见义勇为与袖手旁观

（二）向钱看与向前看

（三）要我学，我要学

（四）谦虚与自卑

（五）理想与空想

（六）爱护与袒护

（七）钟爱与溺爱

（八）是叹息还是奋斗？

（九）"拿"还是"给"？

（一〇）傲气·傲骨

（一一）护短与补短

（一二）自卑·自负·自强

（以上为选择关系）

（一三）专心与恒心

（一四）勤奋·方法

（以上为并列关系）

（一五）立志·学习·成才

（一六）知识与四化

（一七）读书与做人

（一八）做人与作文

（一九）读书与创造

（二〇）理想与勤奋（辽宁省大连市中考作文题）

（二一）知识与金钱（甘肃省中考作文题）

（二二）论革命与学习（全国高考作文题）

（以上为条件关系）

（二三）理想与实践

（二四）德与才

（二五）物质文明与精神文明

（二六）入迷与入门

（二七）快与慢

（二八）平凡与伟大

（二九）苦与乐

（三〇）得与失

（三一）学习中的难与易（黑龙江省哈尔滨市中考作文题）

（以上为相反相成关系）

（三二）个人与集体

（三三）滴水与海洋

（以上为相辅相成关系）

31. 引申型议论文

团结协作才能成功
——看接力跑想到的

运动场上正进行着 4×100 米接力赛,啦啦队拼命地为己队鼓劲,运动员奋力向前奔跑,全神贯注地交接棒,最后一位运动员全速向终点冲刺。有个别运动员速度慢或者交接棒时不是很默契,其所在队伍屈居后列。这使我油然想到:团结协作才能取得事业的成功。

2008 年,四川省汶川县发生 8.0 级特大地震。在短短的几天时间里,13 亿华夏儿女携手并肩,用团结唱响了抗震救灾最强音。十多万解放军、武警和公安民警,各省市自治区的救援队、医疗队、工程抢修队等迅速进入灾区;志愿者从祖国四面八方涌向灾区;来自全国各地的捐款数以亿计,捐赠物资堆积如山;救援物资从水、陆、空源源不断地运往灾区。受伤的人迅速得到治疗,被埋在废墟里的人得到日夜争分夺秒的抢救,无家可归的人很快就有帐篷可住、有饭可吃、有衣可穿。一个人的力量是微弱的,亿万人的力量却是无比强大的,这就是团结的力量。只要有团结协作的精神,万众一心,任何困难都可以克服,任何灾难都可以战胜。

《杂譬喻经》中有这样一个寓言:在一个百鸟嬉戏的湖泽上,有位鸟师悄悄地张开他的罗网,撒下食饵,迅速躲进草丛之中。没过多久,只见那成群的鸟雀飞来抢食。鸟师一拉网绳,众鸟尽在网中。他正准备上前按住,突然整个罗网扑腾腾地朝前跳动起来。他紧追几步,罗网却腾空而起。原来有一只大鸟撑开翅膀,所有的鸟雀都奋力齐飞,便把网带上了天空。鸟师不惊慌,只见他抬起头,放开脚步,紧紧追赶。行人见此情景,都嘲笑他:"好一个傻瓜！鸟在天上展翅飞，你凭两条腿怎么行？""行！"鸟师回答，"日暮之时，众鸟回巢，方向必乱，鸟网就会掉下来。"说完，他仍紧追不放。果然，夕阳西下时，罗网中的鸟雀有的要飞归树林，有的想回到山崖，有的往东飞，有的朝西飞，闹成一团。不一会儿，鸟网便从空中掉落下来。鸟师连忙扑上去，把鸟雀一个个抓住。

工地上的沙、石、水、水泥各放在一处时，它们松松散散，但当它们混合成一体后，则比花岗岩还坚韧。

社会越向前发展，分工越细。分工越细，越需要团结协作。只有大家既做好本职工作，又重视团结协作，才能把事情做好。一颗螺丝钉发生故障，可使一部大机器停止转动。一部分人甚至一个人缺乏协作精神，就会"一环离，全链断"。社会主义建设事业是千千万万人的事业，只有千千万万人都有主人翁精神，都发挥自己的积极性，都紧密合作，才能有无坚不摧的力量，各行各业才能齐头并进，事业才能取得成功。社会主义建设事业是长期的事业，一代不能完成，两代不能完成，只有代代相传，代代都团结协作，才能取得成功。

接力跑的接力棒要下一个运动员接好，前辈开创的事业要我们继承，发扬光大。我们要刻苦学习，当好社会主义的"接棒人"。

◆ 引申型议论文的写作

引申型议论文就是借事论理的议论文。即借一件事情、一种现象、一句名言等联想引申出去，由此事论及彼事，发表见解。"从……谈起""从……说开去""……启示""……想到的"这类题目和带比喻、象征意义的题目如"蜡烛精神"，都是引申型议论文题目。《团结协作才能成功——看接力跑想到的》就是借一件事情联想引申出去，由接力跑这件事论及抗震救灾等事，发表"团结协作才能成功"这一见解的。

写引申型议论文要注意下面几点：

（1）领会题目中的事物、现象、名言等的内容，写时首先写清楚此内容，作为引申的基础。

（2）要善于联想。写这类文章绝不能囿于事物、现象、名言本身，一定要引申联想，生发开去。可以联想到具体的事物，也可以联想到抽象的事理；可以联想到相同、相似、相关的人、事物、事理，也可以联想到相反的人、事物、事理。《团结协作才能成功——看接力跑想到的》便是从4×100米接力赛中团结协作好的获胜、差的屈居后列而联想到许多相似、相反的人和事物的。

（3）联想引申要恰当。从甲引申到乙，两者之间应该有内在联系或者相似、相关之处。从接力跑联想到"团结协作才能成功"，两者之间便有相似之处。要防止牛头不对马嘴，即联想引申到没有什么联系的人、事物、事理上去。

◆ 引申型议论文题目

（一）题目：一滴水的启示

【材料】相传佛祖释迦牟尼曾考问他的弟子："一滴水怎么能不干涸呢？"孤零零的一滴水，一撮土能把它吸干，一阵风能把它吹没，其寿命能有几何？——弟子们回答不上来，释迦牟尼接着说："把它放到大海里去。"

【要求】从这个故事谈起，用这个故事蕴含的深刻哲理，联系自己的生活实际，写一篇600字左右的议论文。（陕西省西安市中考作文题）

（二）题目：从"不可随便"谈起

【材料】1939年，郭沫若回乡探亲，平常散漫懒惰的同乡××登门拜访，并请郭老赐以墨宝（即请郭老写字）。郭老早已了解此人平时做事马虎、敷衍，便问道："写什么呢？"××漫不经心地回答道："随便。"郭老眉头一皱，挥笔写下"不可随便"四个大字。

"不可随便"，言简意赅，它告诉我们，做任何事情都"不可随便"。

【要求】(1)结合上述材料内容,联系实际,谈谈自己的看法、认识。(2)不要写成诗歌。(3)不少于500字。(安徽省中考作文题)

(三)题目:蜂蜜"给予"的启示

【材料】多可爱的小生灵啊!对人无所求,给人的却是极好的东西。蜜蜂是在酿蜜,又是在酿造生活。不是为了自己,而是为人类酿造最甜的生活。蜜蜂是渺小的,蜜蜂却又多么高尚啊!

【要求】(1)结合上述材料,联系生活实际,紧扣"给予"谈谈自己的看法、认识。(2)不少于500字。(安徽省中考作文题)

32. 关系引申型议论文

宝剑锋从磨砺出

　　宝剑寒光耀眼，削铁如泥，一根头发飘过也会被断为两截。它怎会如此锋利？因为它经过长时间的磨砺。这使我联想到光辉的业绩来自刻苦磨炼，伟大的成就来自艰苦奋斗。

　　白居易是唐代著名诗人，其讽喻诗广泛、尖锐地揭露了封建社会的政治黑暗，反映了人民的艰难生活，脍炙人口；其长篇叙事诗更是千古绝唱；他在诗论方面也为我国文学批评史留下了重要文献。他为什么能取得这样的成就呢？我们听他自己叙述吧："二十以来，昼课（学习）赋，夜课书，间又课诗，不遑（huáng，闲暇）寝息矣。以至于口舌成疮，手肘成胝（手肘因长期读书写字而与台面接触摩擦，磨出趼子。胝，胼胝，piánzhī，老茧），既壮而肤革不丰盈（因为长期废寝忘食地学习，长大后肌肤不丰满），未老而齿发早衰白。"

　　华罗庚在数学领域中取得了众所周知的成就，是中国数学泰斗、中外闻名的数学家。他的"剑锋"同样从"磨砺"中而来。他读完初中后再也无钱读书，只好在家待着。18岁那年，母亲去世，他自己得了伤寒病，卧床半年，病愈后左腿残疾。一个残疾人，家里又穷，但他并不自卑。他到一个商店做店员，自学数学。困难是不言而喻的，白天要工作，只能在夜里自学，而且没有老师指导。书本资料也少，只有一本大代数方面的书、一本解析几何方面的书、一本只有50页的微积分方面的书。他就从啃这三本书开始，孜孜不倦、百折不挠地研究，经过长时间钻研，终于取得令世人瞩目的成就。

　　胜利的鲜花，从来都是在血汗中绽放的；荣誉的桂冠，总是在奋斗中用荆棘编织的。无论干什么事情，都有困难、挫折，都不可能一帆风顺。要取得不同寻常的成就，就要扫除一个又一个不一般的障碍，战胜一个又一个不寻常的困难。毛泽东同志说过："要想不经过艰难曲折，不付出极大努力，总是一帆风顺，容易得到成功，这种想法，只是幻想。"所以，要想成就大业，就要战胜种种看似不可战胜的困难，就要刻苦磨炼，艰苦奋斗。

总而言之，"千淘万漉虽辛苦，吹尽狂沙始到金"（刘禹锡语）。因此，我们要"明知山有虎，偏向虎山行"。

◆ 关系引申型议论文的写作

关系引申型议论文是一种关系型与引申型议论文合二为一的议论文，即要从有某种关系的事情、现象、名言等联想引申到相同、相似、相关或相反的事物、事理上去论证的议论文。《宝剑锋从磨砺出》便是从有条件关系的事情（也是一句名言），引申到有条件关系的相似的事理上去进行论证的。

1980年高考作文题中所叙达·芬奇画蛋的故事，是有条件关系的事情，要引申到"练好基本功是成就大业的前提条件"这一事理上来进行论述；1981年高考作文题中所叙毁树容易种树难的现象，是相反关系的现象，要引申到"建立（建成、建设）……难，破坏……易"等事理上来进行论述；1983年高考作文题中所叙"挖井"，是有条件关系的事，要引申到"目标专一、持之以恒才能成功"等事理上来议论；1986年高考作文题中所叙树木、森林、气候现象，是有相辅相成关系的现象，要引申到"个人、集体、社会有相辅相成关系"或"人才、教育、四化有相辅相成关系"等事理上来论证；1987年高考作文题中所叙育民小学办游泳训练班，经过科学训练后，学生游泳水平明显提高的事情，是有条件关系的事，应该引申到"重视理论学习和刻苦训练才能取得好成绩"等事理上来论证。

写关系引申型议论文，首先要理解题目或材料的意思、关系，要讲清其意思、关系,作为引申的基础。《宝剑锋从磨砺出》一文便首先讲清了"宝剑锋从磨砺出"的意思、"剑锋"与"磨砺"的条件关系,作为后面引申的基础。

从2015年开始,高考中不断出现三概念一议作文题目。例如2015年全国Ⅱ卷作文题,2016年全国Ⅱ卷作文题,2018年全国Ⅲ卷作文题,2020年全国Ⅰ卷作文题,2021年全国新高考Ⅱ卷作文题,2022年全国甲卷作文题和新高考Ⅰ、Ⅱ卷作文题。这些题目中,有些是任务驱动型作文题,有些是关系型作文题,有些是关系引申型作文题。写三概念一议关系引申型议论文,要先弄清概念的含义、概念间的关系,再引申到现实生活中类似的人物、事情等。例如,2022年全国甲卷作文题,通过对大观园对额题写的直接移用、借鉴化用、情境独创的分析,可知其为递进关系。写作时要引申到现实生活中类似的人物、事情等。比如对子女成才问题,有些人只关注智育,有些人只要求成绩、身体好,有些人要求德、智、体全面发展。又如2022年全国新高考Ⅰ卷作文题,通过分析可知"本手"与"妙手"之间是条件关系,"本手""妙手"与"俗手"之间是对立关系。写作时要引申到打好基础才能成就事业。比如作文,学好字、词、句、语法、修辞、标点、写作方法等语文基础知识,才能成为写作"妙手";否则,便是写作"俗手",只能写出"俗文"。

这种作文题目与《立志•学习•成才》《草•草原•气候》《自卑•自负•自强》等题目不同,前者有材料而后者没有,因而写法也有所不同。前者有材料,可以按照新材料作文写法写作,既可以"三概念一议",也可以从三个概念中只选一个来写。例如,面对围棋的三个概念,只选"本手"写作,引申到论述学习要夯实基础知识。面对"移用""化用""独创",只选"独创"写作,引申到论述独创的重要作用。这样写不算离题。因为这是新材料作文,可选题目中某个侧面或某个角度写作。只有题目而没有材料的,则不能这样写,一定要"三概念一议"。

◆ 关系引申型议论文题目

（一）磨刀与砍柴

（二）栽树与乘凉

（三）唯剜腐肉，方生新肌

（四）根深而后叶茂

（五）不积跬步，无以至千里

（六）梅花香自苦寒来

（七）清源与活流（上海市高考作文题）

（八）阅读下面的材料，根据要求写作。

《红楼梦》写到"大观园试才题对额"时有一个情节，为元妃（贾元春）省亲修建的大观园竣工后，众人给园中桥上亭子的匾额题名。有人主张从欧阳修《醉翁亭记》"有亭翼然"一句中，取"翼然"二字；贾政认为"此亭压水而成"，题名"还须偏于水"，主张从"泻出于两峰之间"中拈出一个"泻"字，有人即附和题为"泻玉"；贾宝玉则觉得用"沁芳"更为新雅，贾政点头默许。"沁芳"二字，点出了花木映水的佳境，不落俗套；也契合元妃省亲之事，蕴藉含蓄，思虑周全。

以上材料中，众人给匾额题名，或直接移用，或借鉴化用，或根据情境独创，产生了不同的艺术效果。这个现象也能在更广泛的领域给人以启示，引发深入思考。请你结合自己的学习和生活经验，写一篇文章。

要求：选准角度，确定立意，明确文体，自拟标题；不要套作，不得抄袭；不得泄露个人信息；不少于800字。（全国高考作文题）

（九）阅读下面的材料，根据要求写作。

"本手、妙手、俗手"是围棋的三个术语。本手是指合乎棋理的正规下法；妙手是指出人意料的精妙下法；俗手是指貌似合理，而从全局看通常会受损的下法。对于初学者而言，应该从本手开始，本手的功夫扎实了，棋力才会提高。一些初学者热衷于追求妙手，而忽视更为常用的本手。本手是基础，妙手是创造。一般来说，对本手理解深刻，才可能出现妙手；否则，难免下出俗手，水平也不易提升。

以上材料对我们颇具启示意义。请结合材料写一篇文章，体现你的感悟与思考。

要求：选准角度，确定立意，明确文体，自拟标题；不要套作，不得抄袭；不得泄露个人信息；不少于800字。（全国高考作文题）

33. 类比型议论文

春蚕与科学家

科学家与春蚕有许多相似之处：都孜孜不倦地工作；都向人索取的甚少，给予人的甚多；都鞠躬尽瘁，死而后已。

春蚕时时刻刻都在为吐丝作茧，为人的温暖和外表美而忙碌。为了长胖，为了蓄丝，为了结茧，它分秒不停地吃那又单一又粗糙的桑叶。从幼虫到成虫，一生孜孜不倦、分秒必争。

科学家不也是这样孜孜不倦吗？法国物理学家皮埃尔·居里在一次交通事故中去世，居里夫人并没有被痛苦压倒，她以惊人的毅力一个人做着两个人的工作，继续提炼镭。她兢兢业业，一点一点地分离，一次一次地测量，特别是在溶液部分结晶阶段，棚屋内煤屑飞扬，高温难耐。在这样的条件下"捕捉"镭谈何容易！有一年，她没有看过一场戏，没有参加过一次音乐会，也没有去访问过朋友。经过四年的苦干，她终于揭开了镭的秘密。

桑叶是一种极粗糙的树叶。春蚕终生只吃这种叶子。食物那么单一、那么廉价、那么无味，它却吃得津津有味。它睡的也只是普通的竹匾。然而，它吐出的丝晶亮洁白，可织成精美柔软、轻盈飘逸的绸缎。另外，它的蛹是营养丰富的美味食品。

科学家也是这样，向人索取的甚少而给予人的甚多。爱因斯坦生活简朴，从不讲究吃喝享受。初到美国时，他穿着破旧衣服出门，朋友劝他穿得好一些。他说："算了，反正这里的人不认识我。"后来大家都认识他了，他仍穿着朴素，朋友劝他穿得好些。他说："算了，反正这里的人都认识我了。"美国有人统计过，爱因斯坦一生为人类直接创造的财富为35亿美元，间接创造的财富不可估量。

丝吐尽了，茧结好了，春蚕化成了蛹。死前，蚕还在吐丝，直到吐完最后一根丝，怪不得李商隐说"春蚕到死丝方尽"。

科学家也是这样：鞠躬尽瘁，死而后已。竺可桢一辈子从事科研，70多岁仍然不知疲倦地工作，83岁时写成《中国近五千年来气候变迁的初步研究》一文。逝世前一天，他还用颤抖的手写下这天的气候情况，正如吴玉章同志所说："一息尚存，绝不松劲。"诺贝尔一生献身科学，临死前留下遗嘱，用他的巨额财产设立诺贝尔奖，激励后人从事科学研究。

春蚕是那样孜孜不倦，科学家是那样兢兢业业；春蚕是那样向人索取的甚少而给予人的甚多，科学家是那样要求极低而贡献极大；"春蚕到死丝方尽"，科学家"蜡烛成灰泪始干"。科学家与春蚕何其相似！

◆ 类比型议论文的写作

类比型议论文是对属性相同、相似的事物进行比较的议论文。

类比型议论文以类比论证为主要说理方法，一般先陈述某种现象、事物或道理等，再与另一现象、事物或道理作类比。《春蚕与科学家》先写春蚕孜孜不倦，"拿"少"给"多，死而后已，再与科学家兢兢业业，向人索取的甚少而给予人的甚多，鞠躬尽瘁作类比。

在论述过程中，要充分揭示事物之间的共同性，即尽可能多找几个共同点或相似点，进行多方面的比较。《春蚕与科学家》找了三个方面的相似点进行类比。

可以在写了一段甲事物后接着写一段乙事物，也可以先集中写甲事物，然后集中写乙事物。

关系型议论文与类比型议论文的差别：

（1）关系型议论文中两个概念没有相同或相似之处，类比型议论文中两种事物有许多相同或相似之处。

（2）关系型议论文阐述概念间的关系，类比型议论文议论事物间的相似情况。

引申型议论文与类比型议论文的差别：

（1）引申型议论文从甲引申到相似、相关或相反等的乙，类比型议论文以甲类比相似的乙。

（2）引申型议论文引申联想的范围广，类比型议论文类比的范围窄。如《登山的启示》《黄牛的联想》可引申到相似、相关、相反的很多事物、事理，《学习如登山》只能以登山类比学习，《黄牛与科学家》只能以黄牛与科学家作类比。

（3）引申型议论文的题目不一定涉及两种事物，如《有感于坐井观天》《打桩的启示》等；类比型议论文的题目一般有两种事物，如《春蚕与科学家》《行船与治学》等。

◆ **类比型议论文题目**

（一）蜜蜂·学习

（二）学习如春起之苗

（三）从吃饭谈到读书

（四）行船与治学

（五）海绵与虚心

34. 驳论

驳"难"

个别同学这也叫难，那也叫难，如说什么"数学难，理化烦，作文难过关；英语单词多，体育就怕后滚翻"，在困难面前灰心丧气，以为困难不能克服。诚然，无论学习还是工作，自始至终都会碰到很多困难。但只要有战胜困难的信心，勇往直前，持之以恒，困难是可以克服的。

摩尔根为了研究人类原始社会的历史，到易洛魁人那里安家落户，和他们一起过了半辈子原始人的生活。他含辛茹苦，做广泛的调查研究，终于写出了历史巨著《古代社会》。

被人称为"乐圣"的贝多芬正当音乐才华初露锋芒的时候，遭到接二连三的挫折、打击。最沉重的打击就是耳聋，这几乎夺去了他的整个音乐事业。但他没有因此而一蹶不振，而是奋起向命运挑战，心不灰，意不冷，继续进行音乐创作，终于成为伟大的音乐家。

朱宪臣在身残眼盲的岁月里走过了一条漫长、艰辛的文学创作之路。他没有进过盲校，而只有学会盲文才具备写字的能力；他的生活底子薄，必须体察生活才有写作的基础；他经济不能独立，不能购置创作所必需的资料；他只上过六年小学，文化水平不高；因为失明，要阅读名著必须求助他人。真是困难重重。但因为他有战胜困难的信心，有"明知山有虎，偏向虎山行"的意志，有锲而不舍的精神，最终创作了几十万字的文学作品，并创作了《希望的曙光》等歌词。

产生困难有两个原因，一个是客观原因，另一个是主观原因。关于客观原因，需要我们下功夫去认识事物，认真弄清它同周围事物的相互关系，找出解决问题的方法。主观原因是产生困难的主要因素,因为人的一切行动都要受世界观支配。正确的世界观支配人们积极地去认识世界、改造世界,而错误的世界观对人们的行动起着消极的作用。人们在处理事情时受消极的主观因素的限制,就会感到这也难那也难。只要克服消极的主观因素的限制,有信心,有毅力,有耐性,困难是不难战胜的。

在困难面前不想办法解决,一味叫苦,这实际上是无所作为、不思进取的表现。明明是只要想办法就能解决的,你不去想办法解决,而总是叫难,这是有所作为的表现吗?

"困难像弹簧,看你强不强;你强它就弱,你弱它就强。"在困难面前,只要你信心十足,斗志昂扬,有强者的精神状态,困难就会向你"俯首称臣"。

◆ 怎样写驳论

驳论是在否定、批驳或批判片面、错误或反动观点过程中阐明自己正确的见解的议论文。

驳论有三种形式:(1)直接批驳对方的论点。若对方的看法明显不正确,或者只有论点而没有具体论据,可用此法。(2)通过批驳对方的论据来批驳对方的论点。如果对方的论据虚假或者荒谬,不足以支撑其观点,可用此法。(3)通过批驳对方的论证过程来批驳对方的论点。遇到对方的论证逻辑混乱、荒谬时,可用此法。中学生写驳论,通常采用直接批驳对方的论点这种形式。

驳论的开头有时概略地写出有错误看法者的表现,引出不正确的观点;有时开门见山地引出不正确的观点,作为批驳的对象,接着针锋相对地提出自己的主张。笔者在《驳"难"》开头概略地写出畏难者的表现,引出不正确的看法,接着提出自己的主张。

写驳论要找准靶子,抓住要害,要把错误观点错在哪里想清楚,有的放矢地进行反驳。要分析错误观点的主要错误,抓住主要错误,对准要害进行批驳,而不必面面俱到。笔者写《驳"难"》,抓住持不正确看法者畏难,以为困难不可克服这一主要错误来反驳。

要掌握分寸,内外有别,根据不同对象采取不同态度,有理有节。对同学和群众,要持与人为善、治病救人的态度,用语贴切、得当,可劝诫而不可挖苦,切忌谩骂或者人身攻击。对敌人或反动观点,要无情地揭露,绝不手软,可既驳斥,又挖苦。《驳"难"》批驳个别同学的不正确看法,持的是治病救人的态度,用语较贴切,没有斥责和挖苦。

写驳论要指出不正确观点、错误看法的实质。《驳"难"》倒数第二自然段就指出了不正确看法的实质。

写驳论可将错误看法进一步引申推导下去,得出更可笑的结论,使错误的观点更显得站不住脚,这就是引申(归谬)法。例如,如果"知识越多越反动"的话,那么孔子、钱学森不就是最反动的人了吗?事实恰恰相反,孔子是至圣先师,钱学森是我国火箭、导弹、卫星元勋。可见,"知识越多越反动"何其荒谬!

◆ 驳论题目

（一）"理想理想,有利才想"?

（二）"前途前途,有钱就图"?

（三）驳"人生是一场交易"

（四）能满足于"比上不足,比下有余"吗?

（五）"异想天开"小议

（六）"知识越多越反动"吗?（上海市高考作文题）

35. 思想评论

心中不要只有智育

不少家长、学生只求分数高,对思想、道德品质、身体健康则不很关心,甚至漠不关心。这是家长、学生教育理念陈旧,心中只有智育的表现,是很危险的。学生必须德、智、体全面发展。

人生的成就,不是单靠知识就能够打造的,知识只是其中的一环而已。要想成才,除了文化知识因素外,还有很多其他因素,有些因素甚至比文化知识更加重要。

人的一言一行、一举一动都受思想支配,有好的思想才会有好的行为,才能成才。思想不纯,越有文化,破坏力越大。

有高尚的道德品质,才能成为大公无私、正直诚实、爱岗敬业的人,才能成才。有才无德,"智足以遂其奸","智"有何用?

有健康才有一切,没有健康的身体和健康的心理,是难以成才的。

青少年长大后能否有作为,还要看是否善于同人相处、交往,朋友多不多,有无团结协作精神,见闻多不多,身手是否敏捷,等等。

蔡元培说:"决定孩子一生的不是学习成绩,而是健全的人格修养。"陶行知说:"学生不应该专读书,他的责任是学习人生之道。"全国政协委员、江苏省锡山高级中学校长唐江澎说:"孩子如果只有分数,恐怕赢不了未来的大考;教育如果只关注升学率,国家恐怕也就没有核心竞争力。分数是重要的,但分数不是教育的全部内容,更不是教育的根本目标。好的教育应该是培养终身运动者、责任担当者、问题解决者和优雅生活者。"习近平总书记指出:"教育,无论学校教育还是家庭教育,都不能过于注重分数。分数是一时之得,要从一生的成长目标来看。如果最后没有形成健康成熟的人格,那是不合格的。"

以为成绩好就是好孩子的观念,实为智育至上、智育唯一的片面、陈腐的观念,是极不科学的。这种观念危害了不少人,使他们不能茁壮成长。家长、学生必须以新观念取代旧观念,与时俱进。

◆ 思想评论的写作

思想评论是针对某种思想、作风、倾向、现象等发表见解,进行评论的文章。特点是:作者直接出面,及时对客观事物进行评论,作出评价;通过摆事实、讲道理等论证自己的看法,说服别人。

写思想评论必须注意以下四点:

(1)有极强的针对性。必须针对当前社会存在的问题进行评论,如针对现实生活中的政治态度、道德观念、人生准则,社会风气中存在的问题、新动向进行评论。不能无的放矢,空发议论。《心中不要只有智育》针对社会中"智育至上"的现象进行评论。

(2)具体分析,以理服人。用辩证观点分析议论,不片面夸大,不恐吓辱骂。力求实事求是,说理透辟,以理服人。《心中不要只有智育》基本做到了这一点。

(3)评论不良思想、现象,要议论其错在哪里,分析其危害,指出其实质、根源。《心中不要只有智育》便分析了心中只有智育的实质、危害。评论优良思想、表现,要议论其好在哪里、有什么意义等。

(4)不枝不蔓。一种思想或者现象,一则材料的内容,可从很多方面去评论,不必面面俱到,而是要一事一评、一理一议,抓住一点评深评透。

◆ 思想评论题目

(一)光明中学运动会800米赛跑决赛中,本来最有希望夺取第一名的张小强同学为了避免撞倒一个横穿跑道的小观众,自己摔了一跤,虽然失去了获得冠军的可能,但他还是坚持跑到终点。

根据上面提供的材料,以"由赛跑想到的"为题,写一则短评。(江苏省苏州市中考微作文作文题)

(二)根据材料写一则短评。

升入初三以后,小宁所在的班级陆续开展了故事会、赛诗会、课本剧演出、人物介绍主题班会、短评写作比赛、读书报告会等语文活动。对此,有些同学认为语文活动激发了学习语文的兴趣,培养了语文能力。但是有些同学却认为,语文活动增加了学习负担,影响了学习。

对此,你是如何看待的呢?请联系实际,写一篇250字左右的短评,题目自拟。(江苏省南京市中考微作文作文题)

(三)下面是一篇小评论的开头,请根据这个开头的内容展开议论,将这篇小评论续写下去,字数150~200。

一天,几位同学正起劲地清扫教室边的水沟,另一位同学走过来,掩着鼻子怪声怪气地说:"这么臭还那么卖力,想当雷锋吗?"听了他的话,我不由得沉思起来。(广东省中考微作文作文题)

36. 文学评论

层层绿叶衬红花
——评《明湖居听书》的侧面描写

《明湖居听书》的侧面描写精彩巧妙，有力地烘托了主人公白妞的说书技艺。

"次日九点钟光景，老残赶忙吃了饭，走到明湖居，才不过十点钟。那明湖居本是大戏园子，戏台前有一百多张桌子。哪知进了园门，园子里面已经坐得满满的了，只有中间七八张桌子还无人坐，桌子却都贴着'抚院定''学院定'等类红纸条儿。老残看了半天，无处落脚……"白妞说书要到十二点三十分才开场，而十点钟大园子已经座无虚席，无处落脚了。人们如此争先恐后，而且那么多大官订位，那说唱者会是等闲之辈吗？这是以戏园盛况来烘托。

十二点三十分，给白妞伴奏的琴师出场。他用几个手指连续弹拨丝弦，那抑扬顿挫的声音入耳动心，恍若有几十根弦，几百个手指在那里弹。台下的叫好声不绝于耳。伴奏者的弹奏技艺如此非凡，那说唱的定然是绝佳的了。这是以伴奏者技艺来烘托。

接着，黑妞出场了。她的说唱字字清脆，声声婉转，如新莺出谷、乳燕归巢，百变不穷，使人觉得一切歌曲腔调俱出其下，以为观止矣。黑妞是白妞的弟子，她的说唱是白妞说唱的"前奏"。她的说唱已经如此令人叹为观止，她的师傅白妞的技艺不是更加无与伦比了吗？这是以弟子烘托师傅。

接着，作者写两个观众的对话。其中一人说："若比白妞，还不晓得差多远呢！她的好处人说得出，白妞的好处人说不出。她的好处人学得到，白妞的好处人学不到。你想，这几年来，好玩耍的谁不学她们的调儿呢？只是顶多有一两句到黑妞的地步，若论白妞的好处，从没有一个人能用她的十分里的一分的。"将人们以为已经无出其右的黑妞与白妞相比，相差竟这么大，白妞的技艺不是可望而不可即、举世无双了吗？这是以观众的议论来烘托。

上述侧面描写，层层铺垫，如层层绿叶衬红花，似朵朵烘云托明月，从侧面写白妞的说书技艺的高超精湛、无与伦比，真是精彩巧妙，奇特有力。

◆ 文学评论的写作

文学牵引着人类的梦想，只有进入文学之门，才能尽赏"彩练当空舞"的壮美。随着整本书阅读的深入人心，近两年，一些省市自治区的高考语文试题增加了文学短评的写作，以此考查学生"审美鉴赏与创造能力"。2021年教育部命制的八省联考，文学类文本《国文教员》就考查一道文学评论，要求考生列出评论要点。

文学评论，顾名思义，是对具体的文学作品进行分析和评价，要求紧扣作品，有的放矢，陈述见解。评论的重点是作品的思想情感或艺术特色。

写文学评论首先要"吃透"被评论的文章或者著作。只有透彻理解被评论文章、著作的思想内容、写作方法、艺术特色等，才能抓住其特点或者有关内容进行评论，否则就会牛头不对马嘴，或谈不出深刻见解。写《层层绿叶衬红花——评〈明湖居听书〉的侧面描写》，笔者反复阅读《明湖居听书》，了解其思想内容和艺术特点后才动笔。

写文学评论一般只选一个评论点来评论，不面面俱到、贪大求全。评论一篇文章或一部著作，可评论的内容很多，如思想内容、人物、事情、写法、特色等。写法与特色又有选材、结构、表现手法、语言等方面。一般只选一个方面来评，这样才能中心突出，谈得深透。通常只抓鲜明的特色或者自己感受最深的某一点来评论。《明湖居听书》的侧面描写有独特之处，《层层绿叶衬红花——评〈明湖居听书〉的侧面描写》便抓住侧面描写这一方面来写。

写文学评论要叙、析、评三者相结合。叙是对作品内容的复述或引用。析是对"叙"进行分析。评是通过分析得出结论，也就是文学评论的论点。一般来说，评放在开头和结尾，中间边叙边析。《层层绿叶衬红花——评〈明湖居听书〉的侧面描写》便是这样写的。

文学评论的题目一般有正题、副题。正题揭示论点，副题交代内容。

文学评论有三种：评论一种文学现象的评论、评论一篇文学作品的评论（文评）、评论一部文学作品的评论（书评）。书评有评论书中某一部分的评论，如《层层绿叶衬红花——评〈明湖居听书〉的侧面描写》，评论《老残游记》中的《明湖居听书》。有评论某一内容的评论，有作全面评论的评论。

◆ **文学评论题目**

（一）从语文课本中选一篇文学作品，写一篇文学评论。

（二）请从下列名著中任选一部写一篇文学评论。

罗贯中《三国演义》、施耐庵《水浒传》、鲁迅《阿Q正传》、曹禺《雷雨》、巴尔扎克《欧也妮·葛朗台》、托尔斯泰《复活》、莎士比亚《哈姆雷特》。

（三）评歌曲《十五的月亮》。（上海市高考作文题）

37. 读后感和观后感

忧劳兴国，逸豫亡身
——读《伶官传序》有感

读欧阳修《伶官传序》，深感"忧劳兴国，逸豫亡身"是至理名言。（感）

五代时唐庄宗不忘祖训，艰苦奋斗，打仗时身先士卒，因而能"系燕父子以组，函梁君臣之首"。可是当"仇雠已灭，天下已定"后，他贪图享受，沉湎于音乐戏曲，宠信伶人，以致"一夫夜呼，乱者四应，仓皇东出"，国灭身死。"忧劳兴国，逸豫亡身"一点不假。

秦孝公"内立法度，务耕织，修守战之具；外连衡而斗诸侯"。惠王、昭襄王"蒙故业，因遗策"。及至始皇，"奋六世之余烈，振长策而御宇内，吞二周而亡诸侯，履至尊而制六合"。真是"忧劳兴国"也。但是，在"六王毕，四海一"之后，秦王"鼎铛玉石，金块珠砾"。宫中"明星荧荧，开妆镜也；绿云扰扰，梳晓鬟也；渭流涨腻，弃脂水也"。结果，"一夫作难而七庙隳，身死人手"。真是"逸豫亡身"也。

刘备三顾茅庐，求贤若渴；招兵买马，扩建基地；兴修水利，发展生产；怜惜百姓，上下同心，从而使蜀国逐渐崛起，终于形成三国鼎足的局面。他的儿子刘禅昏庸无能，贪图享乐，成阶下囚后"乐不思蜀"，因而至死还是个阶下囚。这又是一个"忧劳兴国，逸豫亡身"的典型例子。（叙）

为什么"忧劳"可以"兴国"，"逸豫"就会"亡身"呢？兴国，这不是轻而易举的事，只有开国者身先士卒，百姓才会万众一心，艰苦奋斗，才能发展生产，富国强民。"俭以养德"，艰苦奋斗，才能养成良好品德，才能使社会风气良好。艰苦奋斗，国家富裕，兵强马壮，才能抵御外敌，使国家独立自主。"侈,恶之大也。"如果兴国后开国者、继任者贪图享受,醉生梦死,则会耗尽资产,国穷民困。讲享乐,摆阔气,好逸恶劳,则会道德败坏,意志消沉,社会混乱,民怨沸腾。在这种情况下,百姓不仅不支持,反而会起来造反,或外敌乘虚而入,怎能不国破家亡?(议)

开国者"忧劳兴国,逸豫亡身",其他人"忧劳兴业,逸豫亡身"。老一辈革命家经过几十年艰苦卓绝的斗争,建立新中国,使人民获得自由,国家得到解放,并使全国人民在中国特色社会主义道路上阔步前进。雷锋、王进喜、陈永贵、焦裕禄、邓稼先、袁隆平等因"忧劳"而"兴业"之人,数不胜数;薄熙来、孙政才、周永康、徐才厚、郭伯雄、令计划等因"逸豫"而"亡身"之人,也非个别。(联)

由此可见,"忧劳兴国,逸豫亡身"是至理名言。(结)

◆ 读(观)后感的写作

读后感是读了一篇文章或一本书后的感想体会。观后感是观看了一场电影或一出戏后的感想体会。

写好读后感,前提在于读。读是感之源,所以写读后感前应该认真阅读原文,理解其主要事情、人物、思想内容,领会其主旨,获得真切感受,这样才能做到有感而发,避免离题。同样,写好观后感,前提在于"观"。

要从自己感觉最深处入手,集中谈一个观点。读了一篇文章或一本书,看了一场电影或一出戏,往往会有很多感想,最好选择其中一个谈深谈透,而不要"全面出击"。

要联系实际。联系实际不但丰富了文章的内容,更重要的是增加了文章的现实性、针对性。可联系自身实际,联系中小学学生或其他青少年的实际生活、学习、思想等,还可联系当前社会上各种有关的人和事、思潮、风气等,或兼而有之。

要用第一人称写。

应以议论为主,把叙述、议论、抒情融为一体。

读后感和观后感没有固定写法,初学者可按感—叙—议—联—结的顺序写。"感",感想体会、收获启发、所悟道理等,是文章的观点,起统领全文的作用。这类文字要少而精。"叙",叙写文章、书籍或电影、戏剧中与观点有关的内容。它本身是重要的论据,又是后面"议""联"的基础、依据。叙述要有所选择,有针对性,简明扼要。"议",议论阐述,用事实、理论等把自己的感想阐述清楚。这是读后感的重要部分和文章成败的关键部分。"联",联系实际。"结",得出结论,提出做法,深化主题。《忧劳兴国,逸豫亡身——读〈伶官传序〉有感》就是按此顺序写的。

读后感与评论的区别:

(1)涉及对象不同。读后感写自己读了某部作品或某篇文章后的心得体会,要以写自己的感想为主。评论以人们的思想、现象为评论对象,以评论为主。

(2)人称不同。读后感写"我"得到怎样的启示,获得怎样的收获,并不涉及第三者如何。评论写某种思想或某部作品怎样,不必把自己摆进去。

(3)执行的任务不同。读后感的重点落在"感"字上,其任务主要是写自己读了某部作品或某篇文章后,有怎样的感受,受到怎样的教育和启发,对文章所阐述的问题产生了什么见解。评论文章的任务是对社会生活中人们的思想、现象进行分析,肯定正确的,指出失之偏颇的。

(4)作者的"地位"不同。读后感一般是顺着原文内容生发感想,评论则是对某种思想、某部作品表示态度。如果把写读后感比作"顺水推舟",那么写评论就是"评头论足"了。

◆ 读后感题目

(一)仔细阅读《无臂人中的强者》一文,以"读《无臂人中的强者》有感"为题,写一篇600字左右的短文。

<h3 style="text-align:center">无臂人中的强者</h3>

弗兰克·莱奇是一位英国人,幼时失掉双臂。然而,不幸没有使弗兰克·莱奇屈服。他自幼开始练习用双脚去做那些日常生活中的人们用手做的事情。日复一日,年复一年,他将自己的双脚练得如同正常人双手一般灵活自如。他不仅能用双脚写字、穿衣、倒水、做饭,而且还能用脚刮胡子,等等。总之,不论是工作还是日常琐碎的家务活,他都用脚去完成,而且不需要任何人的帮助。由于弗兰克·莱奇异常勤奋,他还考入了英国伯明翰大学。在大学里,他又以惊人的毅力完成了全部学业。毕业后,他在伯明翰的一所女子学校里任教。弗兰克·莱奇爱好体育活动,热衷于写诗、唱歌,空闲时,他还常带着鱼竿到河边去钓鱼呢!(湖北省武汉市中考作文题)

(二)细心阅读下边一段话,领会这段话的中心意思,再看后边的提示和要求,然后写一篇600字左右的读后感。

片面地强调读书,而不关心政治,或者片面地强调政治,而不努力读书,都是极端错误的。不读书而空谈政治的人,只是空头政治家,绝不是真正的政治家。真正的政治家没有不努力读书的。完全不读书的政治家是不可思议的。同样,不问政治而死读书本的人,那是无用的书呆子,决不是真正有学问的学者。真正有学问的学者决不能不关心政治。完全不懂政治的学者,他的学问是不完全的。

【提示】这段话出自《事事关心》一文。作者指出只强调读书而不关心政治是不对的,只强调政治而不努力读书也是不对的:"真正有学问的学者决不能不关心政治。完全不懂政治的学者,他的学问是不完全的。"阅读后,你认为在全国人民为实现社会主义现代化而努力奋斗的今天,作为一个中学生,怎样才能成为一个既努力读书又关心政治的人?请你联系自己的实际,写一篇读后感。(广东省广州市中考作文题)

(三)阅读下面这篇短文,联系实际,写一篇600字左右的读后感。

鲁迅先生说:"时间就是生命。""我是把别人喝咖啡的时间用在工作上。"就连在重病缠身的日子里,他也抓紧一分一秒的时间工作。1936年9月,他的体重仅为38.7公斤,仍译完果戈理的《死魂灵》第二部第二章。10月16日,即逝世前三天,还为曹靖华译的《苏联作家七人集》作序。17日,即逝世前两天,他写下了一生最后的作品《因太炎先生而想起的二三事》。他战斗的一生给无产阶级和人民大众留下了约七百万字的文学遗产,这一成就是与他抓紧时间勤奋工作分不开的。(广东省肇庆市中考作文题)

(四)仔细阅读下面短文,联系自己的实际情况,写一篇读后感。

画蛋

达·芬奇(公元1452—1519年)是欧洲文艺复兴时期意大利一位卓越的画家。他从小爱好绘画,父亲送他到意大利当时的名城佛罗伦萨,拜名画家佛罗基奥为师。老师不是先教他创作什么作品,而是要他从画蛋入手。他画了一个又一个,足足画了十几天。老师见他有些不耐烦了,对他说:"不要以为画蛋容易。要知道,一千个蛋当中从来没有两个是形状完全相同的;即使是同一个蛋,只要变换一个角度去看,形状也就不同了。比方说,把头抬高一点看,或者把眼睛放低一点看,这个蛋的椭圆形轮廓就会有差异。所以,要在画纸上把它完美地表现出来,非得下一番苦功不可。"佛罗基奥还说:"反复地练习画蛋,就是严格训练用眼睛细致地观察形象,用手准确地描绘形象;如果能做到手眼一致,不论画什么就都能得心应手了。"后来达·芬奇用心学习素描,经过长期的艰苦的艺术实践,终于创作出许多不朽的名画,成为一代宗师。(全国高考作文题)

(五)仔细阅读下边这篇短文,写一篇读后感。

毁树容易种树难

杨树横着种可以活,倒着种也可以活,折断它再种仍然可以活。

可是,十个人种杨树,只要有一个人毁它,就没有一棵杨树了。

种树的有十人之多,种的又是很容易活的杨树,却经不住一个人毁它。原因是什么?毁树容易种树难。(全国高考作文题)

话题作文

"文革"前平时作文、考试作文多为命题作文。"文革"后出现了材料作文。

材料作文,指命题者给一则或者多则材料,提出一些写作要求或者注意事项,学生根据材料写作的作文。其特点是要根据材料确定题目或者提炼论点,作文中要用上材料,绝对不能脱离材料的内容

范围。由于它不易猜题、押题，而且可以既考查学生的写作能力，又考查学生的阅读分析、综合归纳能力，因此一出现便受到青睐，取代了以前的命题作文。

但是，由于它审题偏难，又限制文体（以写议论文为主），因而在1999年话题作文出现后，便被话题作文取代。

话题，即谈话的中心内容。话题作文，即以所给话题为中心来写作文。其特点是具有很高的自由度，给了学生广阔的写作空间，除了规定内容范围外，文体自选、题目自拟、立意自定（简称"三自"）。由于它给学生张扬个性、尽显才情提供了无限的平台，因此受到命题者和学生的欢迎。

38. 简单话题作文

请以"教训"为话题写一篇文章。

死里逃生

1962年大学毕业,我被分配到怀集县。

我到怀集县教育局报到后,被安排在县府招待所住宿,等待分配。当时的县府招待所在绥江边,招待所门口的绥江江面有上百米宽。

小时候我常去家乡小河戏水,在惠州读高中时常去东江游水,在广东师范学院读书时,体育课有时安排到校外游泳场游水。在平静的水面上,我能游上百米。从县府招待所门口的码头上看,绥江的江面很平静,可是,几天来,在江边游泳的人虽然很多,却看不到一个横渡的人。我想在招待所门口、码头上和河边游水的人面前显示一下我的胆量与"中流击水"的本领,抖抖威风,让他们开开眼界,便贸然下水横渡。

顺利地游了四五十米,完成一半左右的游程,我才发现江中的水又深又急,还有大漩涡,不免大吃一惊。正当我想往回游时,被漩涡一卷,巨浪一冲,顷刻"随波逐流",身不由己。我惊慌失措,感到凶多吉少,赶快大喊救命,可是附近没有人,远处的人听不到。

正当我支持不住,以为有性命危险时,脚板碰到水底石头。原来,江水下面有一块凸出河床的巨石。我喜出望外,赶快摸索到巨石上站稳,恢复体力后再找江水平静处往对岸游。游到对岸,休息了一会,从怀城大桥走回招待所。

这是一个教训,我牢牢记住这个教训,在此后几十年里不敢再为出风头、抖威风而冒冒失失了。

◆ 简单话题作文的写作

简单话题作文,指命题只有话题,没有材料,往往也没有提示等的话题作文。例如:

以"生活"为话题写一篇文章。(河南省中考作文题)

以"家庭教育"为主要话题写一篇文章,文体不限,800字以上。(湖南省高考作文题)

有些命题虽然有材料,但是材料非常简单,往往只有一句话,也算简单话题作文。例如:

著名雕塑大师罗丹说过:"生活中不是没有美,而是缺少发现美的眼睛。"

请以"美就在身边"为话题写一篇文章,除诗歌外文体不限,不少于600字。(山东省淄博市中考作文题)

这类话题作文粗看像命题作文,其实比命题作文内容范围更广,写作空间更大。它的开放性很强,只要求内容与话题相关,不限文体,不限表达方式,有时也不限字数。例如以"教训"为话题写一篇文章,只要内容与"教训"有关,其他的便可尽情发挥了。《死里逃生》便是这样写作的。

简单话题作文的话题一般比较具体,话题的内容范围也比较容易确定。写作时,根据内容范围和自己掌握的写作素材拟写一些题目,再从中选出一个来写,要按照文体的写法来写。《死里逃生》便是笔者根据话题范围和自己熟悉的素材来拟写题目,并按照叙事"六要"(见本书"叙事记叙文"的解说)来写作的。

写这种文章时,如果不点明题意,别人便难以看出所写内容与话题相关。《死里逃生》如果不在最后一段点题,别人便难以看出所写内容与话题有关,所以在篇末点明:"这是一个教训。我牢牢记住这个教训,在此后几十年里不敢再为出风头、抖威风而冒冒失失了。"

◆ **简单话题作文题目**

（一）以"家"为话题写一篇文章。（山西省中考作文题）

（二）以"树"为话题写一篇文章。（河南省中考作文题）

（三）以"朋友"为话题写一篇文章。（江西省中考作文题）

（四）以"兴趣"为话题写一篇文章。（云南省中考作文题）

（五）以"争辩"为话题写一篇文章。（山东省中考作文题）

（六）以"绿色"为话题写一篇文章。（青海省中考作文题）

（七）以"掌声"为话题写一篇文章。（湖北省中考作文题）

（八）以"初中毕业时想到的"为话题写一篇文章。（山东省中考作文题）

（九）以"亮点"为话题，自拟题目，写一篇作文。（江西省中考作文题）

39. 普通话题作文

春秋时期，越国被吴国打败后，越王勾践立志报仇，于是在柴草上睡觉，经常尝苦胆，以此激励自己不忘耻辱。经过长期准备，他终于打败了吴国。

"卧薪尝胆"的故事使你想到了什么呢？请以"反败为胜"为话题写一篇文章，可写记叙文、议论文，也可编寓言、故事、小说等。不少于800字。

失败是成功之母

"卧薪尝胆"的故事使我想到失败后能够吸取经验教训，艰苦奋斗，就能反败为胜。

人们在探索正确认识的过程中，往往受到许多限制，如科学技术条件的限制，立场、观点、方法的限制等，不可能一下子就得到正确的认识。事物的发展有一个过程，在事物的本质还未暴露或完全暴露时，人们得到的认识往往是不正确的。因此，对客观事物的认识要经过由实践到认识，再由认识到实践的多次反复才能完成。遭到失败后，找出失败原因，总结经验教训，改进不足之处，就会增加知识，增长才干，才能得到正确的认识。一次失败得一次教益，一次失败加深一些认识，经过多次失败，多次总结，成功才能随之而来。

一次失败就是一块铺路石，就是一级阶梯，就是一方混凝土。一次铺一块，一次筑一方，就会越铺越长，越筑越高，成功的大厦才能建成。正如科学家钱学森说的那样："正确的结论，是从大量错误中得出的。没有大量的错误作台阶，也就登不上最后正确结果的高座。"

诺贝尔发明炸药时不慎发生了爆炸，他的助手和弟弟被炸死，他自己也被炸伤。但他毫不畏缩，在总结教训之后，坚持研究，终于研制出了炸药。

我国著名杂技表演者夏菊花的顶碗节目，观众观看后无不叹为观止。一名学生去拜访她，请她介绍成功经验。她指着一大堆碎碗说："这就是我的经验。"

人类从猿到人的这个过程也是失败累累。如果一失败就停滞不前，那人类至今还只能是猿。人之所以有作为，皆因在失败之后毫不气馁，能昂首挺胸继续走自己的路。如果说成功者有什么奥秘的话，那就是他们始终能够做到不怕失败。

诚然，不是所有的失败者都能成为成功者。越王勾践败于吴，蜀王刘禅败于魏。勾践能在失败中找出原因，吸取教训，"卧薪尝胆"，"十年生聚，十年教训"，终于东山再起，反败为胜。刘禅却"乐不思蜀"，绝无究其失败之心，更无复国报仇之志，结果至死都是阶下囚。失败后要更深入地思考，更顽强地探索，才能获得成功。如果失败后一蹶不振，"逢山止麓，遇水留岸"，就会一败再败。

成功的高峰，由被战胜了的困难堆积而成；胜利的宝塔，由被克服了的挫折构筑而成。失败是成功之母，所以在困难和失败面前，要有百折不挠的勇气。如果我们胜不骄，败不馁，就没有登不上的"南天门"，没有跨不过的"火焰山"。

◆ 普通话题作文的写作

普通话题作文，指命题由一则或多则材料、话题、写作要求或注意事项三部分构成的话题作文。例如，阅读下面的文字，根据要求作文。

一位雕刻家正在一刀一刀地雕琢一块尚未成型的大理石，一个小男孩好奇地在一旁看着他。

雕刻逐渐成形，头部、肩部、手臂、身躯，接着头发、眼睛、鼻子、嘴巴……一个可爱的小女孩出现在面前。

小男孩万分惊讶地问雕刻家："你怎么知道她藏在里面的呢？"

雕刻家哈哈大笑，他告诉孩子："石头里原本什么也没有，只不过是我用刻刀把我心中的天使搬到这里来了。"

请以"雕琢心中的天使"为话题，写一篇不少于800字的文章，题目自拟，文体自选（诗歌除外），所写内容必须在话题范围内。

前面是一则比较长的材料，中间"雕琢心中的天使"是话题，后面是写作要求。这种话题作文较常见、常考，所以被称为普通话题作文。

普通话题作文的操作过程：

1. 弄清写作范围

写普通话题作文首先要弄清内容范围。要想弄清内容范围，必须认真阅读材料，分析话题，弄清写作要求或注意事项，知道哪些内容是话题以内的内容，以免离题。例如，这则材料写一位雕刻家雕琢他心中的天使。话题"雕琢心中的天使"显然是一种比拟，比拟培养、塑造心中或想象中的理想人物，发现、了解心中美好的人、情感等。这样，内容范围便弄清楚了。

2. 草拟一些题目

弄清内容范围之后，在内容范围之内拟出一些题目。先不要考虑优劣，只要围绕话题、在内容范围之内就行，可以多拟一些。

例如，"雕琢心中的天使"这个话题和材料可以拟下列题目：

循序渐进地塑造学生

细心养育才有好子女

有无优秀生，要看如何教

顽劣变优秀，全靠热心教

我发现一个"天使"

一个"天使"的诞生

善于发现，"天使"无处不在

做事之前心里要有目标

这样，思路便打开了，挑选的余地便大了。

3. 挑选题目

草拟了多个题目之后，要审视一番，看看有没有脱离话题、材料内容范围的，如果有，就要把它划掉，然后从剩下的题目中选出一个题目来。

选择题目必须注意：

（1）选择自己掌握素材多的题目；

（2）如果写文学类文章的话，选择容易发挥想象、方便编造的题目；

（3）选择能够写出新意的题目；

（4）选择具体的题目，不要选择过于抽象、过大、过深的题目，以免骑虎难下。

如果从现有的题目中选不出满意的题目，就要再草拟一些题目，再从中挑选，直到挑出满意的题目为止。

"花多眼乱"，题目多，选择时容易举棋不定。平时作文，时间充裕，可以从从容容地筛选。考试作文，时间紧迫，就要当机立断，哪个题目易于成篇就选哪个。

4. 列提纲，走笔成篇

挑选好题目之后，要确定立意，再围绕立意列出段落提纲，然后按照提纲挥笔成文。思路不清时不要下笔。

写作其他话题作文也应该按照此操作过程操作。

写到中途时，可能出现所选题目没有原来想的那么好写，觉得另一题目更好写，于是想中途换题目。到底要不要换，要看时间是否允许。如果是课外完成，课余时间充足的话，可以重新写。课堂上限时作文、考试作文（特别是升学考试作文），一般不宜"卷土重来"，因为时间不够，写不完，而且你认为更好写的另一题目写到中途也不一定好写。

话题作文不限文体，并不是说对文体没有要求。写记叙文要符合记叙文的要求，写议论文要符合议论文的要求，写寓言要像寓言，写小说要像小说。不能"打擦边球"，不要写出非驴非马的四不像文章，例如既不像记叙文又不像议论文的文章。为此，一定要强化文体的"合格"，做到写什么是什么。

选择文体时要选择自己最擅长写的文体。擅长写议论文就选择议论文文体来写，擅长写记叙文就选择记叙文文体来写，擅长文学创作就选择写小说、编故事、编寓言……选择文体时还要考虑作文材料问题，因为"巧妇难为无米之炊"。写议论文的材料多选择写议论文，写记叙文的材料多选择写记叙文，易于编故事则选择故事文体，易于编寓言则选择寓言文体……在平时，既要多练自己擅长或者喜爱的文体，也要学习、掌握其他文体的写法，以便有更多的选择，"东方不亮西方亮"。

◆ 普通话题作文题目

（一）同学们正处在独立人格形成的时期，都希望受人尊重，也在学着尊重别人。尊重很容易做到：得到帮助时道声谢，妨碍别人时道声歉，为演出的成功鼓掌，为同学的进步喝彩。尊重也容易被人忽视：遭人冷落，被人揭短；恶语触怒他人，讥讽同学弱点……总之，尊重别人是一种美德，受人尊重是一种幸福。

请围绕"尊重"这个话题，自拟题目，写一篇作文。

【要求】（1）文体不限。（2）600字左右。（3）文中若出现校名，一律用"光华中学"。出现人名，一律用"丁强""王荣"。出现老师名，一律用"张老师""李老师"。（江西省中考作文题）

（二）有人说，阅读并不局限于书本。有时也应该阅读山、阅读海、阅读花、阅读树、阅读清晨、阅读黄昏……有时也应该阅读政治、阅读经济、阅读文化、阅读亲情、阅读友情，甚至阅读一只鸟、阅读一个人……

请以"阅读自然、阅读社会、阅读人生"为话题，自拟题目，写一篇600字以上的文章，文体不限。

【提示】"阅读"可以理解为观察自然、社会和人生的感受、体验等；可以从"阅读自然、阅读社会、阅读人生"中任选一个角度写作，例如"阅读自

然"可写"登山之乐""观海之情""赏花之趣"等。(广州市中考作文题)

(三)白芳礼,天津的一位平凡老人,在生命最后18年,省吃俭用,顶风冒雨奔波在街头,把蹬三轮车积攒的近35万元钱,捐给了天津的多所大中小学,资助了近300名贫困生,而他的个人生活状况几近乞丐,私有财产账单上是一个零。他把物质生活压到最低点,却把能量释放到最大。一年365天,他没有歇过一天。如果按每蹬一公里三轮车收五角钱计算,老人奉献的是相当于绕地球赤道18周的奔跑劳累。这不是神话,白芳礼倾尽所能地把他的光和热洒向了众多需要帮助的学生。2005年9月23日早晨,93岁的白芳礼静静地走了。无数活着的人在口口相传中记住了他——蹬三轮车的老人。

白芳礼老人的事迹曾感动了无数善良的人。我们每个人心中都会有一些让自己感动的人和事。回想一下,你最受感动的人和事是什么?请以"感动"为话题写一篇作文。

【要求】(1)题目自拟,文体自选。(2)不少于600字,如写成诗歌,不少于16行。(3)文中不要出现真实的人名、校名和地名。(浙江省湖州市中考作文题)

(四)两岁时,张亚勤失去了父亲,他的几个亲戚住在不同城市,为了锻炼自己独立生活的能力,小小年纪的他在几个城市之间独来独往。临近高考,他突然患病,母亲劝他放弃,张亚勤不听:"我就是要试试,即使失败也是一次练习。要是不争取,那就一定不会成功!"结果他如愿考进了中国科大少年班。然后,又攻读硕士、博士学位……最终成为微软公司全球副总裁、世界电子工程领域最杰出的科学家之一。回首走过的岁月,张亚勤自豪地说:"在我看来,成长比成功更重要。在成长的过程中,我获得了独立、执着、坚强、自信……没有那一段成长的经历,便没有我今天的一切!"

请以"成长比成功更重要"为话题,写一篇文章,题目自拟。

【要求】(1)除诗歌外,其他体裁不限。(2)不少于600字,不得出现真实的校名、人名。(3)书写规范工整。(江苏省泰州市中考作文题)

（五）有一位登山者，在途中遇到暴风雪。他深知不尽快找到避风处，非冻死不可。他走啊走啊，突然脚下碰到一个僵硬的东西。他扒开雪一看，原来是一个冻僵的人。他想：是救他呢，还是继续前行？经过心灵翻江倒海的思量之后，他毅然决定救这个人。于是，他脱下手套，开始给那个冻僵的人全身按摩。经过一番努力，终于把他救醒了。于是，两个人搀扶着走出雪地。

也许我们不一定能够碰到这样的生死决策，但是我们在生活中所遇所见所闻也会面临一些触动心灵的选择。在这种情况下，我们应该怎样选择？为什么会做这样的选择？

请以"心灵的选择"为话题，自定立意、自选文体、自拟题目，写一篇不少于800字的作文，不得抄袭，不要超出这个内容范围。（全国高考作文题）

（六）宋国有个富人，一天大雨把他家的墙淋坏了。他儿子说："不修好，一定会有人来偷窃。"邻居家的一位老人也这样说。晚上，富人家里果然丢失了很多东西。富人觉得他儿子很聪明，而怀疑是邻居家老人偷的。

以上是《韩非子》中的一个寓言。直到今天，我们仍然可以在现实生活中听到类似的故事。但是，也常见到许多不同甚至相反的情况。我们在认识事物和处理问题的时候，感情上的亲疏远近和事物认知的正误深浅有没有关系呢？是什么样的关系呢？请就"感情亲疏和对事物的认知"这个话题写一篇文章。

【要求】（1）所写内容必须在话题范围之内。试题引用的寓言材料，考生在文章中可用也可不用。（2）立意自定。（3）文体自选。（4）题目自拟。（5）不少于800字。（6）不得抄袭。（全国高考作文题）

40. 关系型话题作文

　　绿叶靠根、干、枝供应水分、养料。脱离了树木，绿叶便得不到维持生命所需要的东西，便会死亡。绿叶生长在树上，既可得到所需的一切，又可进行光合作用，为树木做出一份贡献。脱离了树木，它便不能进行光合作用。

　　请以"个人与集体"为话题写一篇文章，文体不限，立意自定，题目自拟，800字以上（如写诗歌，应在50行以上）。

个人离不开集体

　　个人与集体息息相关，个人离不开集体。

　　绿叶靠根、干、枝供应水分、养料。脱离了树木，绿叶便得不到维持生命所需要的养分，便会死亡。一个人也要靠集体提供维持生命的东西，其中包括物质的、精神的东西。没有这些东西，人便不能生存。

　　绿叶生长在树枝上，既可得到所需的一切，又可进行光合作用，为树木做出一份贡献。脱离了树木，它便不能进行光合作用。一个人与群众打成一片，同国家共命运，既能如鱼得水，如苗得土，又能在为人民服务，在建设祖国中发挥自己的聪明才智，做出贡献。一旦离开了集体、国家，就根本谈不上做什么贡献。

　　钱塘大潮像千万匹奔腾的白色骏马，飞驰而来。潮头临近，又成为一堵矗立的水墙，沉雷似的轰鸣成了震天劈地的惊雷，奔涌到人们面前，倾涛泻浪，喷珠吐玉。声如千军呐喊，金鼓齐鸣；势如雷霆万钧，摧山裂岸。人民群众是大海，一个人则是大海中的一朵浪花。这就是个人和集体、个人和群众之间关系的真谛。对于大海，浪花是不能有半点埋怨的，因为浪花的生命是大海赋予的。浪花只有在大海的怀抱里，才能保持自己的活力，才能为装点波澜壮阔的大海发挥自己的一点作用。我们个人同集体的关系，又何尝不是如此呢？马克思说过，"只有在共同体中，个人才能获得全面发展其才能的手段"。离开了集体，离开了群众，任何天才都会失去用武之地，这就同离开大海的浪花既不能载舟行船，也不能养育珍珠一样。

无数青年为祖冲之、李时珍、李四光、华罗庚、牛顿、居里夫人、爱因斯坦等古今中外科学家的不朽功绩所折服。要知道，他们的成功其实是建立在前人千百万次的生产实践、调查研究的基础之上的。牛顿说他之所以获得成功，是因为站在巨人的肩膀上。孙中山、毛泽东等叱咤风云的杰出军事家、政治家，之所以能够在某种程度上改变中国社会历史的面貌，是因为他们能与广大群众相结合，从群众的智慧中汲取力量，并以自己卓越的组织和号召力，调动了整个阶级力量，顺着历史发展的潮流前进。

我们生活在社会主义国家里，社会主义制度把劳动者的个人利益同整个社会的利益结合在一起，个人的物质和文化生活才能不断改善。离开了集体的利益和国家的利益，个人的利益就成了无源之水、无本之木。"祖国是大我，人民是大我；个人是小我，自己是小我。"小我依附于大我而存在。

奥斯特洛夫斯基说："人如果不为个人活着，而是把自己融化在社会里，那便很难杀死他，因为要杀死他，就必须杀死周围的一切，杀死整个国家、整个生活才行。"鱼儿离不开水，瓜儿离不开秧，秧苗离不开土，一个人离不开集体。

◆ 关系型话题作文的写作

2004年全国高考作文题题（一）以"相信自己与听取别人的意见"为话题，题（二）以"遭遇挫折和放大痛苦"为话题，题（三）以"快乐幸福与我们的思维方式"为话题，题（四）以"看到自己与看到别人"为话题。重庆市高考作文题以"别人对我的希望和自我的认知"为话题。广东省高考作文题以"语言与沟通"为话题。浙江省高考作文题以"人文素养与发展"为话题。2005年全国高考作文题题(一)以"出人意料和情理之中"为话题,题(二)以"位置与价值"为话题,题(三)以"铭记与忘记"为话题。江苏省高考作文以"凤头、猪肚和豹尾"为话题。这些都是关系型话题作文。关系型话题作文:话题涉及两个方面,个别涉及三个方面,要求阐析它们之间的关系的话题作文。

事物之间的关系主要有条件关系、选择关系、并列关系、相辅相成关系、相反相成关系。

条件关系:两者中一为条件,一为结果。例如,快乐幸福与我们的思维方式、语言与沟通、人文素养与发展。

选择关系:两者中选择其中一种,排除另外一种。例如,别人对我的希望和自我的认知。

并列关系:两者或三者平等并列,无主次之分。例如,凤头、猪肚和豹尾。

相辅相成关系:相互配合并促成,但往往有一个占主要方面。《个人离不开集体》所阐述的就是这种关系。

相反相成关系:两者既对立又统一。例如,相信自己与听取别人的意见。

写关系型话题作文,首先要确定写作范围和话题涉及的两方面之间的关系,然后拟写一些题目或者论点,再从中选出一个题目或者论点来写。具体方法见本书"普通话题作文"的解说。

这种文章一般应该写议论文。如果写议论文,便是关系型议论文。具体方法见本书"关系型议论文"的解说。

我们要从两者的关系下笔。如写"语言与沟通""人文素养与发展"等话题,不能只写其中一个方面,因为它们密不可分。不过,有些话题,水平一般的同学很难从两者的关系下笔,也可以只写其中一个方面。例如"遭遇挫折和放大痛苦"话题,只写其中一个方面也可以,这样写不算离题。

◆ 关系型话题作文题目

（一）阅读下面的文字，根据要求写作。

（1）走自己的路，让别人去说吧！（但丁）

（2）常问路的人不会迷失方向。（波兰谚语）

（3）应当耐心地听取他人的意见，认真考虑指责你的人是否有理。（达·芬奇）

（4）相信一切人和怀疑一切人，其错误是一样的。（塞拉克）

面对各种说法，有人想：我该相信谁的话呢？也有人想：还是相信自己最重要。请以"相信自己与听取别人的意见"为话题，自定立意，自选文体，自拟题目，写一篇不少于800字的文章。所写内容必须在话题范围之内。（全国高考作文题）

（二）阅读下面的文字，根据要求写作。

某网站"4220聊天室"有这样一段谈话：

A：快乐的人生，也会有痛苦。有的人能直面挫折，化解痛苦；有的人却常常夸大挫折，放大痛苦。

B：是呀，有的人能把不小心打破一个鸡蛋，放大成失去一个养鸡场的痛苦。

C：考试失手，竞争失利，恋爱失败，亲友失和，面子失落，哪怕是其中的一点点，都是无法排解的痛苦啊！

请以"遭遇挫折和放大痛苦"为话题，自定立意，自选文体，自拟标题，写一篇不少于800字的文章。所写内容必须在话题范围之内。（全国高考作文）

（三）阅读下面的文字，根据要求写作。

某网站"4220聊天室"有这样一段谈话：

A：我给大家讲个故事。一个老太太有两个女儿，大女儿嫁给洗染店老板，小女儿嫁给雨伞店的老板。老太太天天为女儿忧虑：雨天，担心洗染店的衣服晾不干；晴天，生怕雨伞店的雨伞卖不出去。后来，有一个聪明人开导她："老太太好福气啊，雨天，小女儿生意兴隆；晴天，大女儿顾客盈门。

您哪一天不快活啊！"

B：妙极了！改变思维的角度和方式，我们就会有新的感受和发现。

C：快乐幸福是这样得来的么？

D：阿Q！

请以"快乐幸福与我们的思维方式"为话题，自定立意，自选文体，自拟标题，写一篇不少于800字的文章。所写内容必须在话题范围之内。（全国高考作文题）

（四）阅读下面的文字，根据要求写作。

一个富人去请教一位哲学家，为什么自己有钱以后很多人不喜欢他了。哲学家将他带到窗前，说："向外看，你看到了什么？"富人说："我看到外面有很多人。"哲学家又将他带到镜子前，问："现在你又看到了什么？"富人回答："我自己。"哲学家一笑，说："窗子和镜子都是玻璃做的，区别只在于镜子多了一层薄薄的白银。但就是因为这一点银子，便叫你只看到自己而看不到别人了。"

请以"看到自己与看到别人"为话题，自定立意，自选文体，自拟标题，写一篇不少于800字的文章。所写内容必须在话题范围之内。（全国高考作文题）

（五）甲、乙两个好朋友吵架，乙打了甲一拳，甲在沙地上写了"今天我的好朋友打了我一拳"。又一次外出时，甲不小心掉进河里，乙把他救了上来，甲在石头上刻了"今天我的好朋友救我一命"。乙问甲为什么要这样记录，甲说："写在沙地上，是希望大风帮助我忘记；刻在石头上，是希望刻痕帮助我铭记。"

以"铭记与忘记"为话题作文（体裁不限），不少于800字。（全国高考作文题）

41. 命题式话题作文

无论在个人经历还是在社会生活中，常常会出现令人难忘的转折。对此，你一定会有所感、有所想、有所悟。请以《转折》为题，写一篇不少于800字的文章，除诗歌外文体不限。（北京市高考作文题）

转折

中华人民共和国成立前，天寒地冻也只有两三套单衣可穿，厚的寒衣一件也没有。没有鞋子，满地是冰或白霜，外出也赤足。冷得牙齿不停地打架，浑身不停地发抖。手、脚、耳、脸生了一个又一个冻疮，又痒又痛。中华人民共和国成立后，我添了普通衣服、棉衣等，穿上了鞋、袜子。改革开放后，想买什么衣服就买什么衣服，一年四季各有不同的衣服。有些衣服一年只穿几天。每次搬家都有一些衣服不带走。

中华人民共和国成立前，天天喝"浪打浪"的粥，端午节也无干饭吃。有时吃无油的菜，有时吃无油无盐的菜。经常去山里摘野果充饥。中华人民共和国成立后，经常吃干饭，吃肉。改革开放后，天天吃鱼吃肉，吃香喝辣。我从担心营养不良到担心营养过剩。

中华人民共和国成立前，祖父拿出半辈子的积蓄，建了一栋瓦片稀薄、没有大门的泥砖屋。因为瓦片稀薄，一下大雨便漏水。中华人民共和国成立后，我当上中学教师，从住学校分配的一室一厅到两室一厅，再到三室一厅、四室一厅。

中华人民共和国成立前，我什么车也没有乘过。家距县城25千米，来回都步行。中华人民共和国成立后，出入乘汽车、轮船、火车。改革开放后,乘高速火车是家常便饭,还乘过10次飞机。

中华人民共和国成立前,我是一个蝼蚁一般的小农民,除了渴望能够吃得饱、穿得暖外,不敢有其他企盼。中华人民共和国成立后,我是一个高级知识分子,当选省人大代表,获得省优秀共产党员、全国教育系统劳动模范称号。

中华人民共和国成立,是我人生的大转折,也是全国农民和他们的后代的大转折。这个大转折使我认识到中国共产党是劳苦大众的救星。没有共产党就没有新中国,没有新中国,我和我的子孙后代、全国农民和他们的子孙后代,都会像祖辈那样:一辈子面朝黄土背朝天,一脚牛屎一脚泥,两手老茧一身汗,却温饱难求。

◆ 命题式话题作文的写作

话题作文的开放性为学生提供了广阔的联想空间和想象天地,有利于他们联系实际、自主选择生活素材、自由选择自己喜爱的文体,使他们的个性和才华得到适当的发挥。但是,也由于它几乎全方位开放,容易给套题、抄袭等投机取巧行为提供机会,"套作""宿构"和抄袭文章屡见不鲜,因而受到不少人的质疑。为此,2002年上海市高考采用命题式话题作文,2003年北京市高考也采用命题式话题作文,后来不少省市的中考、高考和全国高考也采用这一形式。由于这种形式不易套题、抄袭,因而受到广泛肯定。

命题式话题作文,即用命题代替话题的话题作文。它已经没有话题了,为什么还称它为话题式作文呢?因为它与一般命题作文有明显区别,所以不能称为命题作文。它与材料作文也有明显区别:材料作文一般没有题目,它有题目;材料作文限制文体,它不限制文体。所以,不能称其为材料作文。它与一般话题作文相比,除了以题目代替话题外,其余均相同,所以把它归入话题作文之列。

在命题式话题作文中,有些题目是有文体倾向的。如《面对大海》,一般宜写记叙文。《必须遵守纪律》,一般宜写议论文。因此,在考虑文体时,要看看题目有没有文体倾向。《转折》的文体倾向不明显,笔者选择了散文文体。

选择文体既要看题目的文体倾向,又要看作文素材,即看哪一种文体的素材多。《转折》选择散文文体,就因为素材多,容易成篇。

命题式话题作文的题目与一般的命题作文的题目有差异:命题式话题作文的题目通常比较空泛,命题作文的题目通常比较具体,甚至揭示文章中心。因此,写命题式话题作文要先定文章立意。笔者写《转折》就首先确定"写自己在中华人民共和国成立前后的迥异情况,讴歌中国共产党是劳苦人民的救星"这一立意。

确定立意后,接着编写段落提纲,然后按照提纲写作。

◆ 命题式话题作文题目

(一)红灯亮时,表示车辆和行人必须停止前进;绿灯亮时,表示车辆和行人可以通过。在现实生活中,"红灯停绿灯行"除了指交通规则外,还可以指道德规范、行为准则、是非标准……什么该做,什么不该做,人们心中总要有盏"红绿灯"。

请以《心中有盏红绿灯》为标题写一篇文章。

【要求】(1)文体自选(诗歌除外)。(2)600字以上。(3)文中不能出现考生的姓名和所在学校的名称。(广东省广州市中考作文题)

(二)春回大地,原野上、道路旁、房前屋后,那一棵棵、一排排的树,高的、矮的、直的、弯的、立的、倒的……无论是被凛冽寒风刮得一叶不剩的秃枝,还是依然挂着绿叶的繁枝,都又悄悄地吐出了新芽,嫩嫩的,翠翠的,或浅黄,或浅绿,或微微露出点粉红色……

请以《又见枝头吐新芽》为标题写一篇文章。

【要求】(1)体裁不限(诗歌除外)。(2)不少于600字。(广东省广州市中考作文题)

(三)夏夜的天空,是那么美,那么遥远。触景生情,人们往往由宇宙无穷、人生有限的感慨而产生种种思索。

请以《遥望星空》为题写一篇短文（700字左右）。（上海市高考作文题）

（四）也许你曾到过大海，也许你在荧屏、银幕上见过大海……

请以《面对大海》为题写一篇1000字左右的文章。文体不限（不要写成诗歌）。（上海市高考作文题）

（五）10个人买镜子，有9个人都买了昏镜，因为不愿意看到自己的缺点。

以《买镜》为题目写一篇话题作文。不少于800字。（湖北省高考作文题）

（六）一个年轻人，在漫漫人生路上经过长途跋涉，到达一个渡口的时候，他身上已经有七个背囊：美貌、金钱、荣誉、诚信、机敏、健康、才学。渡船开出的时候风平浪静，过了不知道多久，风起浪涌，上下颠簸，险象环生。老艄公对年轻人说："船小，负载重，客官你必须丢掉一个背囊，才可以安全到达。"看年轻人不肯丢掉任何一个，老艄公又说："有弃有取，有失有得。"年轻人想了想，把"诚信"丢到了水里。

"诚信"被丢掉了，引发你想到了什么？请以《诚信》为题写一篇作文，可以是自己的经验、体验、经历，或信念、看法，也可以编写寓言、故事。不少于800字。（全国高考作文题）

42. 图画式话题作文

观看右侧《飞瀑成潭》图画，围绕"飞瀑成潭"这个话题写一篇文章。要求：（1）800字以上。如果写诗歌，不少于30行。（2）所写内容必须在话题范围之内。（3）立意自选，题目自拟。（4）不得抄袭。

飞瀑之下，必有深潭

飞瀑直下，轰声雷鸣，势有千钧。它始终朝着既定方向"飞流直下"，百年、千年乃至万年不息地飞泻。因此，在它的下面必有深不可测的深潭。由此我想到：劲头十足、目标专一、持之以恒的人，能成就一番事业。

在人世间，"飞瀑成潭"的事例不胜枚举。

莫泊桑十分热爱写作，每天伏案十多个小时。他从事文学创作时心无旁骛，持之以恒地写了十年，稿纸堆起来有一人高，终于写出了誉满文坛的《羊脂球》等作品。此后，他继续劲头十足、矢志不渝、长年累月地创作，因而佳作迭出，著作等身，成为世界著名小说家。

李时珍孜孜不倦地研究了800多种医学论著，劲头十足地上山采药，不顾安危地遍尝百草，不辞劳苦地访问药农，持续不断地调查研究，踏遍长江、黄河流域。他对药物学情有独钟，把全部的时间、精力都花在药物研究上。27年里，他含辛茹苦、持之以恒地研究。功夫不负有心人，他终于写出巨著《本草纲目》，对药物学的发展做出重大贡献。

盖叫天练功时目标专一，持之以恒。他在自己的床头贴上"睁眼即起"的纸条，每天一醒过来即起床练功，从不间断。为了表现武松的英姿，他把削尖的竹筷绑在脚的腾越处,练习直着脚行走,用火柴撑着眼皮练习睁圆眼睛。练了十遍、百遍、千遍……人们终于在舞台上看见了"活武松",他也终于成为我国著名的京剧大师。

广东怀集县的梁小静,从小学三年级开始练跑步。15岁加入田径专业队,虽然训练强度大、枯燥,但她劲头十足。教练要队员跑5000米,她跑8000米;教练要队员跑10000米,她跑15000米。她目标专一,专注于短跑项目,心无旁骛。她坚持不懈,从2007年至今,十几年如一日,夏练三伏,冬练三九。功夫不负有心人,她获得了全国田径锦标赛女子100米冠军,青年奥运会女子100米冠军。

世界上没有平坦的成功之路。真理的长河中有无数礁石险滩。劲头十足,知难而进,"明知山有虎,偏向虎山行",才能战胜困难,越过险阻,不断前进。干劲冲天,敢冲敢闯,开拓进取,才能排除万难,创出新局面。因此,拼劲十足是事业成功的条件之一。

劲头十足,但目标不专一,也是不能成功的。人的寿命有限,精力有限,因而难以学习、研究很多领域。每一项认识活动,专注都是它的"门户"。人们只有在注意力高度集中而稳定的情况下,才能有明晰的感知,才会有高效率的记忆和活跃的思维。凸透镜把光线聚在一点,才能燃起火焰。如果今天干这,明天干那,劲头再大也白搭。如果飞瀑今天向这流,明天向那飞,下面能有深潭吗?

劲头十足,目标专一,不持之以恒也不行。只有"锲而不舍",才能"金石可镂"。任何事物都有其发展过程,人们对事物的认识有一个渐进的过程,即实践、认识、再实践、再认识的过程。人们认识事物、做事情、求学问都不能超越这个渐进过程,即不能一步登天,不能一蹴而就。三天打鱼,两天晒网,是成就不了任何事业的。

因此,无论学习还是工作,我们既要有"飞流直下三千尺"的劲头,又要有竹子"咬定青山不放松"的专一,还要有"绳锯木断,水滴石穿"的持之以恒。

◆ 图画式话题作文的写作

图画式话题作文同普通话题作文大同小异。图画式话题作文以图画为材料，普通话题作文以文字为材料，其他则基本相同。

写图画式话题作文首先要看清画面内容，有时必须分析图画比拟什么，可以引申什么，或者蕴含什么哲理等。例如2005年福建省高考作文题，有两幅图画：一幅是标准的圆形，周长小，面积大，比较稳定。一幅是带有棱角的圆形，周长大，面积小，比较多变。通过分析可以看出：这两幅图可以比拟甲看似比较呆板，乙看似比较灵活，而其实甲比乙有涵养等；也可以引申为两事物各有特点、特长等等。又如《飞瀑成潭》这幅图，上面是冲劲十足、目标专一、持之以恒的飞瀑，下面是深不可测的潭，可以用来比拟劲头十足、专心致志、持之以恒能够成就大业。这样分析后才能对话题有比较明晰、正确、全面的认识、理解，再根据普通话题作文的写法写作，就容易成篇了。

◆ 图画式话题作文题目

（一）仔细观察上面一幅漫画，理解其画意，根据要求作文。

请以"栽花与摧花"为话题，自定立意，自选文体，自拟标题，写一篇不少于800字的文章。所写内容必须在画意之内。

——老师夸我这篇作文写得好!

（二）观察上面的漫画，按照要求作文。

请以"作文与做人"为话题写一篇文章，立意、文体、标题不限，不少于800字。所写内容必须在话题范围之内。

新材料作文

　　话题作文有优点，也有美中不足之处：容易套题、抄袭；与材料作文相比，它对学生分析归纳能力的考查大大削弱；它的话题给学生带来构思的局限。于是，出现了将材料作文、话题作文合二为一，取两者之长，去两者之短的新材料作文这一新题型。

　　新材料作文：提供一则或多则材料，略作提示，要求学生根据自己对材料的领悟，自选角度、自定立意、自选文体、自拟题目（简称"四自"）作文。

给出材料，不规定话题和题目，要求"全面理解材料，但可以选择一个侧面、一个角度构思作文"，是新材料作文的基本特点。

新材料作文可以从所给材料里的多个角度中选择一个角度写作，写作自由度高，要求题目内容必须与材料有关，审题难度加大。必须根据材料确定立意，立意与材料关系密切。这样，新材料作文能够突出考查学生的语文能力与素养，注重发挥学生的自主性和创造性，能够较好地避免考生猜题、押题、运用复制板来应付考试的弊端，更加符合语文新课程标准的需要，因而受到青睐。

新材料作文分为文字类材料作文、看图类材料作文、条件类材料作文三种。文字类材料作文分为给简单材料作文、给普通材料作文、给正面材料作文、给负面材料作文、给正负兼有材料作文、给见仁见智材料作文、给命题材料作文、任务驱动型作文等。条件类材料作文分为缩写、扩写、改写、续写、仿写等。

43. 给简单材料作文

古人说:"前车之覆,后车之鉴。""前事不忘,后事之师。""吃一堑,长一智。"

这些至理名言告诉了我们什么?请自定立意,自拟题目,自选文体,写一篇不少于800字的文章。

不要做"世界上最愚蠢的人"

材料中的话告诉我们:要从挫折、失败、错误中吸取经验教训,防止再犯类似的错误。

刚参加工作时,我在教学中追求"讲深讲透",上课时口若悬河,滔滔不绝。由于我"一讲到底",很少让学生自己动脑、动口、动手,因而学生的读、写能力提高慢,考试成绩不佳。"前车之覆,后车之鉴。"后来,我牢记这个教训,决定采取启发式教学方式,上课以引导学生自学为主。结果,学生读、写水平提高较快,考试成绩显著提高。

唐太宗以古为鉴,牢牢记住了隋炀帝恣意妄为、鱼肉百姓而失天下的教训,以此作为自己的治国之"师",轻徭役、薄赋税,从而出现了太平盛世的"贞观之治"。

辩证唯物主义告诉我们,新事物是从旧事物中发展演化而来的,它们之间有着密切的联系:前事的实践是后事的认识基础,前事的经验、教训是后事的借鉴,后事的实践是对前事的认识的检验、发展,这就决定了前事会成为后事之师。

辩证唯物主义又告诉我们,人要认识事物不可能一步登天。人的认识过程，总是由肤浅到深刻，由低级到高级，由知之不多到知之较多，是个逐渐发展的过程。在这个过程中，免不了会犯错误，遭到失败。在犯错误、遭到失败后，要学会总结教训，并牢牢记住这些教训。只有牢牢记住这些教训，在继续认识事物时，才能把它们作为借鉴，少走或者不再走弯路。如果忘记了这些教训，就没法发挥前事的后"师"作用，就会重蹈覆辙，一错再错。

受挫折的过程往往就是获得真知的过程。走过崎岖的小路，才能真正体味到生活的欢乐；穿过茫茫迷雾，才能深切感受到阳光的明媚。不经风雨，怎见彩虹？不吃一堑，难长一智。

"在同一个地方跌倒两次的人，是世界上最愚蠢的人。"也就是说，不会吸取教训的人，是"蠢得可以"的傻瓜。我们可不要做"世界上最愚蠢的人"啊！

◆ 给简单材料作文的写作

给简单材料作文的材料文字不多，层次关系不复杂，审题立意的深度浅，因而审题立意不难。加上写作要求明确，按照要求写作即可，如《不要做"世界上最愚蠢的人"》。

◆ 给简单材料作文题目

（一）请你对出现在中学生中的某种现象（如学外语、学电脑、做生日、经商等）谈一点看法，题目自拟，不少于600字。（山西省太原市中考作文题）

（二）最近光明中学把有关活动列为课程，排进课表，成立了艺术团、文学社、体操队、音美沙龙等组织，并大力开展活动。这种做法在校内外引起强烈的反响，出现了各种不同的意见。

请你写一段文字，也谈谈自己的看法，不少于600字。（江苏省淮安市淮阴区中考作文题）

（三）阅读下面的材料，联系生活实际和自己的切身感受，自选角度，自拟标题,写一篇600字左右的文章。

大兴安岭火灾过后,火林带仅剩下一棵棵烤得焦黑的光树干,它们已被一些林业专家判了死刑。谁料到,焦黑的树干第二年春天又全部绽出新芽。

世间的一切生命都无法拒绝挫折和痛苦的造访。但是,只要我们用笑脸来迎接挫折,用勇气来对付不幸,就一定能在风雨过后见到彩虹。

【要求】(1)诗歌除外,文体不限。(2)不能出现校名和师生的真实姓名。(贵州省贵阳市中考作文题)

(四)阅读下面的材料,按照要求作文。

有人说,"人"字一撇一捺,你是那一撇,我是那一捺,要两个人才能写成。如果人人光想着自己的那一撇或那一捺,那么"人"字永远也组合不到一起。

【要求】请你根据上面的材料,结合自己的经历和感受,自选角度,自拟题目,写一篇不少于500字的文章。除诗歌外,体裁不限。文中不要出现(或暗示)本人的姓名、所在学校。(江苏省苏州市中考作文题)

(五)阅读下面的材料,按要求作文。

泉水在地下蓄积,一旦有机会,它便骄傲地涌出地面,成为众人瞩目的喷泉,继而汇成溪流,奔向远方。但人们对地下的泉水鲜有关注。其实,正是因为地下那些默默不语的泉水不断聚集,才有地上那一股股清泉的不停喷涌。

请根据你对材料的理解和感悟,自选一个角度,写一篇不少于800字的文章,文体自定,标题自拟。(湖北省高考作文题)

(六)阅读下面的材料,根据要求写一篇不少于800字的文章。

语文学习关系到一个人的终身发展,社会整体的语文素养关系到国家的软实力和文化自信,对于我们中学生来说,语文素养的提升主要有三条途径:课堂有效教学、课外大量阅读、社会生活实践。

请根据材料,从自己语文学习的体会出发,比较上述三条途径,阐述你的看法和理由。

要求:选好角度,确定立意,明确文体,自拟标题,不要套作,不得抄

袭,不得泄露个人信息。(全国高考作文题)

(七)阅读下面的材料,根据要求写作。

据近期一项对来华留学生的调查,他们较为关注的"中国关键词"有:"一带一路"、大熊猫、广场舞、中华美食、长城、共享单车、京剧、空气污染、美丽乡村、食品安全、高铁、移动支付。

请从中选择两三个关键词来呈现你所认识的中国,写一篇文章帮助外国青年读懂中国。

要求:选好关键词,使之形成有机的关联;选好角度,明确文体,自拟标题;不要套作,不得抄袭;不少于800字。(全国高考作文题)

(八)阅读下面的材料,根据要求写作。

人们因技术发展得以更好地掌控时间,但也有人因此成了时间的仆人。

这句话引发了你怎样的联想与思考?请写一篇文章。

要求:选准角度,确定立意,明确文体,自拟标题;不要套作,不得抄袭;不得泄露个人信息;不少于800字。(2023年全国高考甲卷)

(九)阅读下面的材料,根据要求写作。

吹灭别人的灯,并不会让自己更加光明;阻挡别人的路,也不会让自己行得更远。

"一花独放不是春,百花齐放春满园。"如果世界上只有一种花朵,就算这种花朵再美,那也是单调的。

以上两则材料出自习近平总书记的讲话,以生动形象的语言说出了普遍的道理。请据此写一篇文章,体现你的认识与思考。

要求:选准角度,确定立意,明确文体,自拟标题;不要套作,不得抄袭;不得泄露个人信息;不少于800字。(2023年全国高考乙卷)

(十)阅读下面的材料,根据要求写作。

好的故事,可以帮我们更好地表达和沟通,可以触动心灵、启迪智慧;好的故事,可以改变一个人的命运,可以展现一个民族的形象……故事是有力量的。

以上材料引发了你怎样的联想和思考？请写一篇文章。

要求：选准角度，确定立意，明确文体，自拟标题；不要套作，不得抄袭；不得泄露个人信息；不少于800字。（2023年全国高考新课标Ⅰ卷）

（十一）阅读下面的材料，根据要求写作。

本试卷语言文字运用Ⅱ提到的"安静一下不被打扰"的想法，在当代青少年中也不鲜见。青少年在学习、生活中，有时希望有一个自己的空间，放松，沉淀，成长。

请结合以上材料写一篇文章。

要求：选准角度，确定立意，明确文体，自拟标题；不要套作，不得抄袭；不得泄露个人信息；不少于800字。（2023年全国高考新课标Ⅱ卷）

44. 给普通材料作文

阅读《钱学森归国》这则材料，自选一个角度，自定题目，自选文体，写一篇不少于800字的文章。

【材料】20世纪50年代，定居美国的钱学森打算回中国，参加祖国的社会主义建设。美国海军次长金波尔得到消息后，千方百计地阻挠钱学森回中国，他在给美国移民局的电报中声称："我宁可把这个家伙枪毙了，也不让他离开美国。那些对我们来说至为宝贵的情况，他知道得太多了。无论在哪里，他都抵得上五个师。"后来，钱学森冲破重重阻挠，终于回到了祖国的怀抱。

知识有无穷力量

美国海军次长金波尔阻挠钱学森回中国，声称："那些对我们来说至为宝贵的情况，他知道得太多了。无论在哪里，他都抵得上五个师。"金波尔所称"至为宝贵的情况"，主要指物理学尖端知识。有尖端物理学知识的钱学森被认为抵得上五个师，可见知识威力无比，作用巨大。

按照客观规律办事，才能获得预期的结果。要按照客观规律办事，就要有知识，因为知识能卓有成效地指导人们认识、掌握规律，更好地认识世界、改造世界。人的实践如果没有科学知识做基础，那就只能是空有一腔热情。光靠这腔热情只能出大力、流大汗，收益甚微，甚至徒劳无功。没有正确的理论指导，还会干出违背客观规律的事来。

我国东汉时代的哲学家王充说："人有知学，则有力矣。"高尔基说："没有任何力量比知识更大。用知识武装起来的人是不可战胜的。"

知识是人类争取自身解放的武器。"五四运动"之所以以青年学生为发端,就是因为知识使他们敏锐地感触到时代的脉搏。"五四运动"的领导者和参加者李大钊、毛泽东、周恩来等,能够首先认识到"阿芙乐尔"号巡洋舰的炮声开创的新纪元,很快地接受了马克思主义,同他们具有丰富的科学文化知识密不可分。没有知识,无产阶级要战胜资产阶级是不可能的。一百多年来的历史证明:没有马克思主义指导,无产阶级革命就不可能取得胜利。德国西里西亚纺织工人起义、法国巴黎革命遭到失败,就是典型的例子。

科学技术是第一生产力,一旦运用到生产实践中去,就会提高生产效率,推动生产发展。当今我国社会中,一种新产品研制成功救活一个工厂,专家、学者帮助一个企业扭转亏损局面的事例屡见不鲜。海南钢铁厂过去"身在宝山不识宝",用世界少有的优质铁矿炼价值低廉的普通铸造生铁,造成极大的浪费,长期背着亏损包袱,每年亏损数额巨大。佛山球墨铸铁研究所所长关洪野向该厂提出了一个科学的咨询方案,该厂采用这一方案,生产新产品"宝岛牌"微锰低磷球墨铸铁用生铁。这种生铁大部分为一组一级一类的优质产品,既解决了华南地区球铁原料奇缺的老大难问题,又使该厂扭亏为盈。

法国科学家巴斯德是微生物学奠基人,他的研究成果给法国带来了经济繁荣,从而使法国在一年之内就还清了50亿法郎的战争赔款,普鲁士想借战争赔款打击法国经济的愿望因此落空。

国外有统计指出,具有小学文化程度能提高劳动效能40%,中学文化程度为108%,大学文化程度则为300%。

我们国家的建设规模越来越大,对科学技术的要求越来越高,经营管理越来越严密,工农业生产越来越向深度、广度发展,文化艺术越来越繁荣,这一切都要求我们有越来越高的知识水平。我们应该明白"一个钱学森抵得上五个师"的道理,学好知识,攀登科学高峰。

◆ 给普通材料作文的写作

给普通材料作文的材料文字较多，审题立意较难，可以多角度立意，是较常见的新材料作文。

写作给普通材料作文应该注意下面四个方面：

1. 阅读分析材料，找出角度

材料是立意构思的基础，犹如树之根、水之源。阅读材料，领会材料内容、主题等是写新材料作文的前提。因此，必须认真阅读材料、分析材料，从而理解材料。需要理解的内容主要有：(1)材料的主题；(2)材料有哪些侧面、角度等。

《钱学森归国》这则材料，通过阅读分析，可以发现它的主题、侧面和角度。其主题是知识有无穷力量。有钱学森和金波尔两个侧面。其角度有：

海外赤子有报效祖国的赤诚之心

科学家无比重要

知识有无穷力量

反动人物仇视新中国

外国反动人物有狭隘民族主义思想

不要做沙文主义者

这样分析之后，就知道有哪些角度可以写了。只要是材料反映出来的角度，选择哪一个都行，因为它们是平等的，没有高下、优劣之分。

2. 选好角度

各个角度虽然是平等的，选择哪一个都行，但是这些角度有的容易写，有的难写。我们必须做比较和权衡，找出容易写的来，或者与自己的生活最贴近，或者所掌握的写作素材最丰富，或者容易编造成文学类文章……总之，哪个容易成文就选哪个。笔者有不少"知识就是力量"方面的素材，所以选择"知识有无穷力量"这一角度，写了《知识有无穷力量》一文。

要防止"扭角度"，即不顾材料的内容、主题，把不贴切的观点与材料强扭在一起。

角度多,选择时容易举棋不定。平时作文,可以从容选择。考试作文,时间紧迫,就要当机立断,哪个角度容易写就选哪个,一般不宜"中途换马"。

3. 确定文体

新材料作文不限制文体,作文时应如何选择、确定文体呢?

(1)看想法。选好角度后,想叙事写人、歌颂某种品德或精神等选择写记叙文,想直陈观点、发表见解采用议论文文体,想抒发感情、呈现情理交融写散文,想针砭时弊、激浊扬清写杂文。

(2)看素材。有相关人物、事情等写作记叙文的素材写记叙文,有可以论证自己看法的事例、道理等写作议论文的素材写议论文。若两者皆无,则看看能否写文学类文章。

(3)看擅长。自己善于叙述、能够娓娓而叙选择记叙文文体,自己擅长逻辑思维、能言善辩选择议论文文体,自己想象力丰富、善于虚构编造选择文学文体……一般来说,初中生以选择记叙文文体(包括一般记叙文、寓言、童话、故事等)为主,高中生则应根据情况来确定。

4. 要把材料用到作文中去

新材料作文要求从材料中选取角度,在作文中用上材料,否则离题。我们可以把材料放在开头,引出话题;可以把它放在中间,作为事情之一或者论据之一;也可以放在结尾处,与题目照应。《知识有无穷力量》把材料放在开头,用来提炼论点。

上述写法也是其他新材料作文的写法。

新材料作文虽然是题型"新秀",但不能只对其情有独钟而轻视其他类型的作文。命题作文、话题作文、新材料作文等各有其优缺点。由一种题型连续多年"一统江湖"过于单调,人们不想再看到这种局面。所以,新材料作文出现后,并不像材料作文、话题作文出现后那样"一枝独秀"。中考以命题作文、半命题作文、新材料作文三足鼎立,话题作文做点缀。高考以命题作文、新材料作文为主,话题作文偶露峥嵘。因此,在作文训练中既要有重点,又要全面兼顾。训练的范围越大越保险。在几乎所有作文都不限制文体的情况下,掌握的文体越多,选择的空间越大,就越容易把文章写出来。

◆ 给普通材料作文题目

(一)阅读下面的材料,根据要求写一篇文章。

当幼鹰长到足够大的时候,鹰妈妈便把巢穴里松软的铺垫全部扔了出去,这样,幼鹰们就会被树枝上的刺扎到,不得不爬到巢穴的边缘。而此时,鹰妈妈就把它们从巢穴的边缘赶下去。当这些幼鹰开始坠向谷底时,它们就会拼命地拍打翅膀来阻止自己继续下落。最后,它们的性命保住了,因为它们掌握了作为一只鹰必须具备的最基本的本领——飞翔!

【要求】(1)根据你对材料的理解,自选角度,自拟题目,写一篇不少于600字的文章。(2)可以记叙经历,抒发感情,发表见解……但不要对材料扩写、续写、改写。(3)除诗歌、戏剧外,文体不限。(4)文章中不要出现真实的地名、校名、人名。(河北省中考作文题)

(二)阅读下面的寓言,按照要求作文。

一头驮着沉重货物的驴,气喘吁吁地请求一匹驮了一点儿货物的马:"帮我驮一点儿东西吧。对你来说,这不算什么;对我来说,却可以减轻不少负担。"马不高兴地回答:"你凭什么让我驮东西?我乐得轻松呢!"

不久,驴累死了。主人将驴背上的所有货物全部加在马背上,马懊悔不已。

读了上面的故事,你一定有很多感受,请自选角度写一篇文章,不少于600字。(湖南省郴州市中考作文题)

(三)阅读下面的材料,按照要求作文。

犹太人经常鼓励自己:"没有卖不出去的豆子。"意思是说:如果豆子没有卖出去,你可以加入水分让它发芽,几天后可以卖豆芽;如果豆芽卖不动,那干脆让它长大,用来当豆苗卖;而如果豆苗卖不出去,则可以移植到花盆里，当作盆景；如果盆景也卖不出去，那么就再次移植到泥土里，让它长大，几个月后，它就会结出许多新豆子……

请认真阅读以上材料，自拟题目，文体不限，写一篇不少于600字的文章。(山东省威海市中考作文题)

(四)阅读下面的文字，根据要求作文。

一个青年来到绿洲，碰到一位老先生，年轻人问："这里如何？"老人家反问："你的家乡如何？"年轻人答："糟透了！我很讨厌。"老人家接着说："那你快走，这里同你的家乡一样糟。"

后来又来了另一个青年问同样的问题，老人家也同样反问，年轻人回答说："我的家乡很好，我很想念家乡的人、花、事物……"老人家便说："这里也是同样的好。"

旁听者觉得诧异，问老人家为何前后说法不一致，老者说："当你以欣赏的态度去看一件事，你便会看到许多优点；以批评的态度，你便会看到无数缺点。"

根据你的联想和感悟，自定立意，自拟标题，写一篇文章。

【要求】(1)文体自定(诗歌除外)。(2)写真情实感，不得抄袭、套写。(3)不少于600字。(4)不要出现真实的人名、地名和校名。(甘肃省兰州市中考作文题)

(五)阅读下面的故事，自选角度，自拟题目，写一篇文章。

有个热爱数学的孩子，每次考试总是得100分。他暗自下决心：长大一定要当科学家。然而，科学家该具备什么条件呢？

一天，他怀着激动的心情，给一位大名鼎鼎的老科学家写了封信，向他提出这个问题。不久，老科学家热情地回信给他，约他在科学院里碰头。

见面后，那位白发苍苍的科学家拿出一张试卷，严肃地说："我考一考你再讲！"孩子紧张地接过试卷，展开一看，在洁白的纸上写着："1+1=?"而且，只有一道试题。

孩子疑惑地看看试卷，又看看老科学家，再看看试卷，左思右想，不敢动笔。

这时,老科学家闪着深邃的目光,和蔼地说:"孩子,为什么不写呢?如果一加一分明是等于二,那么,就应该无论什么情况下,都敢于坚持。记住,这就是科学家最重要的品质!"

【要求】(1)文章不少于500字。(2)文中不能出现真实的人名、校名。(3)严禁抄袭。(内蒙古包头市中考作文题)

(六)4月29日,尚先生把手机落在了出租车上。他随后拨打那部手机,对方接听后立即挂断。他又发短信表示,愿意出2000元"买"回手机。一小时后,尚先生收到回复,说要归还手机。见面后才知道,捡手机的是一位年轻人。尚先生要酬谢他,但对方交还手机后就转身离去了。

当天晚上,记者联系到那位年轻人,年轻人说:"我本来无意归还,但看到手机里的照片和信息,发现机主刚刚给唐山地震灾区汇去一大笔捐款,很受感动。我不能见利忘义,不能用贪心对待爱心。我也要像尚先生那样多一些真诚和友善。"

要求:选好角度,确定立意,明确文体,自拟标题;不要脱离材料内容和含意的范围作文,不要套作,不得抄袭。(广西壮族自治区高考作文题)

(七)阅读下面的材料,根据要求写一篇不少于800字的文章。

一位商人发现并买下了一块晶莹剔透、大如蛋黄的钻石。他请专家检验,专家大加赞赏,但为钻石中有道裂纹表示惋惜,并说:"如果沿裂纹切割成两块,能使钻石增值;只是一旦失败,损失就大了。"怎样切割这块钻石呢?商人咨询了很多切割师,他们都不愿动手,说是风险太大。

后来,一位技艺高超的老切割师答应试试。他设计了周密的切割方案,然后指导年轻的徒弟动手操作。当着商人的面,徒弟一下子就把钻石切成两块。商人捧起两块钻石,十分感慨。老切割师说:"要有经验、技术,更要有勇气。不去想价值的事,手就不会发抖。"

要求选择好角度,确定立意,明确文体,自拟标题;不要脱离材料内容及含意的范围作文,不要套作,不得抄袭。(全国高考作文题)

（八）阅读下面的材料，根据要求写作。

（1）天行健，君子以自强不息。(《周易》)

（2）露从今夜白，月是故乡明。（杜甫）

（3）何须浅碧深红色，自是花中第一流。（李清照）

（4）受光于庭户见一堂，受光于天下照四方。（魏源）

（5）必须敢于正视，才可望敢想，敢说，敢做，敢当。（鲁迅）

（6）数风流人物，还看今朝。（毛泽东）

中国文化博大精深，无数名句化育后世。读了上面六句，你有怎样的感触与思考？请以其中两三句为基础确定立意，并合理引用，写一篇文章。要求自选角度，明确文体，自拟标题；不要套作，不得抄袭；不少于800字。（全国高考作文题）

45. 给正面材料作文

阅读下面三则材料，联系实际，自拟题目，自选文体，写一篇不少于800字的文章。

（1）有人打了这样一个比方：文化知识贫乏的人是次品，身体羸弱的人是废品，思想反动、道德败坏的人是危险品。德、智、体全面发展的人是正品、合格品。一个接班人要做正品。

（2）一个合格的接班人应该是"三士"：立志为共产主义事业而奋斗的"斗士"，有知识、有能力的"智士"，身体强壮的"力士"。

（3）《中国教育改革和发展纲要》在指出我国教育方针时说："教育必须为社会主义现代化建设服务，必须与生产劳动相结合，培养德、智、体全面发展的建设者和接班人。"

必须德、智、体全面发展

"正品""三士"的观点，《中国教育改革和发展纲要》所指出的教育方针，都要求接班人必须德、智、体全面发展。

人的一言一行、一举一动都受思想支配。只有思想好，才能做出对祖国、人民有利的事，才能经得起挫折和考验。思想好，热爱社会主义祖国，才能为建设祖国而努力读书。思想好，热爱人民，才能勤勤恳恳地为人民服务。思想好，立场坚定，意志坚强，才能经受得住种种困难和挫折，在坏思想、坏作风面前不会受腐蚀，在任何艰难困苦的环境里都经受得起考验。思想品德差，对祖国、人民不但不会有贡献，而且会有危害。冯大兴在中学读书时是尖子班中的尖子，在大学读书时是高材生，但后来思想变坏，追求奢侈腐化的生活,甚至发展到去新华书店抢劫、杀人,危害国家财产和人民的生命安全。季子越学习成绩优异,考上中国科学院大学,但是思想反动,发表"支那蠢猪"等骇人听闻的言论,甚至扬言要杀爱国同胞。缺德之人,何其可怕!

知识就是力量。要为国家、人民做贡献,必须有文化,有学问,有技术。投身工业、农业、国防、科技都要有文化知识。就拿投身农业生产来说吧,要在农业生产中做出较大贡献,就得掌握管天、管地、管山、管水、管土、管肥的知识和技术,掌握改良种子、改良土壤、改革农具、改进耕作方法、改进经营管理的知识和本领。一个文盲农民同一个农业科学家的贡献相比,是不可同日而语的。

没有强健的身体,也是不会有大的作为的。身体好,可以为祖国、为人民服务五十年甚至六七十年;身体好,才能坚持每天工作八小时,在工作时精神饱满、干劲冲天,不知疲倦。

道德高尚才能使智、体沿着正确方向发展。有才而无德,"智足以遂其奸,勇足以决其暴,是虎而翼者也"(司马光语)。"一个人的品德,才是才干的主人。"(杨绛语)有真才实学,才能使人的理想、抱负得到实现。"才者,德之资也;德者,才之帅也。"(司马光语)身体强壮,德、才方能充分发挥出来。由此可见,德、智、体三者互相联系、互相促进,以德为帅。

因此,青少年学生应该德、智、体全面发展。

◆ 给正面材料作文的写作

所给材料内容都是积极向上的,称正面材料。根据这种材料完成作文,称给正面材料作文。例如,下面的文字来自一位同学的毕业留言册:

我的自画像:

额头宽了一点儿——思想的野马正好在这里奔跑。

同学留言:

最难忘那次联欢会,你的新鲜点子让我们快乐无比!(同学甲)

你知道我最欣赏你的是什么吗？就是你总能够别出心裁。（同学乙）

我总在想，以你非凡的创造力，10年后会成就一个怎样的你！（同学丙）

恩师寄语：

你的那些富有创造性的见解常常为我们开启另一扇窗！老师感谢你。

结合上述材料的内容和自己的生活体验，自选角度，自拟题目，写一篇不少于600字的文章。文体不限，诗歌、戏剧除外。文中不得出现自己的姓名、校名。（湖北省武汉市中考作文题）

这则材料从自我、同学、老师三方面叙写、议论一个同学，所写内容都是健康向上的。《必须德、智、体全面发展》所给材料都是积极、阳光的。为此，写给正面材料作文应该论述这种健康、正确、阳光的人、事、理等有什么意义、价值。《必须德、智、体全面发展》论述德、智、体全面发展的意义。

如果材料的主题非常单一、鲜明，不论材料只有一则或者有多则，都可以围绕材料主题去写。《必须德、智、体全面发展》一文命题中的材料有三则，都写必须德、智、体全面发展，因而这篇文章围绕材料主题来写。

如果材料之间的联系不很紧密，材料的主题不很鲜明突出，归纳能力不高的同学在思来想去也难以归纳的情况下，可以"一缸水只取一碗饮"，即只选其中一小则、一小段来写。例如武汉市中考作文题，段与段之间联系不很紧密，主题不易一下弄明白，可以只选其中一段容易写作的来写。虽是无奈之举，但不离题。

◆ 给正面材料作文题目

（一）下面是关于读书的几则名言，相信你也有类似的感受。请你选择读过的一本好书（或一份杂志、一张报纸、一篇文章），谈谈你的心得体会和受到的教益。

书犹药也，善读之可以医愚。

读一本好书，就是和许多高尚的人谈话。

读书使人避恶,读书使人向善;读书使人聪慧,读书使人高尚。

书籍是人类进步的阶梯。

【要求】(1)根据上面的提示,自拟题目,写一篇600字左右的文章。(2)文中如需出现人名、校名,请用××代替,否则扣分。(河南省中考作文题)

(二)许多诗句会像阳光一样照亮我们的心灵,让我们为之感动,为之震撼,为之鼓舞,如屈原的"路漫漫其修远兮,吾将上下而求索";王勃的"海内存知己,天涯若比邻";陆游的"山重水复疑无路,柳暗花明又一村";艾青的"为什么我的眼里常含泪水?因为我对这土地爱得深沉";普希金的"假如生活欺骗了你,不要悲伤,不要心急……"

请你自拟题目,或叙述与诗句有关的经历,或谈谈自己从中获得的启迪,写一篇500字以上的文章。不要出现真实姓名和学校名,否则扣分。(广东省中考作文题)

(三)"学做人"是青少年成长中至关重要的课程。下面列出的几条人生准则,哪一条引起了你的共鸣,唤起了你的回忆和思考?请你据此写一篇作文,或写出你初中生活中与这一准则相关的经历和感受,或就你对这一准则的理解谈谈自己的看法。

要接受自己——世间万物都有自己独特的价值,即使是流星也能划破夜空的沉寂,即使是一滴水也能折射太阳的光辉。无论怎样,先接受你自己,试着去发挥自己的优点,挖掘自己的潜力。

要欣赏别人——欣赏别人,是善待他人的一种方式,是以人之长补己之短的明智之举。在欣赏别人的同时,这个世界在你眼中也会变得更加美丽。

要为自己的行为负责——负责任,是一个人最基本的品质。只有当你懂得为自己的所作所为负责,而不是逃避责任或在别人的目光中才勉强承担责任时,你才能真正地长大。

【要求】(1)自拟题目,除诗歌、戏剧外,文体不限。(2)将自拟的题目写在答题卡的相应位置上。(3)文中不得出现所在学校的名称和人物的真实

姓名。(4)600~800字。(北京市海淀区中考作文题)

(四)阅读下面的文字,按照要求作文。

独木不成林/只有千树万树唇齿相依,才有那阵阵松涛/一花不成春/只有千朵万朵压枝低,才有那满园春色/滴水不成流/只有千点万点长聚首,才有那万顷碧波/亲爱的同学,生活又何曾不是如此/生活正是因为有了你,有了我,有了他/有了你、我、他的和谐相处,才五彩斑斓。

根据你对这段文字的理解,联系自己的生活实际,自拟题目写作。

【要求】(1)除诗歌外文体不限。(2)不少于600字。(3)文中不得出现真实的人名、校名、地名。(江苏省盐城市中考作文题)

(五)阅读下面文字,按照要求作文。

苏联宇航员加加林成为世界上第一位进入太空的宇航员,他之所以能脱颖而出,起决定作用的是一个偶然事件。

原来,确定人选前,主设计罗廖夫发现,在进入飞船前,只有加加林一人脱下鞋子,只穿袜子进入座舱。就是这个细节使加加林一下子得到了罗廖夫的好感,他感到这个27岁的青年如此懂得规矩,又如此珍爱其为之倾注心血的飞船,于是罗廖夫决定让加加林执行这次飞行任务。

【要求】自选角度,自定立意,自拟题目,自选文体,不少于600字。(山东省泰安市中考作文题)

(六)阅读下面的文字,根据要求写一篇不少于800字的文章。

2008年5月12日14日28分,四川省汶川县发生里氏8.0级特大地震。

人民的生命高于一切!

胡锦涛、温家宝等党政军领导人迅速赶赴灾区指导抗震救灾。

十多万解放军、武警和公安民警,各省市的救援队、医疗队、工程抢修队迅速进入灾区。港台救援队和国际救援队飞赴灾区。志愿者从四面八方会聚灾区。救援物资从水陆空源源不断运进灾区。

一位中学老师趴在讲台上用生命保护了下面的四个学生。一位失去15个亲人的县民政局局长连续指挥救灾五天,只睡了七个小时。

幸存者的生还奇迹在不断突破,100 小时、150 小时、196 小时……

中央电视台 24 小时播报。19 日 14 时 28 分举国哀悼。一样的爱心,不一样的表达。捐款、献血、义演、关注……

【要求】选择一个角度构思作文,自主确定立意,确定文体,确定标题;不要脱离材料内容及含意的范围作文,不要套作,不得抄袭。(全国高考作文题)

(七)阅读下面的材料,根据要求写一篇不少于 800 字的文章。

经历几年试验,小羽在传统工艺的基础上推陈出新,研发出一种新式花茶并获得专利。可是批量生产不久,大量假冒伪劣产品就充斥市场。小羽意识到,与其眼看着刚兴起的产业这么快就走向衰败,不如带领大家一起先把市场做规范。于是,她将工艺流程公之于众,还牵头拟定了地方标准,由当地政府有关部门发布推行。这些努力逐渐见效,新式花茶产业规模越来越大,小羽则集中精力率领团队不断创新,最终成为众望所归的致富带头人。

【要求】综合材料内容及含意,选好角度,确定立意,明确文体,自拟标题;不要套作,不得抄袭。(全国高考作文题)

(八)阅读下面的材料,根据要求写作。

面对突发的新冠肺炎疫情,国家坚持人民至上、生命至上,果断采取防控措施,全国人民紧急行动。

人们居家隔离,取消出访和聚会;娱乐、体育场所关闭;政务服务网上办理;学校开学有序推迟;公共服务场所设置安全"一米线"。防疫拉开了人们的距离。

城乡社区干部、志愿者站岗值守,防疫消杀,送菜购药,缓解燃眉之急;医学专家实时在线,科学指导,增强抗疫信心;快递员顶风冒雨,在城市乡村奔波;司机夜以继日,保障物资运输;教师坚守岗位,网上传道授业;新闻工作者深入一线,传递温情和力量。抗疫密切了人们的联系。

请综合以上材料,以"疫情中的距离与联系"为主题,写一篇文章。

【要求】选准角度,确定立意,明确文体,自拟标题;不要套作,不得抄

袭；不得泄露个人信息；不少于800字。（全国高考作文题）

（九）阅读下面的材料，根据要求写作。

中国共产主义青年团成立100周年之际，中央广播电视总台推出微纪录片，介绍一组在不同行业奋发有为的人物。他们选择了自己热爱的行业，也选择了事业创新发展的方向，展示出开启未来的力量。

有位科学家强调，实现北斗导航系统服务于各行各业，"需要新方法、新思维、新知识"。她致力于科技攻关，还从事科普教育，培育青少年的科学素养。有位摄影家认为，"真正属于我们的东西，是民族的，血脉的，永不过时"。他选择了从民族传统中汲取养分，通过照片增强年轻人对中国文化的认同。有位建筑家主张，要改变"千城一面"的模式，必须赋予建筑以理想和精神。他一直努力建造"再过几代人仍然感觉美好"的建筑作品。

复兴中学团委将组织以"选择·创造·未来"为主题的征文活动，请结合以上材料写一篇文章，体现你的认识与思考。

要求：选准角度，确定立意，明确文体，自拟标题；不要套作，不得抄袭；不得泄露个人信息；不少于800字。（全国高考作文题）

46. 给负面材料作文

阅读下面三则材料，联系实际，自拟题目，自选文体，写一篇800字以上的文章。

（1）有人说："幸福在哪里？幸福在吃喝玩乐里；吃喝玩乐离不开钱，所以幸福在钱包里。"

（2）钱能使人"无德而尊，无势而热，排金门而入紫阁。钱之所在，危可使安，死可使活；钱之所去，贵可使贱，生可使杀"。（鲁褒《钱神论》）

（3）"有钱就有一切。"

有钱就有幸福？

有人认为幸福在钱包里；有人认为钱可使人升官得势，起死回生；有人认为有钱就有一切。一言以蔽之，有钱就有幸福。

果真是有钱就有幸福吗？

钱得来的途径各有不同，有的靠正常的途径得来，有的靠非法手段得来。靠非法手段得来的钱过日子，他们的幸福是建立在别人的痛苦、集体或者国家的损失之上的。这哪里叫什么幸福？这是罪恶，是奇耻大辱，最终会遭到惩罚，落得可耻、可悲的下场。

中国华融公司原党委书记、董事长赖小民，贪污受贿17.88亿元人民币。17.88亿元，一年花100万元，可花1788年，利息也够他过"神仙生活"。无奈事发，他被判处死刑，并处没收个人全部财产，不但要把贪污受贿的吐出来，还要把命搭上。幸福吗？

靠自己劳动所得、靠自己赚钱过好日子无可非议。但是，是不是靠自己赚钱吃得好、穿得好、住得好、玩得痛快就是幸福呢？未必。因为这只是物质方面的享受，还没涉及精神上的幸福。物质方面的享受只是快乐、幸福的起点，如果仅仅停留在这个起点上，沉湎于此，那就把自己的人生局限在一个可怜的范围内。精神上的幸福要比物质方面的享受更为重要、更为丰富，是任何物质享受也不能取代的。那么，精神上的幸福是什么呢？是为人民的利益、为建设祖国和保卫祖国做出贡献，为社会主义建设事业发光发热，为实现共产主义这个崇高理想而奋斗。我们在工作中有所创造、有所发明，我们在为祖国、为人民做出贡献时，不是感到莫大幸福，感到比吃了蜜糖还要甜吗！马克思生活很贫困，有时甚至身无分文，但是因为能够为无产阶级革命事业而孜孜不倦地工作、奋斗而感到非常幸福。白求恩在加拿大有高级楼房、小汽车、高工资，可以过极其优裕的生活，但是这些都不能使他陶醉，令他满足。他不远万里来到中国，在条件极其艰难、生活极其艰苦的解放区工作，却感到生活很有意义，生命很有价值，觉得无比幸福快乐，"生活得像一个国王""仿佛进了天堂"。

英国科学家韦尔斯和杰克逊对莫顿发明乙醚麻醉技术都曾予以指导，实验获得成功后，他们得到10万美元的奖金。10万美元在当时是不小的数目，但是这笔钱给他们带来幸福了吗？没有。他们因为奖金分配问题打了20年官司，结果杰克逊患了精神病，韦尔斯自杀身亡，莫顿脑溢血丧生。

诺贝尔说："金钱这东西，只要能够解决个人的生活就好，若是过多了，它会成为遏制人的才能的祸害。""蒸汽机之父"瓦特后来成为波尔顿－瓦特公司老板，沉醉于金钱和奢华之中，不但自己不长进，还压制别人的创造，成为科学道路上的绊脚石。

钱可以买到房屋，但买不到家；钱可以买到药，但买不到健康；钱可以买到床，但买不到睡眠；钱可以买到珠宝首饰，但买不到美；钱可以买到娱乐，但买不到愉快；钱可以买到书籍，但买不到头脑；钱可以买到谄媚，但买不到尊敬；钱可以买到伙伴，但买不到朋友；钱可以买到服从，但买不到忠诚；钱可以买到躯壳，但买不到灵魂。所以，有钱并不等于有幸福。

◆ 给负面材料作文的写作

材料所叙写的人物、事情、议论、做法、道理等，均不健康甚至是反动的，称负面材料。根据这种材料完成的作文称给负面材料作文。

写给负面材料作文，要对不正确甚至反动的人、事、议论、做法等予以毫不留情的批评、驳斥。

如果中心意思非常单一、鲜明，不论材料有多少则，都可以围绕材料中心意思去批驳。《有钱就有幸福？》一文命题中的材料有三则，都以"有钱就有幸福"为中心意思，示范作文便围绕这个中心意思进行驳斥。

如果材料的段与段之间、则与则之间联系不很紧密，材料的中心意思不很鲜明突出，难以归纳，可以只选其中一则下笔。

如果写议论文，比较适宜于写驳论，按照写驳论的方法去写。《有钱就有幸福？》便是这样写的。当然，也可以从现实生活中找出类似的人物、事情及其恶果来写记叙文、散文或其他文体的文章。

由于都是负面材料，因此如果写议论文，要分析其实质、危害；如果写记叙类文章，则要写出其恶果。

◆ 给负面材料作文题目

（一）（1）有人说："人为财死，鸟为食亡。人活着就是为了钱，因为有了钱就有一切。有钱能使鬼推磨。"（2）有人说："人活着为了权。有权就有一切——有了权，钱、物会源源而来。"（3）有人说："人活着为了名，'雁过留声，人过留名'。大丈夫不流芳百世，也要遗臭万年。"

可以分析这三种说法的共同点，抓住其实质进行批驳，写一篇驳论。也可以只选其中一种说法或一个角度写驳论、记叙类文章，或者写小说，编故事。不少于800字。

（二）无论哪个国家，曾经有过多少太平盛世，就有过多少战争离乱。战争，让多少百姓离开家园，让多少家庭妻离子散，"伏尸百万，流血漂橹"，这是何等惨烈的场面！可统治者为了一点贪欲就把广大平民百姓推进战争的深渊！时至今日，战争仍然像噩梦般伴随着人类，以色列和巴勒斯坦冲突不断，非洲和南美的部分国家战乱频繁，还有以美国为首的多国部队发动的南斯拉夫战争、阿富汗战争、伊拉克战争。看看那些无辜平民的鲜血，看看那些无家可归的孩子的眼泪，我们每一个爱好和平的人都无法容忍。

根据你对材料的理解写一篇文章，文体不限，题目自拟。

（三）骆驼在沙漠里踩到一块小小的玻璃。因为脚掌被硌了一下，它愤怒地踢了玻璃，结果被划了一道很深的口子，流出鲜血。

鲜血引来秃鹰，骆驼慌忙奔跑。奔跑牵动伤口，一路流了更多的血。不想又遇到一处食人蚁的洞穴。食人蚁闻到血腥，倾巢而出，黑压压向骆驼扑去，眨眼间，骆驼只剩下一堆白骨。一次情绪失控，心态消极，竟让骆驼葬身沙漠。

生活中，处处可见"一块小小的玻璃"，如果无法调整心态，看不开，放不下，一次失控就可能引发一系列"不可控"的事件，最终陷入失败境地。

根据你对材料的理解写一篇文章，自拟题目，自选文体，800字以上（诗歌50行以上）。

（四）阅读下面一则幽默诙谐的故事——《接电话线》，按要求完成作文。

一位年轻律师在城东的一条繁华街道新开了一家律师事务所，他花了很大的一笔资金装修了他的事务所，买了一架豪华的电话机。现在这架电话机正漂亮地在写字桌上亮相。

秘书报告，一个顾客来访。对于首位顾客，年轻律师按规矩让他在候客室等了一刻钟。顾客等了一刻钟后来到，律师拿起了电话听筒。为了给客人更深刻的印象，他回答了一通极为重要的电话："尊敬的总经理，我已对他说了，我们只是彼此浪费时间罢了。……当然，我知道，好的。……如果您一定要坚持的话，……可是您要明白，低于2000万元，我不能接受。……好，我同意。……以后再联系，再见。"

他终于挂上了电话。在门口站着不动的顾客，好像非常尴尬。"请问你有什么事?"律师微笑着问这位局促不安的客人。客人犹豫了半晌,低声说:"我是技术工人,公司派我来给你接电话线。"

根据你对材料的理解,选取你感受最深的一点,自定中心、自拟题目、自选文体写一篇文章。可以记叙经历(讲述故事),抒发感受,发表见解……但一定不要对原材料进行扩写、续写或改写。

提示与要求:

(1)为突出你的个性,请选择你最能驾驭的文体(诗歌除外),写你最熟悉的内容,尽量写出你的真情实感(或表达你独特的见解、主张),千万不要抄袭或套作!(2)为了更好地表达你的意思,使你的文章内容充实,文章不要少于600字。(3)为了便于教师评阅你的文章,请注意:格式正确,书写工整,标点恰当,卷面整洁,尽量少写错别字,少出病句。(4)你的文章中不要出现真实的人名、地名、校名等信息。(四川省眉山市中考作文题)

(五)阅读下面的材料,自拟题目,自选角度,结合实际写一篇文章。

在"六一"儿童节即将到来之际,某报社记者在小学生中进行了问卷调查,下面选载的是两位同学的发言记录:

学生一:我知道,做错了事,家长批评是对的,但是他们总是当着别人的面说我有多么多么不好,这很伤我的自尊心。我对他们说过,在家批评我就行了,不要总当着别人的面说我不好,小孩子也是有尊严的。

学生二:有一次我被父母误解了,妈妈狠狠地批评了我一顿,爸爸竟然要扬起手抽我。后来事情澄清了,他们缄默了。我想,要是我,我就会说声"对不起"。可是他们却始终没说。如果他们能够说一声"对不起",我该多么高兴啊!

【要求】(1)要有真情实感,努力做到有新意、有创见。(2)除诗歌外,文体不限。(3)字数不得超过稿纸的格数。(4)文中不得出现真实的地名、校名和人名。(吉林省中考作文题)

47. 给正负兼有材料作文

阅读下面的材料，分析其共同点，写一篇800字以上的文章，文体自选，题目自拟。

（1）有一则叫"小猴子追兔子"的寓言，大意是：小猴子下山觅食，见到熟透的苹果，立即爬上去摘。摘了几只，看见不远处有玉米，它丢下苹果去摘玉米。摘了几根玉米后，它高高兴兴地往回走。忽然，它看见不远处有西瓜，便丢掉玉米，去摘了一只又大又熟的西瓜。当它正想往回赶的时候，发现不远处有一只小兔子窜过。它喜出望外，扔掉西瓜去追兔子。但是追了好长时间也没追上，最后只好空手回去。

（2）两个猎人上山狩猎，各碰到一群兔子。一个猎人瞄准其中一只放了一枪，竟打中了两只。另一个猎人东追西赶，结果却一无所获。

（3）井冈山革命根据地军民反"围剿"时，敌强我弱，敌众我寡。在毛泽东同志的正确指挥下，集中优势兵力，各个击破，打歼灭战，一次次战胜强敌。后来，博古、李德要红军四面出击，使红军伤亡惨重。

做事必须目标专一

小猴子见异思迁，结果空手而归。两个猎人中专射一只兔子者得二，东追西赶者一无所获。红军集中优势兵力，各个击破，一次次战胜强敌，而四面出击则伤亡惨重。这三个事例证明了一个共同的观点：做事必须目标专一。

我国古代思想家荀子在《劝学》中以"鼯鼠五技而穷"告诉我们：学务必专。鼯鼠是鼠的一种，据说它看到松鼠飞蹿、野猫上树、鸟儿凫水、虎狼奔跑、兔子打洞都跟着学。它本想艺多超群，但结果事与愿违：能飞却不能飞上屋,能爬却不能爬到树顶,能游却不能渡谷,能打穴但是所打之穴却不能掩身,能走却不能先人。

春秋时候,楚国人养由基很会射箭。楚王仰慕他的箭法,便拜他为师。经过一段时间的学习,楚王约养由基去打猎,想显示一下自己的本领。到了野外,人们把芦苇里的野鸭轰出来,让楚王射。楚王搭箭刚要射,左边跳出一只黄羊。楚王觉得射黄羊比射野鸭容易,便连忙瞄准黄羊。刚瞄准,右边跳出一只梅花鹿。楚王想:梅花鹿比黄羊价值大,于是又想射梅花鹿。这时,天上飞来一只老鹰,楚王觉得射老鹰更能显示自己的才能,就向老鹰瞄准。可是,弓还没张开,老鹰已飞远了。楚王拿着弓比画了半天,结果什么也没射到。

王羲之的书法炉火纯青、出神入化,笔力入木三分。司马迁写出"史家之绝唱,无韵之《离骚》"的《史记》。修瑞娟在微循环系统研究中一鸣惊人,中外瞩目。他们有谁不是目标专一、矢志不移的呢?他们有谁不是几十年甚至一辈子"孜孜而求之"的呢?

人的生命只有几十年,时间和精力都很有限,可是世上的事物错综复杂,其本质不易在短时间内认识,其规律性不易在短时间内掌握。只有通过长期观察、研究,反复实践,不断总结,才能认识事物,掌握规律,掌握某一门技术或精通某一学科,取得成功。在"知识爆炸"的今天,各学科新知识如潮水般涌来,当代科技情报出版物10到15年翻一番,要精通一门学科,就得目标专一,做到"衣带渐宽终不悔,为伊消得人憔悴"。

荀子在《劝学》中说:"锲而不舍,金石可镂;锲而舍之,朽木不折。蚓无爪牙之利,筋骨之强,上食埃土,下饮黄泉,用心一也。蟹六跪而二螯,非蛇鳝之穴无可寄托者,用心躁也。"清代戏剧家李渔说:"专则生巧,散乃入愚。"德国诗人歌德说:"一个人不能同时骑两匹马。……聪明人会把凡是分散精力的要求置之度外,只专心致志地学一门。"英国哲学家维特根斯坦说:"天才不是比旁人多了什么,而是他们善于将注意力集中起来,聚焦至燃点。"

不管你出身如何、相貌如何、学历如何，只要你能把握一个方向，坚定地走下去，成功便会近在咫尺，你的生命和生活才会有收获、有意义。如果朝三暮四，最终将庸碌一生，一事无成。

总之，做事情绝不能朝秦暮楚、见异思迁，而必须目标专一、矢志不移。

◆ 给正负兼有材料作文的写作

材料有的只有一则，有的有好几则，所叙做法、观点有的正确，有的不正确，称正负兼有的材料。《做事必须目标专一》前面的材料有三则：第一则所叙小猴子的做法是不正确的；第二则中第一个猎人的做法正确，第二个猎人的做法不正确；第三则所叙做法有正确的，也有不正确的。

对于这种材料，要分析其不同之处。以此三则材料为例，其不同之处是：目标专一则成功，目标不专一则失败。写作时常用正反对比的论证方法，论述正确做法或观点之正确，分析不正确做法或观点之错误。《做事必须目标专一》便是这样写作的。当然，也可以只论述正确的做法、看法，或者只批驳不正确的做法、看法。不写议论文，写其他文体也可以。

◆ 给正负兼有材料作文题目

（一）阅读下面的材料，写一篇800字左右的文章。题目自拟，文体自定。

（1）根据康熙十四年黄百家作的《内家拳法》和雍正年间曹秉仁编的《宁波府志》，明末清初确有"内家拳"称霸武林之事，并有拳师王征南打遍天下无敌手的记载。黄宗羲曾作《王征南墓志铭》，这一有力的物证尚存于《宁波府志》中。然而，由于武林单门相传、自神其术的原因，这种拳法未能完整、系统地留传下来，正宗"内家拳"已失传。

（2）老舍先生在一次会议上说，他曾认识一位武林高手，擅长使枪，尤其擅长本家秘传的"断魂枪"。曾有人多次上门求教，均遭拒绝，原因是祖上有遗训：绝招只传本家人。后来此人一家遭病，父死儿亡，"断魂枪"也就失传了。

（3）太极拳形成于河南陈家沟。清末陈家沟农民陈露禅到北京公开教拳，他不神其术，也少门户之见，允许门徒有所更新发展。几十年间，太极拳流派达11种之多。中华人民共和国成立后，国家体委组织专家整理，进而编成"简化太极拳"。现不仅国内有千万人练太极拳，而且海外也有大量爱好者。国外有人将太极拳运动称为中国对世界体坛的重大贡献。

（二）从前，在临海一个地方有两块宝地。一块土地肥沃，非常适合种植物；另一块土地却缺乏水分，不宜种植。

一位农夫看见这两块地，打算在其中一块的空地上种一些树。于是，他走到甲地上，问："请问，我能在这里种树吗？""不行。"甲地主人愤怒地说。农夫去到乙地，问："请问，我能在这里种树吗？""哦，当然可以呀。"乙地主人高兴地说。由于乙地干旱，因此要种树并不容易。农夫在乙地种上果树后，每天勤劳灌溉。过了一段时间，这里长出了一片绿油油的树苗。这时，甲地主人对乙地主人说："你真傻，让农夫在你田上种树，你可能因此永远不能见天日了。"乙地主人说："我是为了让后人乘凉。""让后人乘凉？那你就更傻了。哈哈哈……"甲地主人大笑起来。

后来，刮起一场风暴，汹涌的海浪冲上岸边，甲地被海浪冲得面目全非，而乙地因被树根抓牢，避免了风暴之灾。

根据上文内容，自拟题目，写一篇不少于800字的文章。文体不限，立意自定。

（三）阅读下面的材料，按照要求作文。

父亲欲对一对孪生兄弟做"性格改造"，因为其中一个过分乐观，而另一个则过分悲观。一天，他买了许多色泽鲜艳的新玩具给悲观的孩子，把乐观的孩子送进了一间堆满马粪的车房里。第二天清晨，父亲看到悲观的孩子正泣不成声，便问："为什么不玩那些玩具呢？""玩了就会坏的。"孩子仍在哭泣。父亲叹了口气。他走进车房，却发现那乐观的孩子正兴高采烈地在马粪里掏着什么。"告诉你，爸爸，"那孩子得意洋洋地向父亲宣称，"我想马粪里一定还藏着一匹小马呢！"

【要求】(1)体裁不限。(2)不少于600字。(3)文中不要出现真实的人名、地名等。

(四)阅读下面的材料，联系实际，任选一个角度，自定立意，自拟题目，然后写作。

一名画家在小时候兴趣非常广泛，样样都想拿第一，结果却一无所获。于是他的父亲拿来一个小漏斗和一捧玉米，当父亲抓起满满一把玉米粒放到漏斗里面，玉米粒相互挤着，竟一粒也没有掉下去。父亲意味深长地对他说："如果这个漏斗代表你，你每天都能做好一件事，那么每天都会有一粒种子的收获和快乐。可是，当你想把所有的事情都挤到一起来做，反而连一粒种子也收获不到了。"

【要求】(1)除诗歌外，文体不限，不少于600字。(2)卷面整洁，书写规范。(3)文中不得出现真实的人名、校名。(云南省曲靖市中考作文题)

48. 给见仁见智材料作文

【材料】一群同学在教室里争论成才的条件。

有人说:"成才靠优越的条件。良好的家庭、优异的学校、优越的社会能使人顺利成才,从而使人才辈出。"

有人说:"逆境也能造就人才。张海迪、奥斯特洛夫斯基、贝多芬、海伦·凯勒等无数人如果不是身处逆境,那就很可能是平凡的你、我、他了。"

有人说:"机遇出人才。不少人本来很有才华,但因无机遇而默默无闻,只有像华罗庚、陈景润等少数碰上慧眼识珠的人,才能脱颖而出。"

你的看法如何?请写一篇文章谈谈你的看法,题目自拟,800字以上。

主观努力是成才的主要因素

一群同学讨论成才问题,持顺境出人才、逆境出人才、机遇出人才观点的都有。他们的看法各有一定的道理,但又各有一定的片面性。因为客观条件虽然是成才的重要因素,但并非成才的主要因素,主要因素是自己的主观努力,而他们讨论的则多是客观因素。

唯物辩证法告诉我们:物质第一,精神第二。不承认客观条件对成才的作用便不是唯物主义者。但是,不论什么样的客观条件,都是外因,而外因只是事物发展的条件,内因才是事物发展的根本。因此,必须发挥主观能动作用,不断拼搏进取,才是成才的根本条件。人和其他动物的不同点就在于,人不任由自然摆布。环境不好、条件差,可通过自己的努力改造环境,创造条件,经过奋斗最终到达成功的彼岸。客观条件优越对希冀成才、勇于拼搏的人来说是成才的阶梯,但对不愿拼搏者来说却是醉生梦死的温床、消磨意志的麻醉剂。

"文王拘而演《周易》；仲尼厄而作《春秋》；屈原放逐，乃赋《离骚》；左丘失明，厥有《国语》；孙子膑足，兵法修列；不韦迁蜀，世传《吕览》；韩非囚秦，说难孤愤；诗三百篇，大抵贤圣发愤之所为作也。"马克思家庭贫寒，儿子患病无钱医治，夭折时无钱下葬。可就在这样的环境中，他既在理论上又在实践中指导无产阶级革命事业，取得无与伦比的业绩。逆境可以成为磨砺意志的砥石、促人成才的激素，也可以成为前进道路上令人望而却步的障碍或"难以成才"的借口。不少人遭到困厄后一蹶不振，任由命运摆布，颓丧甚至自杀便是明证。

优越的社会制度、良好的机遇为人才的涌现提供了有利条件，不少人在顺境中崭露头角。但是，也有不少人在顺境中走向深渊。李云迪获得第14届肖邦国际钢琴赛冠军，登上中央电视台春节联欢晚会，连续发行十余张专辑。初露头角使他忘乎所以，飘飘然，行为不检点，触犯法律，身败名裂，艺术生涯戛然而止。顺境、机遇、优越的社会制度没有让他真正成才。

如果顺境出人才的话，那么在顺境中的人都应是人才了；如果逆境出人才的话，那么身处逆境的人都应成才了；如果机遇出人才的话，那么碰到机遇的人都应是人才了。然而，事实是这样的吗？可见，客观条件并非成才的主要因素，成才的主要因素是主观努力。因此，无论身处顺境还是身处逆境，都不应该忘记"主观努力"这四个字。

◆ 给见仁见智材料作文的写作

见仁见智材料指对同一事物有不同观点的材料，这些不同的观点是"仁者见仁，智者见智"，各自成理，但往往又有一定的片面性。根据这样的材料写的文章，就是给见仁见智材料作文。例如，阅读下面的材料，按照要求作文。

怎样才能实现自己的理想？有人说需要合作；有人说需要坚持不懈；有人说需要克难奋进；有人说需要竞争；有人说需要理解宽容；有人说需要博

爱团结……

怎样才能实现自己的理想呢？

请你结合上述材料，围绕其中的一个或者几个角度写一篇文章，不少于800字。文题自拟，文体自选，立意自定，不得抄袭。（广东省湛江市中考作文题）

写这样的材料作文，要在见仁见智观点的比较中，提炼出一个新观点来，作为自己文章的主旨。如《主观努力是成才的主要因素》，根据"逆境出人才""顺境出人才""机遇出人才"的不同观点，经比较分析后，提出了"主观努力是成才的主要因素"的观点，作为文章的中心论点。

在语言表达方面，要注意准确、中肯。因为是"见仁见智"的观点，不能武断地否定，而要先说这些看法各有一定道理，再说"有一定的片面性"或"不够全面"。《主观努力是成才的主要因素》的开头就是这样写的。

这是针对写作水平高的同学而言的，尤其是针对写作水平高的高中生而言的。因为他们有这种能力，这样写可以写出有广度和深度的文章来。初中生、写作水平一般的高中生可以不这样写，而采取"攻其一点，不及其余"的写法：在顺境成才、逆境成才、机遇出人才中选择一种来写。写广东省湛江市中考作文题，可以在合作、坚持不懈、克难奋进、竞争、理解宽容、博爱团结中选择一种来写。因为新材料作文可以任选一个角度来写，所以这样写也不会离题。

◆ 给见仁见智材料作文题目

（一）阅读下面的材料，分析各人看法，然后选择一个角度作文，不少于800字。

要不要回头看？

有人说："在前进的道路上，只要认准了目标，就应该像赛跑运动员那样一往无前，而不要左顾右盼，更不要回头看，以免分散精力，动摇意志。"

有人说："在前进时要不断回头看，看自己的优点，看自己一天比一天好的成绩,一天比一天大的进步,以增强信心、勇气,鼓舞自己继续前进。"

有人说:"前进时应回头看,但不是看自己的优点、成绩,而是看自己的缺点、错误,从中吸取教训,修正自己前进的方向,更好地前进。要是只看自己的成绩,会产生骄傲自满的情绪,阻碍自己前进。"

(二)苏轼说:"不识庐山真面目,只缘身在此山中。"有人却说:"要识庐山真面目,就得身在此山中。"

请写一篇文章,说说你的看法。题目自拟,不少于800字。

(三)阅读下面的材料,完成作文。

一个经历过世态炎凉的企业家说:"人的尊严靠财富。"

一个经历过冤案折磨的老年人说:"人的尊严靠法制。"

一个经历过艰辛研究的学者说:"人的尊严靠知识。"

一个经历过几十年探索的哲人说:"人的尊严靠思想。"

看来,不同经历的人,对"尊严"各有各的理解。你是如何理解"尊严"的?请写一篇文章,可以写经历、体验、感受、看法和信念,也可以编写故事、寓言等等。

【要求】(1)立意自定。(2)文体自选。(3)题目自拟。(4)不少于800字。

(四)阅读下面的材料,根据要求作文。

诗人吴桂君在《喜欢一个人》里写道:"喜欢一个人,始于颜值,陷于才华,忠于人品……"

古希腊哲学家亚里士多德说:"俊美的相貌是比任何介绍信都管用的推荐书。"

法国作家雨果说:"唯有人的心灵才是起初的。严格说来,相貌不过是一种面具,真正的人在人的内部。"

要求:综合材料内容及含意,写一篇不少于800字的文章。注意自选角度,确定立意,明确文体,自拟标题;不得套作,不得抄袭。

(五)阅读下面的文字,按要求作文。

探究是我国现行课程标准倡导的学习方式之一,常常出现在课堂、实验室或课外学习过程中。有的同学觉得,探究给自己留下了一段难忘的学习经历;有的同学认为,探究是一种重要的学习方式;有的同学则抱怨,探究在教学活动中往往流于形式……

对课内外学习中的探究,你有何体验、见闻或思考?请自选角度,自拟题目,写一篇文章。要求:(1)写记叙文或议论文;(2)不得透露个人信息;(3)不得抄袭,不得套作;(4)不少于700字。(江西省高考作文题)

(六)阅读下面的文字,根据要求作文。

有一个人白手起家,成了富翁。他为人慷慨,热心于慈善事业。

一天,他了解到有三个贫困家庭,生活难以为继。他同情这几个家庭的处境,决定向他们提供捐助。

一家十分感激,高兴地接受了他的帮助。

一家犹豫着接受了,但声明一定会偿还。

一家谢谢他的好意,但认为这是一种施舍,拒绝了。

【要求】(1)自选角度,确定立意,自拟题目,文体不限;(2)不要脱离材料内容及含意的范围;(3)不少于800字;(4)不得套作,不得抄袭。(广东省高考作文题)

(七)阅读下面的材料,根据要求写一篇不少于800字的文章。

"山羊过独木桥"是为民学校传统的团体比赛项目。规则是,双方队员两两对决,同时相向而行,走上仅容一人通行的低矮独木桥,能突破对方阻拦成功过桥者获胜,最后以全队通过人数多少决定胜负。因此,双方相遇时,会像山羊抵角一样,尽力使对方落下桥,自己通过。不过,今年预赛中出现了新情况:有一组比赛,双方选手相遇时,互相抱住,转身换位,全都顺利地过了桥。这种做法当场就引发了观众、运动员和裁判员的激烈争论。

事后,相关的思考还在继续。

要求选好角度,确定立意,明确文体,自拟标题;不要脱离材料内容及含意的范围作文,不要套作,不得抄袭。(全国高考作文题)

49. 命题材料作文

无限的过去以今天为归宿，无限的未来以今天为起点。被耽误了的昨天，只有通过今天的努力才能夺回；美好的未来，与今天的工作紧紧联系在一起，是今天奋斗的结果。今天既可发展昨天，又可为明天奠基。它起着承前启后的作用，是时间三部分中最关键的部分。

请以《今天》为题目写一篇文章，不少于800字，文体不限。

今天

今天是昨天、今天、明天中最关键的时间。

人生长河，是由许多"今天"组成的。它既是推你驶向事业成功彼岸的波涛，也是将你抛至无所作为浅滩的恶浪。它好比是一张空白支票，在那上面可以填很小的数目，也可以填很大的数目。它可以是一张废纸，也可以是一幅价值连城的书画，价值巨大得令人惊异。它是"波涛"还是"恶浪"，它的实际价值的大小，关键在于人们怎样利用它。它给"从今日始"者带来知识、财富、创造、贡献，给懒惰者带来烦恼、失望、悲叹。

司马光为了让自己有更多时间钻研史料，自制了一个很容易转动的"警枕"。每当累了，他便去休息。休息了一会儿，"警枕"一转转过来，就把他弄醒了，他便又起来学习、工作。他如此善于利用时间，终于编成了《资治通鉴》这部史书。

作家姚雪垠"壮怀常伴荒鸡舞，寒夜熟闻关上钟"，每天学习、工作十几个小时。数十年来，不管是严冬还是酷暑，每天早上三点就起床工作，从不间断。《李自成》这部脍炙人口的长篇历史小说，就是他抓紧分分秒秒写成的。

1815年6月17日，拿破仑在击败普鲁士军队后，错误地让军队休息了一天，18日才开始进攻固守在滑铁卢的英军，结果给了英军构筑工事的时间。在18日那天的战斗中，英军的工事起了重要作用。滑铁卢一战的惨败，使五次打退反法联盟的拿破仑陷入绝境，不得不自动退位。试想，如果拿破仑能够抓住"今天"进攻英军，或者英军也休息一天，第二天再修筑工事，那么欧洲的历史可能就不同了。拿破仑说的"不惜寸阴于今日，必留遗憾于明日"，可谓有感而发。

许多人对今天总是抓不住，原因之一是总寄希望于"明天"，让今天的时间悄悄地流逝了。苏联教育家苏霍姆林斯基指出："明天，是勤劳的最危险的敌人。"西班牙作家塞万提斯说："取道于'等一等'之路，走进去的只能是'永不'之室。"水去汩汩流，花落日日少，成事立业在今日，莫待明朝悔今朝。

若想在事业上有所成就，就得在今天"迫不及待"地学习、工作。

◆ 命题材料作文的写作

命题材料作文，命题者既给材料又给题目的作文。

新材料作文的"四自"容易给套题、抄袭行为提供机会，为此出现了命题材料作文。

命题作文与命题材料作文的区别：

（1）命题作文只有命题，命题材料作文既有命题又有材料。

（2）命题作文根据题目确定主题或论点，命题材料作文根据材料和题目确定主题或论点。

（3）写命题作文可一开头就点明主题或论点，写命题材料作文要概述材料后再点明主题或论点。

命题材料作文的题目有些较为具体，例如本文作文题（二）中的《在尝试中成长》；有些较空泛，例如本文作文题（一）中的《凝聚》、题（三）中的《开端》。题目较空泛的话，可参照"范围型议论文"写法写作。

◆ 命题材料作文题目

（一）凝聚亲情才会有幸福的家庭，凝聚友情才会有温馨的集体，凝聚爱心才会有和谐的社会，凝聚智慧和力量才能战胜困难、实现理想……

请以《凝聚》为题写一篇作文，不少于600字，除诗歌外文体不限。（北京市中考作文题）

（二）在成长的道路上，尝试是人生的必修课。比如：尝试着举手发言，尝试着参加竞赛，尝试着克服困难，尝试着宽容待人……每一次尝试不一定都成功，但一定会有所收获。在尝试中，我们的智慧得到增长，能力得到提升，人性得到升华。勇于尝试吧，让我们在尝试中成长。

请结合自己的生活和体验，以《在尝试中成长》为题写一篇作文。

要求：（1）文体不限（诗歌除外）。（2）不少于600字。（3）文中不得出现真实的人名、校名、地名。（福建省福州市中考作文题）

（三）开端即开始，万事万物皆有起始。春，是一年四季的开端；晨，是一日生活的起始。努力走出失败的阴影，也许迎来的是成功的曙光，也是一种开端。迈开艰难的第一步，会迎来习惯成自然的收获，这也是一种开始。开始蕴含着希望，好的开始，是成功的一半。

请以《开端》为题，写一篇文章。

要求：（1）文体不限，诗歌除外。（2）500字以上。（3）文中不得出现真实的地名、校名、人名。（海南省中考作文题）

（四）《说起梅花》表达了作者对梅花"深入灵魂的热爱"。在你的生活中，哪一种物使你产生了"深入灵魂的热爱"，这样的热爱为什么能深入你的灵魂？

请以《深入灵魂的热爱》为题作文。

【要求】自选一物（植物、动物或器物，梅花除外），可议论，可叙述，可抒情，文体不限。将题目抄写在答题卡上。（北京市高考作文题）

50. 任务驱动型作文

中国人民解放军第四军医大学学员张华，在一个老农掉进粪池后，毫不犹豫地跳下粪池，把老农救上来，而他却不幸牺牲。他的事迹传开后，有人称颂他见义勇为、舍己救人，是时代楷模；有人却说：被救者是个69岁农民，而张华是个年轻有为的大学生，他下粪池救老农是拿金子换石子，不值得。

请你为《中国青年报》的"青年话题"栏目写一篇文章，谈谈你对此情境的思考。自拟题目，自选角度，自定文体；不得抄袭，不要套作；不得泄露个人信息；800字以上。

拿金子换石子？

中国人民解放军第四军医大学学员张华，因下粪池救老农而牺牲。他的事迹传开后，有人称颂他舍己救人，是时代楷模。有人却认为他下粪池救老农是拿金子换石子，是不合算的。我认为前者正确，后者错误。

张华救人的根本价值在于他实践了高尚的道德准则。张华虽然牺牲了，但他舍己救人的精神、高尚的道德品质，陶冶了人们的情操，激励人们献身现代化事业，形成了巨大力量。张华的事迹被报道后，向张华学习的书信、稿件从四面八方寄到报社，许多大学生、青年都表示要向他学习，以实际行动悼念张华，努力做一个心灵美的人。这种力量，是能用金子买得来的吗？

张华的行动充分表现了社会主义社会人与人之间的友爱关系，表现出社会主义社会青年一代美好的心灵，表现了我国人民见义勇为、舍己救人的高尚品德。如果人人都像张华那样，处于危险境地的人就能得救，人与人之间的关系就会融洽，社会主义社会就会更加和谐。如果人人都见死不救，彼此漠不关心，遇险的人能得救吗？共产主义精神能得以发扬吗？

按照"大学生生命价值比老农大，老农遇险，不必'拿金子换石子'"的观点类推，大学生落水，研究生大可心安理得地扬长而去；教授看到研究生遇险，也不妨视而不见地走开；70岁的农民掉进粪池里，只能由70多岁的农民去救；年老的父母遇险，子女可以眼睁睁地看着父母命归黄泉。试想，如果一个人的价值愈大就愈不能扶危济困，急人之急，那么这种价值于国于民有多大作用呢？显然，这是明哲保身的个人主义思想。

当今社会，见义勇为的人比比皆是。以下水救人为例：2020年7月26日晚，福建泉州马场教练蔡良兴等人在海边骑马时，看到一名男孩被海水冲到两百多米远。三名勇士立即骑着马下海，将这名12岁少年救上岸。其中两人的马不幸死亡。新疆马场主巴哈木拉提得知消息后，捐赠伊犁马给蔡良兴。2020年10月8日，四川广元市苍溪县嘉陵江畔，两名女子突然坠江。民警李雨阗奋勇跳江施救，不幸被汹涌的江水冲走。派出所里，一面面锦旗赞颂英雄为保护百姓安全、维护社会稳定做出重要贡献。网络上，人们动情地留言悼念逝去的英雄。

爱因斯坦说："人只有献身于社会，才能找出那短暂而又有风险的生命意义。"鲁迅说："将血一滴一滴地滴过去，以饲别人，虽自觉渐渐瘦弱，也以为快活。"这些话是对无私奉献精神的赞颂，也是对"拿金子换石子"看法的否定。

◆ 任务驱动型作文的写作

命题材料作文虽然加大了限制，防止了套作，但仍不能激发学生思考的积极性，仍旧难以让他们写出自己的真情实感、真思实想，因而出现任务驱动型作文。

任务驱动型作文在材料中有真切的生活情境，在"要求"中提出明确的指向性任务，意在增强写作的目的性，重在考查学生对事物或社会现象的看法、思维的深度与广度。例如，2015年全国新课标Ⅰ卷作文题要求考生对"女儿举报"事件给有关方面写信来入情入理地谈问题、讲道理；Ⅱ卷作文题要求考生在深入思考"当代风采人物"推选标准的基础上，优中选优，展示自己的标值判断。又如，本文要求考生就张华救人一事为《中国青年报》的"青年话题"栏目撰稿。通过这些任务型指令，考查学生的真实作文能力。

"它提供给写作者的不是一个现成的'观念'，不是一个与己无关的'话题'，而是一个具体的、复杂的、有驱动性的社会生活情境，牵动着他的喜怒哀乐，激励着他去辨析其中的是非善恶。""能让写作从'虚拟'走向'现实'，从'应试'走向'实践'。真实亲切的生活情境，切实存在的复杂问题，实有可能的写作任务，都让学生'有话想说'。这不仅有利于根治'假大空'，也有利于真正培养和提升他们运用知识、解决问题的综合素养，实现写作教学的育人功能。"（《语文学习》2021年第2期第60、61页）

写这种作文要从材料中抽取"核心立意"、关键词句来拟出标题。《拿金子换石子？》就是这样拟题的。

文章开头要引述材料，然后表明态度、观点。《拿金子换石子？》第一段便是这样写的。

要紧紧围绕所表明的态度、观点展开论证。

力求联系实际。

要有明确的身份意识。近几年来的全国卷的任务驱动型作文，都强调身份意识。例如，2019年全国Ⅰ卷，"面向本校（统称'复兴中学'）同学写一篇演讲稿"。2019年全国Ⅱ卷，"以青年学生当事人的身份完成写作"。2020年全国Ⅱ卷，"'世界青年与社会发展论坛'邀请你作为中国青年代表参会"。2020年全国Ⅲ卷，"毕业前，学校请你给即将入学的高一新生写一封信，……与他们分享自己的感悟与思考"。2020年新高考Ⅰ卷，"请结合材料内容，在学生、教师、家长中任选一种身份，写一篇发言稿"。因此，写作时要有明确的身份意识，否则写不出符合要求的文章来。笔者在写《拿金子换石子？》时，便注意自己是《中国青年报》"青年话题"栏目的作者这一身份。

◆ 任务驱动型作文题目

（一）阅读下面的材料，根据要求写作。

清朝著名诗人袁枚在《随园诗话》中说："学问之道，四子书如户牖，九经如厅堂，十七史如正寝，杂史如东西两厢，注疏如枢阃，类书如橱柜，说部如庖湢井匽，诸子百家诗文词如书舍花园。厅堂正寝，可以合宾；书舍花园，可以娱神。"提倡读书应广读博览，力避偏废。

清朝著名书画家、文学家郑板桥在《板桥家书》中则说："眼中了了，心下匆匆，方寸无多，往来应接不暇，如看场中美色，一眼即过，与我何与也？千古过目成诵，孰有如孔子者乎？读《易》至韦编三绝，不知翻阅过几千百遍来，微言精义，愈探愈出，愈研愈入，愈往而不知其所穷。"强调读书贵专，要取其之神。

博览群书和读书贵专，你认为哪一个更重要？在理智中学高三年级开展的读书节活动中，有同学对此产生疑惑。学校辩论社拟举行一场以"博览群书，涉猎广博"（正方）与"读书贵专，求精求深"（反方）为题的辩论赛。假如你是其中一个辩手，请联系自身课外阅读体验，在"正方一辩立论陈词"与"反方一辩立论陈词"中选择一种，写一篇辩论词。

要求：结合材料，选好角度，确定立意，自拟标题；不要套作，不得抄袭；不得泄露个人信息；不少于800字。

（二）阅读下面的材料，根据要求写一篇不少于800字的文章。

因父亲总是在高速路上开车时接电话，家人屡劝不改，女大学生小陈迫于无奈，更出于生命安全的考虑，通过微博私信向警方举报了自己的父亲；警方查实后，依法对老陈进行了教育和处罚，并将这起举报发在官方微博上。此事赢得众多网友点赞，也引发一些质疑，经媒体报道后，激起了更大范围、更多角度的讨论。

对于以上事情，你怎么看？请给小陈、老陈或其他相关方写一封信，表明你的态度，阐述你的看法。

要求：综合材料内容及含意，选好角度，确定立意，完成写作任务。明

确收信人,统一以"明华"为写信人,不得泄露个人信息。(全国高考作文题)

(三)阅读下面的材料,根据要求写一篇不少于800字的文章。

当代风采人物评选活动已产生最后三名候选人:大李,笃学敏思,矢志创新,为破解生命科学之谜做出重大贡献,率领团队一举跻身国际学术最前沿。老王,爱岗敬业,练就一手绝活,变普通技术为完美艺术,走出一条从职高生到焊接大师的"大国工匠"之路。小刘,酷爱摄影,跋山涉水捕捉时间美景,他的博客赢得网友一片赞叹:"你带我们品味大千世界""你帮我们留住美丽乡愁"。

这三人中,你认为谁更具风采?请综合材料内容及含意作文,体现你的思考权衡与选择。

要求:选好角度,确定立意,明确文体,自拟标题;不要套作,不得抄袭。(全国高考作文题)

51. 给图作文

观察下面这幅图画，分析对"小牛学耕"的两种看法，选择一个角度写一篇文章。题目自拟，不少于800字。

小牛学耕

行而后知

"小牛学耕"描述一个大伯扛着一把犁、牵着一头小牛准备下田，一个老学究却拉住牛尾巴不让小牛下田。老学究说："不会耕田，怎能下田？"大伯说："不让下田，怎会耕田？"大伯的话与我们平时所说的"实践是认识的基础"是一致的，老学究的观点则是"先有知识才能实践"。前者正确，后者荒谬，因为行是知之源。

毛泽东同志说："你要有知识，你就得参加变革现实的实践。……一切真知都是从直接经验发源的。""无论何人要认识什么事物，除了同那个事物接触，即生活于（实践于）那个事物的环境中，是没有法子解决的。"实践出真知，实践出才干。只有在实践中同事物接触，才能使事物反映到人的头脑中来，从而变成人的认识。只有亲身去学、去做，才能了解事物的规律，才能掌握方法、技能,才能有真本领。

鲁班造的木鸟能在天上飞,那是因为他是木匠的祖师爷。王羲之的书法出神入化,那是因为他长年累月练书法,洗毛笔的水池竟成了"墨池"。《卖油翁》中的卖油翁能从钱孔中倒油入瓶,那是因为他干了几十年卖油的营生。

明成祖曾经把建文帝的儿子朱文珪带到安徽关起来,关的时候只有两岁。到57岁被放出来时,朱文珪连牛马都不认识。赵括读的兵书可谓不少,讲到兵法,连他的父亲名将赵奢也难不倒他,可是因为他从没上过战场,所以让他当统帅时,几十万大军成了人家的俘虏,这就是"纸上谈兵"的后果。

目前,老学究式人物仍然不少。例如一些地方的领导,不敢大胆使用年轻干部,说什么"嘴上没毛,做事不牢""胎毛没落,能懂几何",总以为年轻人领导经验不足,挑不起重担。

只有从实践中来,又经过实践检验的理性知识,才是真正的科学知识。只有在正确理论指导下不断实践,才能学到真功夫、硬本领。

◆ 给图作文注意事项

给图作文能培养学生的观察能力、分析能力、想象能力和写作能力,是一种重要的作文练习。

给图写记叙文,或客观地记叙画面所反映的内容;或先写出画面上的景物,然后借画发挥,抒发自己的感受;或根据画面内容展开想象,构思出完整的故事情节。

给图写说明文,要把图中的场面、景物、人物、意境等用文字有条理地再现出来。

给图写议论文,要根据画面上的景物提出论点,写出议论文章,力求与生活实际结合起来。如《行而后知》。

给图作文注意事项：

（1）看清画面内容。仔细观察画面，把画中的时、地、人、事、景等看清楚。要按照整体—局部—整体的顺序，先了解图画的大概意思，知道在什么时间、什么地方、什么人做了什么事。如果有背景，要仔细观察背景，如背景反映了什么，它与人物有什么关系。要仔细观察人，要看清有什么人，在干什么，有时还要看清外貌、衣着、表情、动作、心理、人物间关系等。笔者写《行而后知》，便仔细观察了画中人物的衣着、表现、对话。

（2）把画面主题思想弄清楚。要理解作画者的意图，明白作画者通过画面想表达什么。可从画面的标题，画中人、物、景的内在联系，人物语言，画中文字说明等方面弄清主题思想。笔者写《行而后知》，便是通过画中人物、文字等把画面主题思想弄清楚的。

（3）善于想象、联想。给图作文的图画大多数是简笔画，不可能把故事情节表现得十分完整。因此，给图写记叙文、议论文，既要扣紧画面，依图行文，又要善于想象、联想。如从画中景物想到画中人所处的时间、地点和季节等；从画中人物的表情动作想象其内心世界；从画面想象前因后果，构成连贯的情节；从画中人、物联想到同类人、物等。《行而后知》便从画中人物联想到了一些同类人物。想象、联想要合乎情理，不能离开画面所提供的事物，更不能离开画面所提供的线索胡思乱想。

（4）条理分明。给图写说明文，要注意条理，或从左而右，或从上到下，或自外及内，或由内及外，按一定的条理说明。给图写记叙文同样要注意条理。

（5）如果是写多幅图画作文，还必须注意如下两点：第一，要把握好多幅图画中的重点，把重点写详细、具体。比如有四幅图，第一幅是事情的起因，第二幅是事情的发展，第三幅是事情的高潮，第四幅是事情的结局，那么应该着重描写第二、第三幅。第二，在观察图画时，要把多幅图当作一个整体来看待。要把握好各幅图之间的联系，把它们的意思连接起来。

◆ 给图作文题目

（一）观察下面这幅漫画，选择一个角度写一篇文章。题目自拟，文体自选；不少于700字。（全国高考作文题）

（二）仔细观察下面这幅漫画，完成作文。要求联系实际，自拟题目，自选文体；不少于700字。（全国高考作文题）

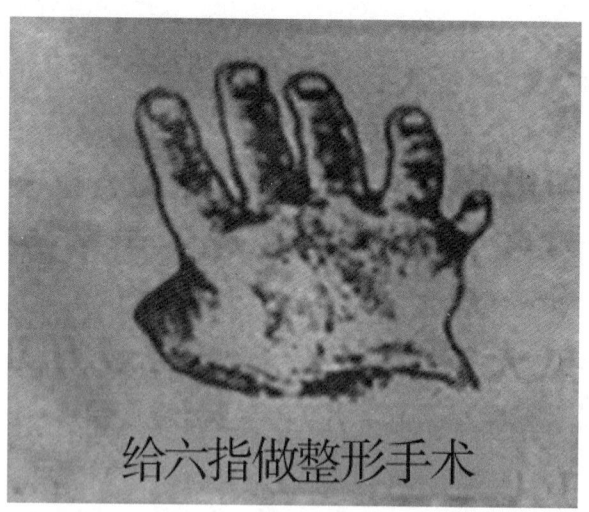

（三）阅读下面的漫画材料，根据要求写一篇不少于800字的文章。

（据夏明作品改动）

要求：结合材料的内容和寓意，选好角度，确定立意，明确文体，自拟标题，不要套作，不得抄袭。（全国高考作文题）

52. 缩写

阅读下面的文章,把它缩写为 300 字以内的短文。要求内容完整、语意贯通、重点突出。

为中华之崛起而读书

新的学年开始了,沈阳东关模范小学魏校长在课堂上问学生:"你们为什么而读书?"

有人回答:"为家父而读书。"

有人回答:"为明理而读书。"

有人回答:"为光耀门楣而读书。"

魏校长问周恩来:"你为什么而读书?"

"为中华之崛起而读书!"周恩来庄重地回答。

由于他的话带南方口音,魏校长一时没听清楚,周恩来又慢慢地说了一遍:"为中华之崛起而读书!"

魏校长听了,高兴地连声称赞:"有志者当效此生!"

周恩来的回答,是灵机一动随便想出来的吗?不是。

周恩来生于 1898 年。那时正是清朝末期,中国已经在帝国主义列强侵略之下沦为半殖民地半封建社会。国家的贫弱不振,强烈地刺激着这位少年的心。

他 12 岁离开南方的家乡,来到东北的伯父身边。一出沈阳火车站,来接他的伯父就告诉他,沈阳有些地方是外国人的租界,不要随便到那里去玩,有事也要绕着走,免得惹了麻烦没处说理。

周恩来不明白这是什么道理,便问:"这不是我们中国的地方吗?"

伯父回答说:"中华不振啊!"

"中华不振",12岁的周恩来并不能完全懂得这四个字的含义。但是他听说过,列强把中国当作一块肥肉,大家都来抢着吃。

到沈阳后,周恩来曾去看过东郊魏家楼一带日俄战争的遗迹。一位同学的祖父悲愤地向他讲述了战争的经过和中国人民受到的灾难,两个帝国主义国家打仗,战场竟是中国的土地,倒在血泊里的竟是中国人民。这是何等的奇耻大辱!

在沈阳,周恩来看到外国的汽车轧死了中国人,扬长而去。中国的警官不但不敢扣留凶手,反而训斥死者的家属妨碍交通。受到群众质问之后,警官说:"这是治外法权,有什么办法!"

一桩桩的事实,使周恩来越来越感觉到"中华不振"这四个字的沉重分量。所以,那位同学的祖父出了个上联"勿做列强的奴仆",要他对出下联时,他就说出了"誓当中国之主人"。

人各有志。千百年来,对于为什么而读书,人们有过多种不同的答案。"书中自有黄金屋,书中自有千钟粟,书中自有颜如玉。"许多人为了当官发财而读书,书不过是他们的敲门砖。门敲开了,书就丢到一边了;门敲不开,书对他们也不再有什么用处了。渺小的目的,当然不可能产生持久而伟大的动力。周恩来反对只是为个人找出路而读书。1913年,他考上了天津南开中学。有一次,大家讨论为什么上中学。有的同学说,南开很有名,在这里毕了业,就能有个好前途。周恩来却说:"我们生活在20世纪列强竞争的时代,国家贫弱不振,外国侵略者一天紧逼一天,眼看中国就要灭亡,青年人怎么能只想个人的前途呢?只有国家独立富强了,个人才能有前途。"

这是多么宽广的心胸啊!他的心里装着整个国家、整个民族。有了这样的胸怀,才能产生伟大的志向,成就伟大的事业。

为中华之崛起而读书

新的学年开始了,沈阳东关模范小学魏校长问学生:你们读书为了什么？在听完各式各样的回答之后，周恩来站起来回答说："为中华之崛起而读书！"

周恩来的这一回答是有来由的。小时候，国家的贫弱便已强烈地刺激着他的心。12岁时，他离家来到沈阳伯父身边，伯父告诉他哪些地方是外国人的租界，不要去那里玩，有事要绕着走，原因是"中华不振"。一位同学的祖父向他讲述了在中国领土上发生的日俄战争给中国人带来的灾难。他还亲眼看到外国人的汽车轧死中国人后中国警官不敢过问的情况。于是，他决心要为中华之崛起而读书。

许多人都为了升官发财而读书，周恩来认为不能只想着个人的前途。他的心里装着整个国家、民族，这是多么宽广的心胸啊！

◆ 缩写的要求及操作

条件类作文，即命题者提供一定的条件，学生运用所给条件按照要求作文。条件有多种多样，例如，给出文章的开头或者结尾，由学生补写其余部分；提供一篇文章，由学生缩写、扩写、改写、仿写；给出写作段落提纲，由学生按照提纲作文。

缩写是在中心思想、主要内容、基本结构不变的前提下，按照一定的要求把长文章缩写成短文章的一种作文方式。

缩写的实用性强，常见的电影、戏剧内容说明书和对书籍、文章内容的简介或者内容提要，均属缩写之列。

缩写训练可以提高阅读理解能力、综合概括能力和书面表达能力。

缩写应符合三点要求：

（1）要符合原文的中心思想、基本内容、体裁和结构等。议论文要保留原文的中心论点和要点。记叙文要保留原文的主要人物和主要事件，保持故事情节的完整性。《为中华之崛起而读书》一文便符合这一要求。说明文要保留原文的要点，突出说明对象的特征和本质。

（2）要保持文气贯通、结构完整，因为缩写既不是内容摘要，也不是段落提纲。

（3）篇幅要缩小，至于缩小到什么程度，要根据实际需要而定；限定字数的，一定按规定字数写。

缩写的操作：

（1）下笔前要认真反复阅读原文，了解原文的体裁、结构、中心思想和语言风格，把原文中最重要的内容画上记号，考虑省略的地方如何衔接得自然。

（2）按原文的脉络下笔，特别重要的内容适当保留原句，主要内容采用"缩句法"压减字数。次要内容用自己的话概述，如记叙文中的描写、对话、议论、抒情，次要人物、次要事情、说明交代部分，议论文中的举例和较长的阐释，说明文中不能说明事物本质特征的语句，都应该改为概述。

（3）初稿写好后，要读一两遍，看看语意是否通畅，改错补漏，最后定稿。

◆ **缩写题目**

写出《我的叔叔于勒》的故事梗概，不得超过400字。（安徽省中考作文题）

53. 扩写

把下面的短文扩写为一篇 800 字以上文章。
  登山与学习
  登山之路往往陡峭，多为羊肠小道，蜿蜒曲折，不能大步跨越，而要一步一步往上走。
  登山越高困难越多，不畏劳苦、有"凌绝顶"之志者才能登上峰顶。
  登山越高眼界越开阔，登上峰顶更是豁然开朗，天高地广。
  学习知识由浅入深，必须循序渐进。
  学习知识越学越深奥，不畏艰苦、有远大志向才能学到高深学问。
  学富五车之人，才能高瞻远瞩，目光如炬。

登山与学习

  登山之路往往陡峭，多为羊肠小道，而且蜿蜒曲折，甚至盘旋而上。登山有时有路，有时则无路可寻。因此，登山必须一个阶梯一个阶梯往上登，或一步步向上走。

  山越登越困难，有"凌绝顶"之志者才能登上峰顶。从山脚到山腰的路没那么陡，走的人比较多，路比较宽，因此比较好走。从山脚开始登山时，跃跃欲试，精力充沛，劲头十足，因而登山之始比较顺利。经过一段时间后，渐渐气喘、疲劳了，渐渐腰酸腿痛了。山峰越来越陡峭，空气越来越稀薄，人迹越来越稀少，荆棘越来越多，越来越无路可走，越来越气喘如牛。因此，只有目标远大、意志坚强的人，才能登上峰顶。

  登山越高眼界越开阔，登上顶峰后方能"穷千里目"。在山脚，只能看到窄小的天地，越往上登眼界越开阔，所见越来越奇伟、瑰丽。登上峰顶，更是豁然开朗，一览无余。这时，田野、河流、村庄、城镇皆在脚下，千里奇景尽收眼底。那平时看来高高在上的茫茫雾海、片片白云，也俯首称臣了。

学习与登山极其相似。登山要一步步从下而上，学习要由浅入深、由简单到复杂、由少到多、由基础到尖端一步步循序渐进。学数学，要从1、2、3、4学起，然后到加减，再到乘除；要从算术到代数，再到几何、三角、微积分。达·芬奇学画，从画蛋入手，苦练基本功，日复一日，循序渐进，才渐渐成为世界著名画家。一步步攀登才能登上峰顶，循序渐进地学习才能学到高深的学问。

登山越高越困难，只有有雄心、不怕苦的人才能"凌绝顶"。学习也是如此，开始比较简单，容易学，容易记，后来越来越深奥，其中奥秘、内涵、哲理、联系，只有经过仔细分析、反复琢磨才能领会。越学科目越多，越学知识面越广，越学越复杂，越学越要融会贯通。学习要练习，越学练习越多，考试越多，而且内容越来越复杂，覆盖面越来越广，越来越要综合运用更多的知识才能解决。正如马克思所说："在科学上没有平坦大道，只有不畏劳苦沿着陡峭山路攀登的人，才有希望达到光辉的顶点。"

登上峰顶后视野开阔，"一览众山小"。学习也是这样，学富五车的人能高瞻远瞩，目光如炬。知识渊博的人能清楚地理解问题，深刻地分析问题，得心应手地解决问题。登上知识高峰的人才能看到知识深邃的内涵、严谨的结构、清晰的条理。登上知识高峰的人才能看到事物的整体，看透事物的本质，了解事物之间的联系。登上知识高峰的人才能了解社会发展规律，明察当今社会潮流，预析世界未来的动向。在抗日战争极其艰难时期，毛泽东断言中国抗战必胜。在资本主义还非常强大时，马克思指出它必然被共产主义代替。这些都与他们有渊博的知识分不开。

学习与登山如此相似，我们在学习时要像登山那样循序渐进；要像登山那样有"凌绝顶"之志，知难而上；要认识到登上知识高峰的人才是顶天立地、高瞻远瞩的人。

◆ 扩写的要求及操作

扩写是把篇幅较短的一篇文章或一段材料，沿着原作的思路，在不改变原作中心思想、基本情节的前提下，按照一定要求，补充扩展，使它成为一篇篇幅较大、内容充实的文章的作文方式。扩写的好处是可以培养学生的想象和联想能力。如果是扩写记叙文，可以学习把笼统、抽象的交代改成具体、生动的描述，提高记人叙事的能力。如果是扩写议论文，可以培养分析能力和周密论证的能力。

扩写要求：

（1）要保持原文的中心思想、基本内容、体裁和人称，不能离开原文随意发挥。《登山与学习》的篇幅比原文扩大了六七倍，但文章的中心思想和基本内容都没有改变。

（2）要尽可能保持原文的组织结构和安排顺序。《登山与学习》的扩写，增加了较多论述，但文章的结构和文脉基本没变。

（3）篇幅要扩大，语言要简明。扩写是内容的扩充，但不是把短句拉成长句，更不是把一句意思很清楚的话拉成三四句，使语言变得啰唆。《登山与学习》的篇幅扩大了很多，但语言简洁明确。

在具体操作中，首先要熟读原文，理解原文精神、重点，琢磨好应该扩展的地方，特别是重要而被省略的地方，然后展开合理想象，扩展该扩展的地方。应当根据记叙文的扩写要比原文更具体、更生动，议论文的扩写要比原文更充实、更有说服力的要求，自然而然地去补充和扩展。

◆ 扩写题目

（一）在下列材料的基础上，以《谁是汇款人》为题，写一篇记叙文，不少于700字。

2001年,人民商场职工赵秋林病故。他那住在乡下多病的老母亲,生活有了困难。商场职工孙正和知道后,每月从微薄的收入中挤出100元钱来,以"人民商场"的名义按时寄钱给赵母。赵母一直以为这钱是商场寄的。2008年春,老孙到外地出差两个多月,未能按时汇款。赵母到商场询问,经理和职工们都不知道是怎么回事。后来到邮局查以往的汇款单,经核对字迹,才知道汇款人是孙正和。

【要求】(1)以"我"(商场经理)的口气,用第一人称写。(2)可根据表达的需要,酌情补充一些内容。(3)必须用倒叙手法。(4)文中不仅要有记叙、描写,还要有一定的议论或抒情。(江西省中考作文题)

(二)仔细阅读下面的文字,根据材料提供的情况,自拟题目,扩写成一篇600字左右的记叙文。

肖邦初到巴黎时,还是个没有名气的青年,经济十分困难,而匈牙利钢琴家李斯特已誉满全城。一天晚上,李斯特举行公演。按照当时音乐会的习惯,演奏过程中灯火全熄,让听众在黑暗中全神贯注地欣赏音乐家的演奏。这天的钢琴演奏深沉淳美,听众如醉如痴,认为李斯特的演奏又进入了一个新的境界。演奏结束,灯火重明,在听众狂热喝彩声中立在钢琴旁答谢的,却是一位陌生的青年——原来是李斯特在灯火熄灭之际,悄悄换上了肖邦。李斯特就是用这种方式把肖邦介绍给巴黎听众的。肖邦从而一鸣惊人,被誉为"钢琴家中的第一人"。(天津市中考作文题)

(三)以《地震中的电管员》为题,把下面的材料扩写成一篇600~800字的记叙文。

今年4月18日中午,禄劝县转龙区发生强烈地震,某村电管员正在村前扎土基。这时,他72岁的父亲和3岁的儿子在家里,他心急如焚。但他却先飞跑到离家400米远的配电室拉闸断电,然后才飞跑回家。当他回到家里时,家中房屋已经倒塌,老父被砸伤,儿子被压在墙土中已昏迷。

【要求】(1)描写和叙述要具体感人、合情合理。(2)记叙的六要素必须

清楚。(3)书写工整,标点正确。(云南省昆明市中考作文题)

(四)阅读下面的材料,按照后面所提要求写一篇作文。

有一只老虎,看见曾打败过自己的水牛被农人吆喝着耕地,便去问牛为什么怕农人,牛说因为"智慧"。老虎向农人要求看看他的"智慧"。农人说把"智慧"忘在家里了,可以去拿,但要先把老虎捆起来,免得他走后老虎把牛吃掉。老虎听从了,农人回农村叫来村民,把老虎装进铁笼,对老虎说,这就是"智慧"。

从下述两种形式中,选择一种作文。

(1)把上面的材料扩写成一篇不少于700字的文章;以记叙为主;合理想象,适当充实情节;注意运用外貌、语言、心理、环境和细节描写;以简短的议论结尾。

(2)根据上面的材料,写一篇600字左右的议论文,自选角度,联系实际,题目自拟。(河南省中考作文题)

(五)阅读下面的材料,根据材料展开合理想象,自拟题目,将它扩写成一篇记叙文。

化学家诺贝尔为减轻工地上挖土工人的繁重劳动,决心发明炸药。他废寝忘食,四年里做了几百次试验。最后一次试验时,他聚精会神地盯着点燃的导火线。一声巨响,在旁的人们惊叫:"诺贝尔完了!"诺贝尔从浓烟中跳出来,面孔乌黑,身上还带着血,他兴奋地狂呼:"成功了!"

【要求】(1)既要写出事情的过程,又要突出重点。(2)想象要合理。(3)600字左右。(天津市中考作文题)

54. 改写

细读下面这篇文章,把它改成《陈伊玲的故事》。要求做到:

(1)按原文内容写一篇以陈伊玲为中心的记叙文,不要另外编造情节,不要写成《第二次考试》的缩写,否则扣分。如写成诗歌、读后感之类,均不给分。

(2)要有明确的中心思想;注意材料的剪裁和组织。

(3)层次清楚,结构完整。

(4)语言通顺,标点正确,不写错别字。

(5)字数以六七百字为好,最多不得超过800字(包括标点),否则扣分。

第二次考试

何 为

声乐专家苏林教授发现了一件奇怪的事情:在这次参加考试的两百多名考生中,有一个二十岁的女生陈伊玲,初试时的成绩十分优异,音乐、视唱、练耳和乐理都列入优等;尤其是她的音色美丽、音域宽广,令人赞叹。而复试时却使人大失所望。苏林教授一生桃李满天下,但这样年轻而又有才华的人却还是第一个,这样的事情也还是第一次碰到。

那次公开的考试是在一间古色古香的大厅里举行的。当陈伊玲镇静地站在考试委员会的几位声乐专家面前,唱完了冼星海的那支有名的《二月里来》时,专家们不由得互相递了递赞赏的眼色。按照规定,应试者还要唱一支外国歌曲,她唱的是意大利歌剧《蝴蝶夫人》中的咏叹调《有一个良辰佳日》。她那灿烂的音色和深沉的感情惊动了四座。一向以要求严格闻名的苏林教授也领首赞许,在他严峻的眼光里,隐藏着一丝微笑。大家都注视着陈伊玲:嫩绿色的绒线上衣,咖啡色的西裤,宛如春天早晨一株亭亭玉立的小树。在众目睽睽下,这个本来从容自若的姑娘也不禁有点羞涩了。

复试是在一星期后举行。录取与否取决于此。它将决定一个人的终身事业。经过初试这一关,剩下的人已寥寥无几,而复试将在更加严格的要求下进行。本市有名的音乐界人士都到了。这些考试委员和旁听者在评选时几乎都带着苛刻的挑剔神气。但是大家都认为,如果合乎录取条件的只有一个人,那么这个人无疑应该是陈伊玲。

谁知道事情却出乎意料。陈伊玲是参加复试的最后一个人,唱的还是那两支歌,可是声音发涩,毫无光彩,听起来前后判若两人。是因为怯场、心慌,还是由于身体不适,影响声音?人们甚至怀疑到她的生活作风是否有不够慎重的地方。在座的人面面相觑,大家带着询问和疑惑的眼光望着她。虽然她掩饰不住脸上的困倦,一双聪颖的眼睛显得黯然无神,那顽皮的嘴角也流露出一种无法诉说的焦急。可是就整个看来,她是明朗、坦率的,可以使人信任的。她抱歉地对大家笑笑,飘然走了。

苏林教授显然是大为生气了。他一向认为,要做一个真正为人民所爱戴的艺术家,首先要是一个高尚的人,一个各方面都能够成为表率的人!这样一个自暴自弃的女孩子,是永远也不能成为有成就的歌唱家的!他生气地侧过头去望着窗外。这个城市刚刚受到一次严重的台风袭击,窗外断枝残叶狼藉满地,整排竹篱倾倒在满是积水的地上,一片惨淡的景象。

考试委员会对陈伊玲有两种意见:一种认为陈伊玲的声音极不稳定、扎实,很难造就;另一种则认为可以让她再试一次。苏林教授有他自己的看法,他觉得重要的是应了解造成她声音悬殊的根本原因是什么。如果问题在于她对事业和生活的态度,尽管禀赋再好,也不能录取她!这是一切条件中的首要条件!

可是究竟是什么原因呢?

苏林教授从秘书那里取来陈伊玲的报名单,在填着地址的那一栏上,他用红铅笔画了一条粗线。表格上的那张报名照片是一张朝气蓬勃、逗人喜欢的脸,小而好看的嘴,明快单纯的眼睛,笑起来鼻翼稍稍皱起的鼻子。这

234

一切都像是在提醒这位声乐专家,不能用任何简单的方式对待一个人——一个有活力、有思想、有感情的人。至少眼前这个姑娘的某些具体情况是这张简单的表格上看不到的。如果这一次落选了,也许这个人终其一生就和音乐分手了。她的天才可能从此就被埋没。情况如果是这样,那他是绝对不能原谅自己的。

第二天,苏林教授乘早上第一班电车出发,根据报名单上的地址,好容易找到了杨树浦的那条偏僻的马路。他进了弄堂,不由得吃了一惊。

那弄堂里有些墙垣都已经倾塌,烧焦的梁柱呈现一片可怕的黑色,断瓦残垣中间时或露出焦黄的破布碎片,所有这些说明了这条弄堂不仅受到台风破坏,而且显然发生过火灾。就在这瓦砾场上,有些人大清早就在忙碌着清理什么。

苏林教授手持纸条,不知道从何处找起,忽然听见对面楼窗口,有一个孩子有事没事地张口唱着:

"咪——咿——咿——咿——,吗——啊——啊——啊——"仿佛歌唱家在练声似的。苏林教授不禁微笑了:"这准是她的家!"他猜对了,那孩子敢情就是陈伊玲的弟弟。

从孩子嘴里知道:他姐姐是个转业军人,从文工团回来的,到了上海被分配在工厂里担任行政工作。她是个青年团员,又积极又热心,不管厂里也好,里弄里也好,有事找陈伊玲准没有错!两三天前,这里因为台风造成电线走火,烧坏了不少房子。陈伊玲为了安置灾民,忙得整夜没睡,影响了嗓子。第二天刚好是她复试的日子,她说了声:"糟糕!"还是去参加考试了。

这就是全部经过。

"瞧,她还在那儿忙着哪!"孩子向窗外扬了扬手说,"我叫她!我去叫她!"

"不用了。请转告你姐姐,她的第二次考试已经录取了!"

苏林教授从陈伊玲家里出来,走得很快。他心里想着:这个女孩子完全有条件成为一个优秀的歌唱家,我几乎犯了一个错误!这天早晨,有什么使

人感动的东西充溢在他胸口,他想赶紧回去把陈伊玲的故事告诉每一个人。(全国高考作文题)

陈伊玲的故事

　　一次公开的声乐考试正在一间大厅里进行。在参加考试的两百多名考生中,有一位年仅二十岁的考生叫陈伊玲。当主考叫到她的名字的时候,她镇静地来到考试委员会的几位声乐专家面前,首先唱起冼星海那支有名的《二月里来》。专家们听着她的歌声都不由得互相递了递赞赏的眼色,待她一唱完,他们都不觉小声议论起来:

　　"音色美丽,音域宽广!"

　　"她的视唱功底不凡!"

　　"只有乐理学得特别好,才能唱得这样有情韵!"

　　按规定,应试者还要唱一支外国歌曲,她选唱的是意大利歌剧《蝴蝶夫人》中的咏叹调《有一个良辰佳日》。她那灿烂的音色和深沉的感情,使四座惊动,连一向以要求严格而闻名的主考苏林教授也颔首赞许。待她一唱完,专家们又赞赏地议论开了,最后他们一致认为:如果符合录取条件的只有一个人的话,那么这个人就非陈伊玲莫属。

　　但是,在一周后的复试中,事情却大大出乎众人的意料。她唱的虽然还是那两支歌,可声音发涩,毫无光彩,听起来前后判若两人,使在座的专家们个个面面相觑。

　　第二天,苏林教授根据陈伊玲报名所填的地址,来到了她住家的所在地,他不由得大吃一惊:这里不但遭受过台风的破坏,而且显然还发生过火灾啊!他忙问正对面楼窗口在练声的一个男孩:"小弟弟,你认识陈伊玲吗?"

　　男孩回答:"认识!她是我姐姐呀!"

　　苏林教授高兴极了。在与小男孩交谈中得知:陈伊玲是一位转业军人,共青团员,从文工团回来的,转业后被分配到一个工厂里做行政工作,又积极又热情,工厂、里弄里的人都说,有事找陈伊玲准没错!两三天前,这里因台风造成电线走火,烧毁了不少房子,陈伊玲为了协助里弄干部安置灾民,白天忙,夜里忙,忙得整夜都没睡,因而影响了嗓子。

苏林教授听后,感动地说:"原来如此!""请转告你姐姐,通过第二次考试,她已经被录取了!"

◆ 改写的类型及要求

改写是以原文提供的材料为基础,按照特定的要求重新构思、创作的一种作文方式。

常见的改写类型有五种:

(1)改变体裁。如把诗歌改写成散文,把戏剧改写成记叙文,把科学小品改写成说明文,等等。

(2)改变人称。如把第一人称改为第三人称,把第三人称改为第一人称。

(3)改变结构。如把倒叙改为顺叙,把几条线索合成一条线索,把几篇报道改成综合报道,等等。

(4)改变主题。如原文是甲为主要人物,改成以乙为主要人物;把以 A 事为中心情节改为以 B 事为中心情节;等等。由于主要人物或中心情节改变,因此主题思想也相应改变。

(5)改变表达方式。如把单纯记叙改为夹叙夹议,把一般说明文改为对话式说明文。

《陈伊玲的故事》是根据何为的《第二次考试》改写而成的。《第二次考试》的主要人物是苏林教授,主题是写他慧眼识人才和他对事业的高度负责精神。《陈伊玲的故事》的主要人物是陈伊玲,主题是写她音乐天赋好,思想品德高。由此可见,这种改写属于改变主要人物和主题的改写。

改写的要求主要有两点。一是要熟读原文,弄清原文的体裁。是记叙文的,要知道时间、地点、人物、事情的原因、经过、结果;是说明文的,要知道说明对象及其特征、说明方法和顺序;是议论文的,要知道它的论点、论据、论证方法。二是要明确改写的特定要求,严格按照要求去改写。

◆ 改写题目

(一)改写《眼睛》诗。

【要求】(1)写成 500~800 字的记叙文。(2)应根据原诗展开合理想象,适当增补内容。(3)在记叙中运用议论或抒情的表达方法,但不能写成议论文、抒情散文或诗歌。(4)书写工整,字迹潦草者扣分。

眼睛

晨晕洒满的汽车站上,
一个男孩在仰首张望。
他从车上迎下一个戴墨镜的叔叔,
亲热地让他扶着自己的肩膀。
拐弯抹角把叔叔送到盲人工厂,
他才脚步匆匆跑进自己的课堂。
当天边第一颗星星刚刚闪亮,
小男孩又伫立在工厂门旁。
严冬,他踮着脚尖给叔叔挡风,
酷暑,他满脸淌汗给叔叔扇凉。
叔叔阿姨们不住地夸他友爱,
老奶奶关心地把他询问:
"看样子这盲人是你的哥哥?"
"不,他比哥哥还要亲!"
"那他是你的爸爸?"
"不,我对他比对父亲更尊敬。
他用鲜血染红了我的红领巾,

负伤后又用劳动保卫和平。

从前,他是一位志愿军战士,

现在,我是他的眼睛!"(吉林省长春市中考作文题)

(二)以《还乡》为题,将《木兰诗》中的一段诗改写成一篇600字左右的记叙文。

爷娘闻女来,出郭相扶将;阿姊闻妹来,当户理红妆;小弟闻姊来,磨刀霍霍向猪羊。开我东阁门,坐我西阁床。脱我战时袍,著我旧时裳。当窗理云鬓,对镜贴花黄。出门看火伴,火伴皆惊忙:同行十二年,不知木兰是女郎。(福建省中考作文题)

55. 续写

根据题目和已经写出的第一段,续写下去,写一篇叙事记叙文或小说等,700字左右。

厚礼

莫老汉的儿子莫小勇,高中毕业考不上大学,想进镇里一间效益最火的厂。厂长是莫老汉村里人,也姓莫,按辈数得叫莫老汉叔叔。一年来,莫老汉父子找了莫厂长四五回,莫厂长都说厂里暂时不缺人,不肯招莫小勇。莫老汉想,厂里不缺人是假,拜神的供品不丰厚是真。

"舍不得孩子套不住狼",莫老汉决定把家里两头大猪卖掉,再从银行存折里提一笔款,送个万元红包给厂长。

第二天早上,莫老汉父子把两头猪装进猪笼,搬上板车,拉到镇上卖掉,得到6500元。他再从存折支取3500元,用红纸包好,打算回村送到厂长家。

父子俩往回走,走到半路,一辆小货车风驰电掣般从后面驶来,经过他们身边时,掉下一个大纸箱。莫老汉大喊:"掉东西啦!"可是车上的人没有听到,一溜烟跑了。父子俩向前一看,竟是包装完好的大彩电。父子俩喜出望外,把大彩电搬上板车,打算把大彩电也送给厂长。万元红包加大彩电,这回厂长该答应了吧?

父子俩来到厂长家,厂长还没有回来,他们把红包、彩电交给厂长老婆,厂长老婆笑嘻嘻地说:"大叔,大家乡里乡亲的,何必这么见外?"莫老汉说:"婶子,小小礼物请收下,厂长回来后,请告诉他,把小勇收进厂里。"

厂长老婆说："大叔放心，他回来后我一定告诉他。"

厂长老婆请他们吃饭，他们婉拒。

父子俩离开后，厂长老婆把红包打开一看，非常高兴。把大纸箱打开一看，即时昏厥。原来纸箱里装的不是彩电，而是包裹得严严实实的人的尸块。

◆ 续写的要求与步骤

续写就是把一篇没有写完的文章写完，或者给一篇已经完成的文章按要求顺着文章的思路或逆着文章的思路写出续篇。

要把一篇没有写完的文章写完，续写部分要写得合情合理，自然通顺，就必须对题目含义、已有的段落或原文有深刻的理解。续写多为写记叙文，要依据已知部分推知续写部分，把事情的来龙去脉弄清楚，这样才能合乎逻辑地写出事情的发展和结局。笔者写《厚礼》，依据题目和第一自然段交代的内容，推知续写部分，写出事情的发展和结局。

必须依据已知内容展开联想、想象，构思出未知内容。联想、想象要与原有部分保持连续性、一致性。可以从故事的某一情节生发出去，让其开花结果。《厚礼》从莫老汉认为"拜神的贡品不丰厚"这一想法生发出去，连缀成篇。可从某一人物的命运展开联想，发展成故事。可根据人物性格设计事情的发展和结局。想象要大胆，力求有深意。

本文题目说既可以写普通记叙文也可以写小说。写小说的话，要大胆地虚构出既出人意料又有深意的事情来。笔者选择写小说，大胆地虚构了大纸箱里装的不是电视机而是人的尸块，既狠狠打脸行贿、受贿者，又告诫读者要"路不拾遗"，可以说既出人意料又有深意。

给一篇已经完成的文章按照要求顺着或者逆着其思路写出续篇的续写，要细致地揣摩原文的语言风格、写作特色，使续篇的语言风格、写作特色与原文保持一致。

◆ 续写题目

（一）根据下面文章的题目和开头的几句话，续写完这篇文章。

跌跤·争执·握手
——记一次自行车相撞

放学了，路上自行车紧挨着。"哎呀！你怎么……"张晓明话音未落，就和一位叔叔相撞……

【要求】（1）根据题意，合理想象。（2）围绕中心，有详有略。（3）以记叙、描写为主，适当抒情、议论。（4）如果要写出其他人名、校名、地名，一律用"×××"代替。（5）600字左右。（6）字迹工整，卷面整洁。（江苏省淮安市淮阴区中考作文题）

（二）阅读下面的文字，按照要求作文。

明媚的春天已经过去。可是同学们对春天里巴望"远足"的迫切心情，参加"远足"的愉快感受还记忆犹新。

…………（省略处①）

总之，中小学校组织学生去"远足"，对同学们开阔眼界，增长知识，加深对党和社会主义祖国的热爱，很有好处。

但是，中小学生春季"远足"不宜过远，尤其是小学生和初中生。有些学生参加集体"远足"时，对附近地区往往不感兴趣，动不动就想去苏州、无锡，甚至杭州，似乎不远就不能称之为"远足"。其实，这样做则是弊多利少。

…………（省略处②）

比较利弊得失，我认为，中小学生"远足"最好选择近一点的目的地。

【要求】（1）给材料中的省略处①补写一段文字，简述春天"远足"的情景（不必具体写某次"远足"）。50~100字。（2）以"远足不宜过远"为论点，给材料中的省略处②补写一段议论。做到论点明确，论据恰当，论证合理，与上下文衔接自然。不少于400字。（江苏省连云港市中考作文题）

（三）补写《妈妈只洗了一只鞋》

妈妈只洗了一只鞋

小乐回到家，看见自己的一只鞋已洗得干干净净地晾在门口，但另一只鞋妈妈没有洗。

…………

小乐穿着一双干干净净的鞋上学去了。

【要求】（1）根据所提供的开头和结尾，补写中间的内容。（2）补写部分要与所提供的开头和结尾衔接得上。（3）补写200字左右。（全国高考微作文作文题）

（四）根据下面的材料，写篇记叙文，题目自拟，不少于500字。

夏日的夜晚，院子里，梧桐树下……

啪！随着细微而清晰的一声爆裂，梧桐树的一块老皮剥落了，露出鲜嫩的新皮。

女儿对老树皮发出一串赞叹……

儿子对新树皮发出一串赞美……

父亲听着，看着，深有感触地说："我希望人世间的一切都像你俩所说的那样……"

【要求】（1）对环境和气氛加以具体描写。（2）写出女儿、儿子的具体话语和父亲未说完的话，写出人物神态。（全国高考作文题）

56. 仿写

请模仿节选后的《谈骨气》这篇文章的结构,写一篇800字以上的议论文。题目自拟。

谈骨气

我们中国人是有骨气的。

战国时候的孟子说过:"富贵不能淫,贫贱不能移,威武不能屈,此之谓大丈夫。"大丈夫的这种行为和英雄气概,就是我们今天所说的骨气。

我国历史悠久,各个时代都有很多有骨气的人,我们是有着优良革命传统的民族。

南宋末年,丞相文天祥组织武装抵抗元军,失败被俘后,他写下"人生自古谁无死,留取丹心照汗青"的诗句。直到最后被杀,他始终表现出中国人宁死不屈的骨气。

古代有一个穷人,饿得快死了,有人丢给他一碗饭,粗声吆喝道:"喂,来吃!"那饿得快死的人拒绝了这个带侮辱性的施舍,坚决不吃"嗟来之食",最后饿死了,突出地表现了中国人的骨气。

民主战士闻一多在被国民党枪杀之前,朋友们知道特务要暗杀他,劝他暂时隐蔽。但他毫不在乎,更加努力地工作,被杀害前还在做最后一次演讲,痛斥国民党特务。"横眉怒对国民党的手枪,宁可倒下去,不愿屈服。"这更突出地表现了我们无产阶级有自己的英雄气概。

孟子说的话和大丈夫们的英雄气概,直到现在还有极大意义。我们一定要弘扬我们民族的骨气,做一个有骨气的人。

谈诚信

诚信可贵。

诚信可以得到奖励，可以使公司产品畅销，甚至可以得到王位。

人类历史悠久，各国各个朝代都有很多讲诚信的人。这是优良传统。

美国华盛顿州塔科马市10岁的小学生汉森，有一天与小朋友们在家门前的空地上玩棒球，一不小心将棒球掷到邻居基尔的汽车上，把车窗玻璃打碎了。小朋友们见闯了祸，一个个逃回家去了。汉森呆呆地站了一会儿，决定登门承认错误。刚搬来该市居住的基尔原谅了汉森，但仍将此事告知了汉森的父母。

当晚，汉森向父亲表示，他愿意拿替人送报纸积蓄起来的钱赔偿基尔的损失。

第二天，汉森在父亲的陪同下，登门拜访基尔。他们说明来意后，基尔说道："你如此诚实，又愿意承担责任。现在，我不但不要你赔偿，还乐意把这辆汽车送给你作为奖赏，反正这辆汽车我正打算抛弃掉。"

海尔集团与一客户签订合同后，因为种种原因而不能及时发货。为了信守合同，公司通过空运发货，让客户能在规定时间内收到货物。公司虽然损失了一大笔钱，但赢得了信誉。公司总裁说："我们之所以成功，是因为宁可失去所有财产，也不愿失去信用。"因为公司讲诚信，信誉好，所以成为全球大型家电第一品牌。

从前，有个国王膝下无子，年纪大了，想从国家中挑一个孩子继承王位。他给全国的孩子每人发一粒草籽，谁能够拿这粒草籽种出最美丽的花来，就让谁当国王。

有个孩子叫宋金，也领了一粒草籽。他把它种在花盆里，天天浇水。和其他孩子一样，他期望那粒草籽能长出芽，抽出枝，开出最美丽的花儿来。但是，一天天过去，花盆里什么也没长出来。他换了一个花盆，又换了一些土，把那粒草籽种上，希望能长出芽来。

两个月过去了，到了大家送花去比赛的日子，他的花盆里还是空空的，什么也没长出来。

这一天，全国的孩子都捧着自己的花来到王宫，有红的，有黄的，有白的，非常美丽。国王从孩子们的面前走过，只是他一直皱着眉。他看见宋金低着头，手里捧着一个空花盆，问："你怎么捧着一个空花盆呢？"

宋金难过地说："我把草籽种在花盆里，可是，它怎么也不发芽。"

国王听完宋金的话，高兴地说："我终于找到了，我要找一个诚实的孩子做国王，你就是那个诚实的孩子。"

原来，国王发给大家的草籽是在开水里煮过的，怎么会发芽、开花呢？别的孩子是换了好的草籽才种出花来的，宋金没有这么做，他是一个诚实的孩子。

这些讲诚信的人的做法、精神，直到现在还有极大意义。建设现代化中国，诚信是其中的重要内容，是带根本性问题的。我们要发扬这种精神，做一个讲诚信的人。

◆ 谈谈写作中的模仿

仿写，犹如学书法临摹一样。获得诺贝尔文学奖的法国作家纪德在《论文学的影响》中说："爽爽直直的模仿和那鬼鬼祟祟的剽窃的下作毫无关系。""伟大的艺术家，从不害怕模仿。"我国唐代著名文学家刘知幾在他的《史通·模拟》中明确指出："夫述者相效，自古而然。……若不仰范前贤，何以贻厥后来！"当代著名作家柳青也说："作家都有一个模仿的阶段。"

中小学生学习写作，也有一个模仿过程，要在模仿中吸取范文的经验，启发自己，科学地进行写作训练，逐渐趋于成熟，最终形成自己的风格。广州市一些中学曾经对语文课文采取略读—精读—仿写三步骤教法，取得显著效果，学生的写作水平提高较快。可见，仿写是中学生提高写作水平的有效方法之一。

仿写绝不是生搬硬套，更不是剽窃抄袭。仿写是仿范文之佳法，写自己的文章，其中的创造就如高明的厨师取法于人，化为己有，注入个性，另做佳肴。

仿写有模仿语言、模仿表现手法、模仿思路和模仿结构四种，一般指模仿思路或结构。毛泽东《卜算子·咏梅》是"读陆游咏梅词，反其意而用之"的，意境不同，但文脉完全一样。《谈诚信》模仿《谈骨气》的结构：第一自然段提出论点，第二、三自然段简要总说，第四、五、六自然段各举一个典型例子即分说，第七自然段收束。

仿写，首先要细读原文，把其中写得最优美最精彩的句、段熟读成诵，融会于心，做到"其言皆若出于吾之口，其意皆若出于吾之心"。考试仿写，也得熟读。

接着，以已经融会于心的原文为仿体，以自己的生活积累为题材，模仿着写。

这样仿写的效果是很好的，因为这是一种"读写一起练"的综合式训练方法。如果每篇课文都能这样训练一次，那么快则半年，慢则一年，读写能力会有意想不到的提高。笔者在教学中常常要学生仿写。授完一篇课文后，往往要学生模仿课文的思路或结构作文或写出段落提纲。学以致用，才能深刻理解、掌握相关知识；学而不用，作用不大。

◆ 仿写题目

按仿写的操作要求，仿写一篇课文。

实用文

以实际应用为目的,有比较固定的格式,语言平实、规范,用于处理公私事务的文章。

57. 发言稿

怎样学习作文
——在江门八中作文学习报告会上的发言

老师、同学们：

大家好！

学习作文可以说辛苦，也可以说快乐；可以说困难，也可以说不是很困难。听了我的讲话，按照我讲的方法去做，我保证你们个个都得满分，（稍停）是不可能的。个个都得九成分数，（稍停）也是不可能的。全班平均得八成分数，（稍停）是绝对可能的。

怎样学习作文呢？我讲三部分内容：（1）作文是语文学习的中心环节。（2）怎样学习作文？（3）怎么写应试作文？

下面先讲第一部分：作文是语文学习的中心环节。

为什么作文是语文学习的中心环节呢？

第一，作文是语文科最高级、最重要的综合练习和测试。

作文是语文基础知识、分析能力、表达能力、思想观点、道德品质的综合表现。叶圣陶先生说："作文是各学科学习成绩、各项课外活动的经验，以及平时思想品德的综合表现。"因此，作文是语文科最高级、最重要的综合练习和测试。

第二，作文可以使所有语文知识得到运用，通过运用加深理解，掌握到手。

我们差不多天天都在学习字和词的形、音、义，学习语法、修辞、标点符号，学习篇章结构、写作方法等。作文可以使这些知识得到运用，通过运用,才能真正理解,掌握到手。如果不通过作文去运用,哪怕你记得滚瓜烂熟,也是纸上谈兵,算不上真正掌握。

第三,作文水平高,阅读分析水平也会相应提高。

语文教学的主要目的是提高学生的读、写能力,语文考试主要考读、写能力。读、写相辅相成:读促进写,写促进读,而写是主要方面。会读的不一定会写,会写的则一般都会有较高的阅读分析水平。你叫一个会建高楼大厦的建筑师分析高楼大厦的结构、建造方法,他肯定能够说得头头是道;你叫一个写作高手分析文章的主题、结构、写法,他同样能够说得头头是道。

第四,作文水平高,说话水平一般也高。

阅读与写作相辅相成,说话与写作也相辅相成:会说的一般也会写,会写的一般也会说。会写文章的人明白,说话也要像写文章那样主题鲜明、有条有理、用词准确,因而说得好。如果能够写好讲话稿再说,就会说得更好了。

语文教学要提高学生听、说、读、写四种能力。写的能力提高了,读和说的能力也就跟着提高了。因此,提高写作水平,可以说是一箭三雕、一举三得。

第五,作文水平高,各科问答题才能答得好。

语文是母语、第一工具科,是学生学习所有学科的基础,有"考试的区分度主要在语文"这一说法。无论学习哪一科,都要具备阅读、理解、分析、归纳、表达能力,尤其是写作能力。政治、历史、地理、生物等科有问答题等表述题,英语有作文和翻译,文言文有翻译。这些题要答得条理分明、句子通顺等,就要有比较高的作文水平。

第六,作文水平高,多一种职业技能。

广播电台、电视台、报社、杂志社招收通讯员、记者、编辑,企事业单位招收秘书、宣传干事等,都把写作水平高作为必要条件。没有这个条件,其他条件再好也没有用。

综上所述，作文是语文科最高级、最重要的综合练习和测试；作文可以使所有语文知识得到运用，通过运用掌握到手；作文水平高，阅读分析水平、说话水平也会跟着提高；作文水平高，各科问答题才能答得好；作文水平高，多一条就业门路。所以，作文无比重要，是语文学习的头等大事、中心环节，享有"语文的区分度主要在作文""得作文者得语文"的美誉。

在古代一千多年的科举考试中，只考作文。在"文革"前，作文在语文考试中占总分60%。现在，有些省、市已经恢复了作文在语文考试中占总分60%的考试制度。

下面讲第二部分：怎样学习作文？

第一，学好语文基础知识。字、词、句、语法、修辞、标点符号、篇章结构、写作方法等等，都要认真学好。"万丈高楼平地起"，不学好基础知识，是写不出好文章来的。因此，我们要认真学习基础知识，为写好作文打下扎实的基础。

第二，多读。"读书破万卷，下笔如有神。""熟读唐诗三百首，不会吟诗也会吟。""劳于读书，逸于作文。"为什么呢？因为多读，才能学到更多的字、词、生动的句子；多读，才能学到更多的篇章结构、写作方法；多读，才能使眼界开阔、思路更广，有丰富的作文材料；多读，才能受到更多好人好事的陶冶，思想境界高。因此，我们要多读，要熟读课文，课本练习题中要求背诵、默写的课文，一定要能够背得出来。要养成看报纸的习惯。家里没有报纸，自己订一份，如《岭南少年报》或《中国青年报》。还要订一份自己喜欢看的杂志，如《少年文艺》或《青年文摘》。要多看课外书，特别是《中学生作文选》之类的书。在寒暑假，要看一些文学名著等。

第三，多写。"拳靠打，文靠写。""熟能生巧。"只有经常写作，才能逐渐了解写作之道，掌握写作方法，由"熟"而生"巧"，写出好文章来。如果几个星期才写一篇文章，"熟"从何来？不"熟"，又哪里能"巧"？因此，老师布置的作文，一定要完成。写得不好，不及格，在老师讲评之后，要主动重写一遍。要坚持天天写日记，把每天的所见所闻、所学所感等记下来,这是最好的练笔。

第四,多积累。巧妇再巧,没有米也煮不出饭;厨师再巧,没有鱼肉等也做不出菜肴;没有材料,写作高手也写不出文章来。因此,我们要多积累材料。

怎样积累材料呢?

(1)留心观察生活。观察人的外貌神态、思想个性、语言行动,观察事情的起因、经过、结局,观察自然环境、社会环境等等。要着重观察人、事、物的特点,把观察到的情况及时记录下来。

(2)积极参加各种活动。积极参加班级、年级、学校、团队组织的参观、访问、访谈、游览、劳动、节日庆祝、看电影、比赛等活动。要及时把活动的情况记录下来。

(3)"不动笔墨不看书。"也就是说,在看报纸、杂志、书籍时,一定要做笔记,把精彩词句、某些数据、典型事例等记录下来。

(4)把自己的某些经历整理成文。按照一定的题目,把自己的某些经历加以整理。例如,我的童年时代、我的少年时代、我的一段有意义的日子、我的理想、我的父母、我的好朋友、我最敬爱的一个人、我最难忘的一件事等等。这些东西,写记叙文时用得上,甚至可以照抄;写议论文、读后感摆事实、联系自己的实际时也用得上。

(5)购买有关书籍。书店有《议论文论据手册》《作文材料库》《作文资料大全》之类书籍发售。这类书籍资料既全面又丰富,查找也很方便。把这类书买回来,作文没有材料时,在里面查找,往往能够找到许多相关资料。我写议论文,每篇都能够在这些书中找到不少论据。

(6)利用网络搜集资料。可以通过上网搜集有关资料。

第五,做品德高尚的人。什么树开什么花,什么藤结什么瓜,什么鸟唱什么歌,什么人说什么话。鲁迅先生说:"从水管里流出来的是水,从血管里流出来的是血。"也就是说,什么人写什么文章,文如其人。文章健康不健康,思想深度如何,能否真实反映社会生活,取决于作者人生观是否正确。可见，要想写出好文章来，首先要做好人。好学生才能理解做好人好事的道理，才能自觉做好人好事，才能写出格调高、有思想深度的文章来。因此，要做品德高尚的人，有明确的、与时代合拍的信仰，有崇高的理想，有正义感。

综上所述，学习作文，要学好语文基础知识，要多读，多写，多积累资料，更重要的是要做品德高尚的人。

下面讲第三部分：怎么写应试作文？

第一，先作文后做难题。在语文考试中，许多同学都有做完全部基础知识、阅读分析题后再作文的习惯，其实这是不科学的做法。

在语文试卷里，基础知识、阅读分析题有60%是一般题，有40%是难题。这40%的难题是用来拉开距离的，语文水平高、能力强的同学能够做得出来，得到较多分数；水平一般的同学能够做出一部分，得到一些分数；水平低的同学很难做得出来，不容易得到分数。水平一般，特别是水平低的同学做难题得分不多，却会花掉很多时间，可能造成作文不够时间写。这不是用软竹子挑担——两头甩吗？

另外，做难题不但很耗费时间，而且很耗费精力。基础知识、阅读分析题全部做完后再作文，不但可能造成作文时间紧迫，而且在作文时精力不再那么充沛旺盛，大脑不再那么冷静清醒，以致影响作文。作文是得分大户，而且作文得分率高，平均分在七成以上。因此，要在时间充裕、精力旺盛、头脑清醒时作文。

所以，水平一般，特别是水平低的同学，考试时应该先做容易做的题，把难题暂时放下，接着作文。作文写好后再回头做难题，能做多少算多少。千万不要被既耗费时间、精力又得不到多少分的难题拖住，做"捡了芝麻，丢了西瓜""抓了小虾，放了大鱼"的傻事。

第二，开门见山。文章的开头有很多写法，在考试这一时间有限、字数有限的特定环境中，最好是开门见山，不要兜圈子。写记叙文，一开头就用三言两语交代时间、地点、人物、事情，使阅卷者一下子就知道你要写什么，也能使自己围绕事情或者人物来描写。写议论文，一开头就交代论点，使阅卷者一下子就知道你想议论什么，也能使自己围绕论点来论证。

第三，不讲空话、闲话、套话。有人请猪八戒做报告，讲去西天取经的心得体会，他说："女士们、先生们：在如来佛的精心策划下，在观音娘娘的一再支持下，在皇上的亲自部署下，在师父的带领下，在师兄的带头下，在师弟的帮助下，在沿途群众的热情关照下，在印度有关方面的大力协作下，我们师徒的取经圆满成功。在取经中我取得一点成绩，首先要归功于如来佛、观音娘娘……"又说了一长串名称，这就是套话，是浪费笔墨的。"文章不写半句空"，考试作文更加不要写空话、闲话、套话。考试时间紧迫，作文字数有限，所以考试作文要"实话实说"。写记叙文，记叙事情的具体经过、人物的具体语言和行动；写议论文，写具体的事例、明确的道理。

第四，不写错别字。从 2008 年开始，在中考、高考作文中，一个错别字扣一分。在中考、高考中，每一分都是相当宝贵的。《广州日报》曾称：在高考中少了一分，你的排名就将下降一万名左右。假设录取 50 万人，你排在第 47 万名的位置，尚属于录取范围。但是，如果你的作文中出现四个错别字，被扣了四分，你就会排到第 51 万名的位置上，就不属于录取范围了。因此，我们在考试中不要写错别字。要想在考试中不写错别字，就要在平时防止写错别字。不要用方言土语写文章，不要用网络语言写文章，不太懂的字词、成语千万不要用。平时作文、读书时碰到不懂的字词，要立即查词典。

第五，结构完整。如果考试即将结束而作文还没有写完，为了给人以文章已经写完的感觉，应该赶快结尾。写议论文，照应开头，下个结论。写记叙文，把事情的结果写出来。写人物，各种结尾的方法都可以用。文章没有写完，就不能按照评分标准评分，一般给及格以下分数；文章有结尾，表示文章已经写完，结构完整，少 50 字扣一分，少 100 字扣两分，损失会少很多。

第六，不能大修大改。文章写好后看一遍，修改错别字、不通顺的句子，修改其他不恰当的地方。不要大修大改，因为一来时间不够，二来会使卷面不整洁，三来在匆忙中大修大改也不一定比原来的好。所以，只能小修小改，不能大修大改。

第七，如果不知如何下笔，写"八股式"议论文。如今考试作文几乎都"文体自选"。在各种文体中，最容易写又最容易得高分的是议论文，在考试时面对议论文、话题作文、新材料作文等如果不知如何下笔，建议写"八股式"议论文。

第一段：写普通议论文，开门见山地交代论点。写话题作文、新材料作文，概述材料，根据材料提出论点。第二段：讲道理，做理论论证。第三段：摆出正面事例。第四段：写出反面事例。第五段：写出结论，提出做法。

这样写，能够紧扣论点，条理、段落分明，结构紧凑、完整，论证方法较多样，一般能得八成左右的分数。如果在举事例时能够言简意赅地举较多事例，在举事例、讲道理时能够加入三五个罕见词语或成语，引用一些古诗词句子、名人名言，一般能得九成左右分数。如果语言又流畅、优美，很可能得满分。

第八，先讲道理后摆事实。中学生写议论文通常用讲道理、摆事实这两种方法去论证。平时作文，先讲道理后摆事实或者先摆事实后讲道理都行。考试作文则应该先讲道理后摆事实。因为这样写容易控制字数：举了一两个例子后字数不足，再举一个例子，还不足就再举一个。也可以通过摆事实时详写略写来控制字数。

第九，在特殊情况下，要敢于虚构编造。考试作文如果写的不是众所周知的人物、事情，如果在作文要求中没有写明要写真人真事，如果不虚构的话，内容就会很平淡，就要适当虚构编造。例如写《我的父亲》，如果父亲很平凡，不虚构一些事，文章内容会很平淡，就要"虚实结合"。写事情，例如写《记一件难忘的事》，如果自己所经历的事情不够难忘，就要将某件事虚构得称得上难忘。真实之事写完了，字数不够，同样要虚构，使字数"达标"。1958年我参加高考，作文题目为《大跃进中的小故事》，我写完一个真实的小故事才400个字左右，已经没有其他真实的小故事可以写了，便虚构了一个小故事。碰到写真人真事一筹莫展、无从下笔，就更加要虚构编造了。1951年我参加小升初考试,作文要求写村里一位不平凡的人。我觉得村里没有不平凡的人,便虚构村里有一位冒着生命危险下河去救小孩的青年。考试作文看你写得是否切题,词句、结构、写法、内容、主题如何,一般不关注你写的是不是事实[①]。

综上所述,在考试的时候,水平一般的同学要把难题放到最后做,不要把作文放到最后写;作文要开门见山;不要讲空话、闲话、套话;不要写错别字;结构要完整;不要大修大改;不知如何下笔时写"八股式"议论文;先讲道理后摆事例;在特殊情况下要敢于虚构编造。

老师、同学们,语文教育乃至整个人文教育的突破口,在于作文。离开作文,语文教育的目标无从依附;离开作文,教育立人的方向将难以确立。作文是语文学习的头等大事,是语文学习的中心环节。所以,希望大家高度重视作文,把作文写好。

祝大家学习进步,前途无量。

谢谢大家!

◆ **发言稿的写作**

发言稿(讲话稿)是在集会、节日、会议、聚会等场合发表讲话的文稿。

写发言稿要注意下面几点:

(1)要明确在什么场合发言、对象是谁,从而有针对性地确定发言稿的内容和语言,这样才能有良好的效果。

(2)观点鲜明,条理清楚,让人听起来明明白白。当发言稿篇幅较长、内容比较多时,应该用"第一、第二……"标明。《怎样学习作文——在江门八中作文学习报告会上的发言》有三部分,每个部分的内容都比较多,都用

[①] 如今考试作文几乎都不限制文体,可以写真人真事的记叙文、散文等,也可以写小说、编故事等。所以,在无法写真人真事时,要敢于虚构小说,编造故事。

"第一、第二……"标明。

（3）开头点明讲话的主题或者意图，让听众把握要领；中间紧紧围绕主题进行阐述，主体突出；各部分末尾或者全文末尾总结前文或者全文，让听众有更完整的认识并加深印象，最后表示敬意或者希望等。为此，往往采用总—分—总结构形式。

（4）紧紧围绕主题发言，切忌东拉西扯；不讲空话、套话；没有"啊""呃""是吧""这个"之类的"口头禅"。

（5）要口语化，不要用书面语。

（6）句子简短。句子长，说者辛苦，听者可能听不清或者听起来吃力，所以要尽量用短句，要想方设法把长句变为短句。

◆ 发言稿题目

（一）毕业典礼后，班级要举行初中阶段的最后一次班会。你在校三年，与老师、同学朝夕相处，现即将离校。回顾过去，展望未来，定有许多话要说，请写一篇发言稿，准备发言。

【要求】（1）发言要有明确的中心，要有充实的内容，不要空发议论，不要空洞抒情。（2）层次清楚，语句通顺，书面整洁，不少于500字。（江苏省南京市中考作文）

（二）假如学校召开欢送毕业生座谈会，参加座谈会的有初三毕业班的同学，还有学校领导、老师代表和初一、初二年级的学生代表。请你以参加座谈会的毕业生身份，准备一篇发言稿。（河南省中考作文题）

（三）阅读下面的材料，根据要求写作。

自古至今，美是人类永恒的追求。美有不同的形态，分社会美、自然美、艺术美。人们对美也有不同的认识：有人认为美是"真"的光辉，是一种善；也有人认为美是"清水出芙蓉"；还有人认为美是情人眼里的"西施"；也有人认为美就是生活，美无处不在。但是，有的人却对生活中的美熟视无睹，或有意无意地混淆美丑……

这些现象引发了人们的思考。

请结合以上材料，面对本校即将举办的关于"认识美，发现美，创造美"的讨论会，写一篇发言稿，体现你的认识与思考，并提出希望与建议。

要求：自拟标题，自选角度，确定立意；不得套作，不得抄袭；不得泄露个人信息；不少于800字。（全国高考作文题）

（四）阅读下面的材料，根据要求写作。

春秋时期，齐国的公子纠与公子小白争夺君位，管仲和鲍叔分别辅佐他们。管仲带兵阻击小白，用箭射中他的衣带钩，小白装死逃脱。后来小白即位为君，史称齐桓公。鲍叔对桓公说，要想成就霸王之业，非管仲不可。于是桓公重用管仲，鲍叔甘居其下，终成一代霸业。后人称颂齐桓公九合诸侯、一匡天下，为"春秋五霸"之首。孔子说："桓公九合诸侯，不以兵车，管仲之力也。"司马迁说："天下不多（称赞）管仲之贤而多鲍叔能知人也。"

班级计划举行读书会，围绕上述材料展开讨论。齐桓公、管仲和鲍叔三人，你对哪个感触最深？请结合你的感受和思考写一篇发言稿。

要求：结合材料，选好角度，确定立意，明确文体，自拟标题；不要套作，不得抄袭；不得泄露个人信息；不少于800字。（全国高考作文题）

58. 演讲稿

献身精神赞

老师、同学们：

　　大家好！

　　我演讲的题目是《献身精神赞》。

　　1958年12月13日，广州市何济公制药厂化工车间失火，危及易爆化学物，整个厂房和周边居民的生命财产也受到严重威胁。在这紧急关头，向秀丽奋不顾身地侧身卧地，截住燃烧着的酒精，避免了一场严重爆炸事故。1959年1月15日，她终因严重烧伤而光荣牺牲。她的牺牲使工厂和其他工人免遭灾难，也保护了周边居民的生命财产。一个人勇于牺牲，可以使很多人免遭死亡，使很多财产免遭损失。

　　董存瑞舍身炸敌碉堡，黄继光舍身堵敌人枪眼，都使部队减少了牺牲，为战友冲锋创造了条件，使整场战斗顺利进行，最终取得胜利。一个人勇于牺牲，可以换来整场战斗的大获全胜。

　　春秋时代，秦国军队偷袭郑国，被郑国牛贩子弦高发觉。他急中生智，先叫伙计马上回去报告，然后自己冒着生命危险迎上前去，拿4张熟牛皮作为先行礼物，然后送12头牛犒劳秦军，假称郑国国君听说秦军要到郑国来，特地派他犒劳一下。秦军将帅误以为他们的侵略行为已被郑国发觉，难以偷袭，只好收下礼物，掉头回去。战国时代，蔺相如为祖国而把个人生死置之度外，因而不辱使命，完璧归赵。他"先国家之急而后私仇"，不计较廉颇的刁难、侮辱，因而感动了廉颇，将相和好，使强大的秦国不敢进攻赵国，国家免于战乱。一个人有献身精神，可以使一个国家免遭侵略。

革命斗争的道路曲折漫长，要取得革命胜利，使国家获得独立、自由解放，处处有艰难挫折，时时有流血牺牲，不经长期艰苦卓绝的斗争不能达到目的。建设国家的道路也是曲折漫长的。要使国家繁荣富强，时时有矛盾斗争，处处有艰难险阻，同样不经长期艰苦卓绝的斗争不能达到目的。因此，要使国家获得独立、繁荣富强，就要有献身精神。献身精神能够转化为无比巨大的力量，使真理战胜谬误、正义战胜邪恶、光明战胜黑暗，使落后变为先进、贫困变为富裕。出现危及一个集体、一个国家的祸害和意外变故等，一个人或者一群人有献身精神，往往能化险为夷，否则就会同归于尽。继承、发扬献身精神，才能使"四化"顺利进行。否则，建设事业永远难有进展，国家永远不能富强，人民永远不会过上好日子。

中华民族历来都有献身传统。屈原以身许国，"虽九死其犹未悔"；班超投笔从戎；岳飞精忠报国；文天祥"留取丹心照汗青"；刘胡兰视死如归；鲁迅"我以我血荐轩辕"；袁隆平"一生不离开稻田"，86岁仍每日下田观察杂交水稻……

我们要发扬这种精神，在社会主义新阶段里，为了国家的富强、民主、文明、和谐，为了社会的自由、平等、公正、法治，做到爱国、敬业、诚信、友善，有一分热，发一分光，做出应有贡献。

延伸阅读：刘震云《文学解决了什么问题》（刘震云在中国人民大学第五届文学节上的演讲）

◆ 怎样写演讲稿

演讲是生命激情的投入和表现。目前世界各国普遍很重视演讲。在美国，已有很多所院校开设演讲系。

演讲稿是在群众集会、会议上发表演说或者讲话时用的书面稿。它可以用来阐述自己的主张见解，宣传方针政策，介绍科学知识、工作情况和经验，教育群众、激励群众，促进社会的发展和建设。

演讲稿与发言稿既有相同之处，也有它的特殊之处。写演讲稿除了要注意写发言稿的要求外，还要注意下面五点：

（1）要有明确的针对性。要明确听众是什么人，听众不同，演讲的内容、语言、口吻等也应有所不同。要抓住当前人们普遍关注或者存在的问题来立论，解决人们普遍关注或者急需解决的问题，这样才有现实意义。否则，即使说得天花乱坠，也得不到应有的效果。《献身精神赞》便是针对当前不少人对献身精神的意义不很明白，甚至对献身精神有误解而确定演讲内容的。

（2）要有具体、生动、典型的事例。事实胜于雄辩。演讲稿中有具体的事例，才会有说服力，才能讲得生动、扣人心弦。如果只讲理论，就可能乏味一些。《献身精神赞》中所举向秀丽、弦高等人的事例，便是较具体、典型的事例。

（3）要有理论阐析。光摆事例而不讲理论的演讲没有深度，问题得不到深刻论证，听众只知其然，不知其所以然，得不到深刻的教育和启发。因此，写演讲稿不仅要摆事实，而且要从理论上做阐析。《献身精神赞》便有理论阐析。

（4）要注意语言的运用。语言要通俗易懂，优美亲切，少用艰深的术语、方言土语，要用口语和文学语言。可以多用比喻、排比等修辞方法，使演讲具体、有气势。句子要短，不要"穿靴戴帽"，不要讲客套话、空话。《献身精神赞》便注意到了这些语言运用方面的要求。

（5）开头即交代演讲的题目或者观点。开门见山、直截了当地提出演讲的观点或者题目，让听者了解你演讲的内容或者观点。《献身精神赞》便在开头交代了演讲题目。

◆ 演讲稿题目

（一）学校决定在"五四"青年节举行以"见义勇为"为话题的演讲比

赛。请你写一篇演讲稿,准备演讲,题目自拟。

（二）阅读下面的材料,根据要求写作。

"民生在勤,勤则不匮",劳动是财富的源泉,也是幸福的源泉。"夙兴夜寐,洒扫庭内",热爱劳动是中华民族的优秀传统,绵延至今。可是现实生活中,也有一些同学不理解劳动,不愿意劳动。有的说:"我们学习这么忙,劳动太占时间了！"有的说:"科技进步这么快,劳动的事,以后可以交给人工智能啊！"也有的说:"劳动这么苦,这么累,干吗非得自己干？花点钱让别人去做好了！"此外,我们身边也还有着一些不尊重劳动的现象。

这引起了人们的深思。

请结合材料内容,面向本校(统称"复兴中学")同学写一篇演讲稿,倡议大家"热爱劳动,从我做起",体现你的认识与思考,并提出希望与建议。要求:自拟标题,自选角度,确定立意；不要套作,不得抄袭；不得泄露个人信息；不少于800字。(全国高考作文题)

59. 对联

对联四副

德书命运
善定人生

山岳忘情观胜景
江河得意唱新歌

神州处处莺歌燕舞
华夏时时日暖风清

峻岭巍巍烈士英名传华夏
大江滚滚英雄奇迹颂人间

◆ **对联的写作**

对联：由上下两联组成的对偶句子。字数多寡无定数。多反映新思想、新愿望。

对联要求对仗平整，平仄协调：上下联中同位词语的词性相同，相邻音节平仄交替，上下联同位音节平仄相反，让对联音韵错落起伏，悦耳动听。例如：

神州处处莺歌燕舞

华夏时时日暖风清

"神州"与"华夏"、"处处"与"时时"、"莺歌燕舞"与"日暖风清"词性相同。

神州处处莺歌燕舞

平平仄仄平平仄仄

华夏时时日暖风清

仄仄平平仄仄平平

相邻音节平仄交替,上下联同位音节平仄相反。

不过,如今的新对联不全受对仗、平仄限制,个别地方如果符合对仗、平仄的字词都不能恰切表情达意,而在不符合对仗、平仄的字词中有能恰切表情达意字词,就可以用上后者。但是,上联最后一个字用仄声字,下联最后一个字用平声字,则是"铁律"。

念对联从"右手边"念起,因此对联的上联应该贴在"右手边",下联贴在"左手边"(人面对大门站着,右手这边为"右手边",左手这边是"左手边")。不少人不知道这"规矩",把下联贴在"右手边",把上联贴在"左手边",因而阴差阳错。怎样判断上联、下联?根据上联的最后一个字必用仄声字、下联最后一个字必用平声字来判断。还可以根据因果关系(上联"因",下联"果")、时序先后、场面范围(从大到小)等判断。

◆ **对联题目**

有些中学举行"我家春联我来写"活动,请你根据对联的写法自拟一副春联,写在红纸上,贴在大门旁。

60. 书信

致卢大刚的一封信

大刚：

  你好！

  来信收到，感谢你来信问候我并向我倾诉了心里话。

  你说高考落榜后心中苦闷，这是人之常情。但是你说高考落榜，前途渺茫，这是不正确的。大量事实证明：只要落榜不落志，照样可以成才。

  宋代苏洵第三次科举落榜后，自学不懈，终于成为"唐宋八大家"之一。李时珍三考举人不中，转而攻药物学，写成流传千古的名著《本草纲目》。徐文长八次参加乡试落第后矢志学画，终于独创画派，成为一代宗师。蒲松龄屡次赴考都名落孙山，他以"有志者，事竟成，破釜沉舟，百二秦关终属楚；苦心人，天不负，卧薪尝胆，三千越甲可吞吴"自勉，发愤著书，终于写成力作《聊斋志异》。

  现代剧作家曹禺三次报考大学都没考取。后来，他立志搞剧本创作，经过不懈的努力，终于写出了《雷雨》《日出》等杰作。从木匠徒工到国画大师的齐白石，从吹玻璃工到电光源专家的蔡祖泉，都没有大学文凭，却都在各自的领域做出了骄人的成绩。

  丘吉尔三次报考大学落选，立志参加"社会大学"的学习、探索，终于成为举世闻名的政治家。世界闻名的文学家高尔基、进化论的奠基人达尔文、"发明大王"爱迪生等都没有上过大学。

  当今社会，有优越的社会制度，有众多的自学途径，有各行各业的能工巧匠做老师。这"社会大学"能教给人们丰富的知识，能锻炼人的意志，给

人带来希望和前途。更重要的是,党和人民为我们提供了各种条件,铺设了很多通往事业成功之路。对于有志者来说,"条条道路通罗马","森林之畔,有参天大树;学府之外,有栋梁之材"。一时考试落榜,绝不能说没有前途了。只要不甘沉沦,脚下的路是宽广且四通八达的。

只要我们把自己的命运同祖国和人民的命运紧紧地连在一起,把为人类造福当作自己一生的头等大事,目标始终如一,步履坚实,就一定能为社会做出应有的贡献。

我今正在度暑假,身体健康,生活愉快。

寄去相片一张。有空请到我家来面叙。

祝

身体健康

张荣初
1995 年 8 月 15 日

延伸阅读:吴辉《给女儿吴阳的一封信》(百度文库)

◆ **写信常识**

书信是按照习惯格式把要说的话写下来,给特定的对象看的一种实用文体。

书信没有固定的内容,想向收信人说什么就写什么。如果写回信,则要看来信是否提出了什么要回复的问题。如果有,则要把回答所提出问题作为内容之一或主要内容。来信者虽然没有明确地提出要答复的问题,但从信中可以看出来信者存在某些问题,也得把帮助对方解决这些问题作为信的内容之一或主要内容。《致卢大刚的一封信》便针对卢大刚信中以为高考落榜便前途渺茫这一问题来写的。

书信的写法自由,叙述、描写、抒情、说明、议论或兼而有之均可,还可采用讨论形式。

书信的开头顶格写称呼，后面用冒号，单独成行。写称呼时，对长辈、上级不能直呼其名，而要用敬称，如"亲爱的妈妈""敬爱的校长"。

第二行写问候语。对尊长用"您好"，对平辈、晚辈用"你好"，复数用"你们好"。问候语单独成行。

第三行开始写正文，即信的具体内容。如果有多方面内容，应分若干段写。语言要得体，书写要认真，感情要真挚。

正文之后用敬语和祝语，如"敬祝／健康""谨致／敬礼"。前半部分一般用：敬祝、谨祝、恭祝、顺祝、致、顺致、谨致、颂、即颂、敬颂、祈、谨祈、敬祈等。下半部分可根据收信人的身份、职业加以选择，如对老师用"教安"，对编辑用"编安"，对作者用"撰安"，对学生用"学安"，对全家用"福安"，对夫妇俩用"俪安"，还可根据对象用"学业进步""身体健康""家庭幸福"等。敬语、祝语要分行写，祝语要顶格写。

祝颂词后是署名。家信一般只写名不写姓。在姓名前一般加上表示自己身份的词，如"儿""弟""甥""外孙""兄"等。长辈写给晚辈的信一般只写身份不写姓名，如"父""祖父""舅父"等。有人在写信给朋友或尊长时在姓名前加上谦辞，如"愚弟""晚生"等，也都可以。署名要另起一行，写在正文右边。

署名后写日期。给不知自己通信地址的人写信，还要在信末写上自己的通信地址、邮政编码和电话号码。

书信的谋篇布局相对灵活，表达方式多样，内容方面可以写一件事，也可以写多件事。总之，书信比较容易成文，因而不少考生喜欢采用书信体来作文。写书信体作文要切合命题的要求，一般采用夹叙夹议的手法。

◆ 书信题目

（一）下边是某小学六年级学生刘维芸给《中国少年报》知心姐姐写的一封信，认真阅读后，请你以知心姐姐的名义给她写一封回信。

亲爱的知心姐姐：

　　一次，我在路上看见几个男孩用毛毛虫吓唬一个四五岁的小女孩。我走上前用身子护着小姑娘，他们见我是女孩，觉得我好欺负，就说："多管闲事！"当我正要去夺男孩手中的毛毛虫时，不料另一个男孩扔起一块小石头，把我前额打得鲜血直流。从此，我的前额留下一块伤疤。有的人责怪我自讨苦吃，不该去管那闲事。这件事，我做得对不对？恳请您帮助我。

　　致

敬礼

刘维芸

2001年6月14日

　　【要求】针对刘维芸信中反映的问题，结合生活中的生动事例发表意见。（福建省中考作文题）

　　（二）写一封信，谈谈毕业前夕的学习生活。

　　【要求】（1）信写给谁由自己定，但只能写给个人，不能写给集体。（2）600~700字。（3）不写真实姓名，文中涉及的校名一律用"××"代替。（广州市中考作文题）

　　（三）请你给亲友（爸爸、妈妈、老师、同学、亲戚、朋友等）写一封信，倾诉你最想说的话，谈谈你最想谈的事。

　　【要求】（1）符合书信的格式。（2）要说真话，写真事，写出真情实感。（3）不少于500字。（4）正文涉及区域、单位、姓名均用"××"代替，信末尾的署名一律用"晓明"代替。（四川省中考作文题）

　　（四）天津市向阳中学与北京市长宁中学商定，2006年5月2日（周日）下午2时在北京中山公园联合举办"五四"青年节联欢活动。4月26日，向阳中学团委接到区团委的通知，要求校团委组织全体共青团员参加5月2日的全区植树活动。向阳中学学生会从校团委了解到这一情况后，决定写信给长宁中学学生会，希望将联欢活动的时间改在5月4日。同时，为了使活动时间更充实，由半日活动改为从早上9时开始的整日活动。

请你代向阳中学学生会写一封短信,跟长宁中学学生会就此事进行协商,并要求对方迅速给予答复。要注意将情况和意见交代清楚;要用协商的口吻,语言要简洁。(天津市中考作文题)

(五)澄溪中学附近有一家前进化工厂。工厂天天向外排放有毒的气体和废水。广大师生和附近居民长期处在被污染的环境中,身体健康受到损害,工作学习受到影响。几年来,学校多次向工厂提出意见,要求妥善解决污染问题,但厂方总以生产任务繁重、技术力量薄弱和经费开支太大等为理由,一再拖延,至今未能解决。

试就上述问题,以"澄溪中学学生会"的名义,给《光明日报》编辑部写一封信,反映情况,申述理由,呼吁尽快解决问题。

【要求】(1)要求符合书信格式,最后署名一律写"澄溪中学学生会",不得写个人的姓名,不得透露所在地区和学校,否则扣分。(2)可在上述内容的基础上,适当补充有关材料。(3)不要少于500字。(全国高考作文题)

61. 日记

日记两则

1961年6月3日　晴

昨日去学院医疗室诊病，校医说我太瘦弱了，要我去省中医院（学院挂钩医院）诊断，看看是否有什么病。

早上四时许，天蒙蒙亮了，室友们睡得正香，我悄悄地起床。

走在校道上，清凉的晨风、新鲜的空气使我神清气爽。

管理水电的工人匆忙地走着，关宿舍旁边、校道旁边的路灯。

传达室工人正在扫地，见我要出去，放下扫把，拿出早出登记簿叫我登记。我登记完毕，他开门放我出去。

乘公共汽车去到大德路中医院，等候挂号的人已经排成长龙。

我等候了一小时多，看完《广州日报》《漳河水》，护士才开门出来发挂号单。

挂号后我去诊室门口一边复习俄语一边等候诊病。老中医师胡医生望、闻、问、切后告诉我，因为我长期盗汗，又患过肝炎，用脑多，以致身体瘦弱，气血不足，神经衰弱。这些不是什么病，不要有顾虑。用药调理一下就会好转。听了他的话，我转忧为喜。

我从中医院出来，因为要替林初弟买高考大纲（他就读的学校高考复习时间不很长，老师只选重点复习一下，不按高考大纲复习，所以不统一给学生购买考纲。需要考纲者，自己购买），便一边步行一边看街道两边有没有书店。从大德路折向解放中路，继续往前行。在解放中路看到一间废品收购站，便进去把带来的一年多来积下的五个牙膏皮卖掉，得到一角五分钱。

从解放中路走到中山路，仍看不到书店。从中山路走到永汉路，终于看到书店，买到高考大纲。

在文明路邮局把书寄出后，我继续前行，找公共汽车站。经过一间旧书店时，想到旧书店的书非常便宜，不少书打三折，便进去看看有没有自己又喜欢又便宜的书。在旧书堆中找来找去，找到《电影中的人物性格和情节》一书，三折，我非常兴奋，如获至宝，因为我正在利用课余时间创作电影文学剧本。虽然买了此书后没钱乘公共汽车，需要走路回学院也不后悔。

上午的俄语课因为临时改变教室，有些同学不知道而没有去上课。老师在宿舍门口挂出通知：上午缺课的同学下午最后一节补课。这真是"天助我也"。因为我上午请假没有上课，所缺之课唯有俄语难自学。我依时去到教室，上课时间到了，却只有我一个人，其余缺课者都没来。虽然只有我一个人，但是老师照样上课。上完课，我感谢老师，老师表扬我。在大学教室，一位老师只给一名学生上课，可能绝无仅有。

晚上我看上午所缺之课的讲义，在熄灯就寝前全部看完、消化。

2021年6月7日　雨

今日，我去打字店打书稿。去时公交车司机没有叫我出示粤康码，回来时却要我出示。我极少出门，没办粤康码。司机说没有粤康码不准乘车，我只好下车。

我在街边等出租车，等了很久也不见出租车的踪影。因为疫情，禁止摩托车载客，所以也不能搭摩托车。

下雨了，我到一小店门口避雨、等出租车，等了很久还是不见出租车踪影。

旁边站着一个朴实的中年人，我对他说能不能帮我打滴滴车，他说可以。他问我去哪里，我告诉他，他便替我打车。手机上显示要22元，我给他钱，给来给去，他都不肯要。

等了很久，雨停了，还不见车来。他说他有小车，可以送我回去，我喜出望外。

车上,我问他姓名。

他说:"吴国英。"

"哪里人?"

"(番禺南村镇)市头村。"

"跟我住的地方方向相反呀!"

"没关系。"

"做哪一行?"

"做门。"

回家后,我想:如果不是碰到这位好心人,我可能要走路回家。十余里路程,要走一个多小时。碰到这位好心人,不用走路,真幸运。

◆ 日记的写作

在宁夏一个偏远的山村里,有一个女孩叫马燕,因为家庭贫穷,她两次被迫辍学。为了上学,她向母亲哀求,并把自己从四年级起写的四本日记交给母亲。法国《解放报》驻北京记者阿斯基到马燕的家乡采访,马燕的母亲把马燕的信和日记交给他。质朴的文字和真诚、执着的感情让法国记者感到"震撼"。阿斯基在《解放报》上用两个整版的篇幅发表了题为《我要上学》的长篇通讯,引起了法国及至整个欧洲的注意。2004年,经阿斯基整理的《马燕日记》在巴黎出版,很快登上了法国年度畅销书排行榜,成为许多国家的畅销书。人们纷纷寄来慰问信和捐款,资助马燕和她所在村子的失学孩子。

写日记是一项重要的基本功训练,作用甚大,意义甚多:(1)能记录下自己的成长过程。笔者在读高中、大学时虽然功课多,但也坚持写日记,因而能够凭借日记详尽地了解当时的情景。(2)能为写作提供素材。刘白羽的《长江三峡》就是根据日记整理而成的。杜鹏程写《保卫延安》的时候,很多事情是从日记中摘录的,"连每次战斗的时间和地点,都是靠日记提供的"。

（3）天天练笔，熟能生巧，写作水平定能逐步提高。（4）可以总结生活经验，鞭策自己，经常反省，改正错误，不断进取。（5）可以及时宣泄苦闷、愤怒情绪等，有益身心健康，延年益寿。（6）能为自己留下最全面、具体的"档案"。因此，日记有"资料库""个人档案""练习作文的最好方法""攀登写作高峰之阶梯"等美誉。

写日记写什么？每天所读所学、所见所闻、所观所思、所言所行、所感所获，喜、怒、哀、乐、爱、恶、欲，个人的事、家事、单位的事、国事、天下事，自己认为值得记的都可记下来。像散文那样，"宇宙之大，苍蝇之微"无不入其范围，随心所欲，毫无限制。

日记通常是把整天经历的主要事情都记录下来，如《日记两则》中的第一则。也可只把当天感受最强烈、印象最深刻或最重要的事情写下来，如《日记两则》中的第二则。

开始可以既不考虑重点，也不考虑深度，但是到了一定阶段，写作能力、思维能力达到一定水平后，日记就要既全面又重点突出。所谓重点，指精彩、新奇、有深意的东西。做到内容较集中、突出，有深度。若想做到这一点，平常要做生活有心人，对身边的人、事、物养成仔细观察、深入分析的习惯，善于捕捉平凡事物中的闪光点。

日记通常的格式是：第一行中间写明日期，还可记下当天的天气；第二行开始写正文。

写日记有四忌：

一忌假。日记是生活、心灵的真实记录，切忌编造。

二忌滥。写日记要选有价值、有意义的内容来写，不要事无巨细，尽收笔下。

三忌呆。日记的写法灵活多样，可记叙（叙事、写人、写景、写物），可抒情，可说明，可议论，也可兼而有之。有话则长，无话则短。

四忌懒。不要时记时辍。

郭沫若说："最平常的东西说不定是最新奇的东西，最微末的存在有可能是最伟大的存在。"日记里所记的东西，说不定便是看似平常却新奇、看似微末却伟大的东西。马燕的日记就证明了这一点。

日记有三种：一种是私密日记，记隐私和心事，不打算公开；一种是留给后人看的日记，作者去世后依法可以公开，如《蒋介石日记》；一种是文学体裁日记，其中有小说，如《狂人日记》，有既写实又有文学性的散文、随笔。笔者所写《日记二则》便是这种日记。

◆ 日记题目

（一）题目：双休日日记两则（江苏省扬州市中考作文题）

（二）请以《我二十年后某一天的日记》为题，写一篇500字以上的文章。（广东省广州市中考作文题）

（三）题目：日记一则

【要求】（1）自命一个副标题，写在破折号后边。（2）写你在学习、生活中的见闻、感受。（3）有记叙，有议论。不采用诗歌形式。（4）不少于600字。（5）不出现真实的校名。（福建省厦门市中考作文题）

（四）阅读下面的材料，根据要求写作。

日本作家村上春树说过一句话："你要做一个不动声色的大人了。"面对新冠肺炎疫情的严峻考验，面临不断迫近的高考压力，面向充满不确定性但却迅速向我们走来的未来，我们对这句话一定加深了体会，对下列词语也一定加强了认识：

自主、理性、规划、选择、诚实、责任、情怀、信念、素养、力量、文明、共同体

请从中选择两三个关键词，写一篇成长日记，表达你对疫情的思考，以及疫情下你所获得的启示和改变。

要求：选好关键词，使之形成有机的关联；选好角度，明确文体，自拟题目，不得套作；不能少于800字。（全国高考作文题）

文学作品

用语言文字塑造人物形象、反映社会生活、表达作者思想感情的作品。文学作品分为诗歌、说唱文学、戏剧、影视文学、小说、散文六类。

62. 诗歌

落水狗

掉进深水里,眼看要淹死。
冒险捞上它,抚摸又喂食。
溅你一身水,咬你血淋漓。
施施扬长去,回头瞪瞪你。

投宿

白花畲①,层峦叠嶂,
离家十余里。
羊肠小道,
崎岖曲折。
我家在那里租了一片田,
夏收去收割水稻。
我去田头做饭,
放鸭吃掉田里稻谷。
夕阳西下,
大人挑稻谷回家,
要我挑鸭子回去,

---

① 畲(shē):用于地名。

明日清晨再来。
十二岁的我疲惫不堪，
不愿回去。
那里有一户人家，
只有一个老婆婆。
我去她家投宿，
她喜出望外。
晚上我问婆婆：
"为什么一个人住在这里？"
"村里无田地，
夫妇到这里垦荒。
搭茅屋栖身，
种作物果腹。
丈夫被毒蛇咬死，
自己仍住在这里。"
深夜，
成群蚊子嗡嗡叫，
饿狼狐狸声声哀。
鸭子吓得呀呀叫，
我吓得不敢睡。
婆婆拿着柄长七尺大刀，
气定神闲地说：
"别怕，
狼进来，
我一刀砍死它，
明日请你吃肉。"

神圣的职业

园丁、人梯、铺路石，
春蚕、蜡烛、灵魂工程师……
我的称呼说不尽，
个个都无比响亮！

我手中的教科书，
会幻化出智慧、力量；
我手中的教鞭，
能升华为路标、理想！

一句话唤来一座矿山，
一行字开创一个农场；
一个激励一条康庄大道，
一次实验一颗人造太阳！

我天天站在讲坛上，
可我的足迹遍及四面八方；
我晚晚伏在书案上，
可我的桃李长满五洲四洋！

千万人血管里有我血液，
千万人眼睛里有我远望；
我的寿命百倍千倍地延长，
我的青春永远迸射光芒。

我的职业无比神圣,

一片片幼苗茁壮成长;

我的职业无比神圣,

造就"四化"大厦栋梁!

延伸阅读:贺敬之《三门峡——梳妆台》(2008年华东师范大学出版社《中国现代文学作品选读》下册)

◆ 诗歌的特点与创作

近代以来,诗人写的诗歌多为自由诗。自由诗也称现代诗,通常称诗歌。

诗歌要求以高度精练的语言,形象地表达作者丰富的思想感情,集中反映社会生活,并具有一定的节奏和韵律。

诗歌有四个特点:

(1)概括性。集中概括地反映社会生活,是所有文学作品的共同特点,而诗歌概括、浓缩的程度,远比其他文学体裁要高。必须抓住生活中最能显示事物本质的典型,用高度概括的文字去表达作者的思想与感情,因而诗歌语言必须精练,含义丰富、深刻。《神圣的职业》中的"一次实验一颗人造太阳",就高度概括了教师培养人才、促进社会发展的巨大作用。

(2)形象性。诗歌要运用形象思维。有形的事物,一定要活灵活现地表现其形象。抽象的概念,也要通过运用联想、想象的手法,把它变成具体的形象。诗人的激情,是凭借联想与想象的翅膀飞翔的。丰富的联想与想象,又使诗中的感情更加充沛,形象更加鲜明,意境更加深远。《落水狗》一诗,借落水狗活灵活现地表现恩将仇报者形象。

(3)抒情性。《尚书》已经提出"诗言志"。郭沫若说:"诗歌的本职专在抒情。"从根本上说,诗的诞生是人的情感作用于内心,而后通过语言得到外化的表现。因此,诗歌的抒情性鲜明而强烈。强烈的感情是诗的最本质的特征。没有丰富的感情就写不成诗,所以有人说:诗是激情喷发所成。

《神圣的职业》便是笔者激情喷发而成的。

诗歌的抒情,或借助具体形象,或托物言志,或借景抒情,或直抒胸臆,或兼而有之。《投宿》借助笔者自己、老婆婆形象,反映中华人民共和国成立前社会黑暗,抒发对黑暗社会的鞭挞之情。《神圣的职业》主要借助具体形象赞颂教师职业的崇高,抒发对教师职业的热爱之情。

(4)音乐性。诗歌的语言必须有音乐美,这主要由用字注意平仄、造句注意节奏、偶句押韵等来体现。《落水狗》《投宿》《神圣的职业》都有一定的音乐性。

在诗歌的创作中,诗人为了把诗写得形象、生动、精练、优美,较之其他文学样式,更加重视运用修辞和艺术手法。诗歌作者在创作中常用的修辞和艺术手法有赋、比、兴、象征、比拟、对比、排比、借代、对偶、反复等。

明确了诗歌的这些特点,胸中有了比较丰富而深厚的感情蓄积,就可以按照这些要求进行诗歌的创作了。

◆ 诗歌题目

(一)一个人在年轻的时候不写诗,便错过了人生最美好的时光。

请同学们按照诗歌的特点,练习写一两首小诗。

(二)亲情是一首悠悠的诗;亲情是一支绵绵的歌;亲情是一杯浓浓的茶;亲情是一壶酽酽的酒。

请写一首赞颂亲情的诗。

(三)世间万物,自有其韵味,只要我们用心去品味,总能感觉到一种别样的情趣。比如初春的新叶,它折射出多么明丽的生命光泽;比如房顶的鸽子,它时而昂首远眺,时而又充满戒心地盯着行人;比如夏日的暴雨,是那么酣畅淋漓;比如秋日的清风,多么让人心旷神怡!

请以《品味》为题,写一首诗。

(四)请以《像一道闪电》为题目,写一段抒情文字或一首小诗。要求:感情真挚,语言生动,有感染力。(北京市高考微作文作文题)

63. 儿歌

村里变化多

大公鸡呀尾婆娑,村子里呀变化多。
村东广场多活动,村西果树结满果。
村南工厂机器大,村北别墅一座座。
小伙伴们手拉手,又唱又跳真快活。

◆ **儿歌的创作**

提起儿歌,很多人脑海中都会浮现软糯的童音和轻快的旋律。

儿歌,反映儿童的生活、情趣,适合儿童唱的歌。儿歌是儿童最早接触文学的文学样式之一,可让儿童在欢声笑语中感受优美旋律、和谐节奏、浅显道理、真挚感情等。

儿歌有四个特点:

(1)多采用比兴手法。比,比喻。兴,先言他物,营造氛围等,引出所咏之词。《村里变化多》开头的"大公鸡呀尾婆娑,村子里呀变化多"便采用了"兴"的手法。

(2)内容广泛。浅显道理、生活常识、山水草木、时间观念、社会变化、好人好事等与儿童生活接近、容易被儿童理解的都可涉及。《村里变化多》写的便是农村儿童日常听见。

(3)节奏明快,唱起来朗朗上口。

(4)篇幅较短,多为四至八句。

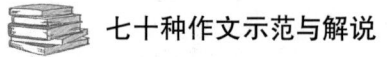

创作儿歌要根据上述特点着墨。

◆ **儿歌题目：**

根据儿歌特点创作一首儿歌歌词。

64. 小说

飞往火星

科学家王大昌对95岁的母亲说:"妈妈,再过半年,我要乘宇宙飞船去火星搞科研,要三五年才回来。火星与地球之间不能通电话,不能与你联系。这半年,天天要训练,很难回来见你,你老人家不要惦记我。"

大昌妈说:"你是科学家,去火星搞科研是光荣任务,训练合格才有资格去,不合格没有资格去。你专心刻苦训练,不回来见我不怪你。"

半年后,大昌妻子对大昌妈说:"妈,大昌已经飞往火星。因匆忙,所以离开时不能回来见你。他要你不要惦记他。"大昌妈听了很高兴,说:"我儿子有资格去火星啦!"

其实,大昌在半年前去医院检查时发现患了晚期癌疾,已于三个月前去世。

中奖

他叫阿福,听人说"东西南北中,发财到广东",便不怕路途遥远,从北方农村辗转来到广东某城市。

阿福文化水平低,除了会使锄头便无其他手艺,因而找工作不容易。他不想偷,不想抢,不干见不得人的事,只好在大桥孔洞中栖身,以拾破烂维持生活。

街边到处有奖券销售,有体育奖券,有福利奖券……中头奖的少则几百万元,多则几千万元。阿福想:自己出来闯世界,说啥也得弄些钱回去,不然，不仅对不起家人，还会被人讥笑，说自己没用。但是，对自己来说，要想有钱，"除了中大奖，其他不用想。"因此，阿福将卖破烂得来的钱除了买馒头充饥外，其余的全部用来买奖券。可是命运好像有意捉弄他，几个月来，他买了几千张奖券，只中过两次 10 元"安慰奖"，这使他一次又一次失望，心里暗骂自己没用。

开奖的时候又到了，阿福站在一间商场里的一部大荧屏电视机前，目不转睛地看着。真是"功夫不负有心人"，阿福竟中了头奖，奖金 2000 万元。

阿福异常兴奋，得意忘形，快步走出商场，狂喊："我发了！我发了！"

他兴高采烈地回到自己栖身的孔洞，得意忘形地把破篮子、破袋子、破衣服往大河里丢，边丢边喊："滚吧，破烂货，我发财了，要买崭新的了！"

突然，他大吃一惊，几乎晕倒。原来，他想起那中奖的奖券藏在破袋子里，那破袋子已被他丢进大河了。他焦急地向河里张望，希望那袋子还浮在水面上，可是那袋子已被汹涌的大浪卷走，无影无踪了。他一下子瘫倒在地上……

自作自受

中午，上学路上。走读生小明看见路旁草丛里有一小包东西。小明如今读初中二年级，有贪小便宜的习惯。他把那一小包东西拾起来，心想：要是里面是人民币就好了。他打开一看，里面果然是人民币！

他抬头看看前面，前面虽然有人，但是没有人回头看他。他回头看看后面，后面虽然有人，但是离他较远，似乎也没有人注意他。于是，他赶快把钱塞进书包，若无其事地继续上学去。

来到学校，他躲在一个没人的角落，把钱拿出来数，看看有多少，一数才知道竟然有 9000 元！

小明从来没有见过这么多钱，心里又高兴又有点惊慌，心怦怦直跳。他想：人家丢了这么多钱，肯定非常焦急，应当还给失主。但又转念一想：如果失主是个大款，这笔钱可谓小菜一碟，就像一般人看待 5 元钱那样，毫不在乎。但对我家来说，这可是巨款。爷爷、奶奶已年老，奶奶还常生病。妈妈在家种田，爸爸外出打工，挣钱不多。现在好不容易拾到这笔钱，一交出去便没了，还是不交出去吧。拿定主意后，他把钱放进书包里，向教室走去。

一整个下午小明都心神不宁，眼前不时出现一个丢失巨款的人：他呼天抢地，痛不欲生。要不要把钱交出去呢？

犹豫不决之际，小明想到有了这笔钱，就可以医治最疼爱自己的奶奶的病，可以买自行车。有了自行车，上学就方便多了。他又想出了交代钱的来历的办法：假说放学后到镇上买即开型奖券，中了9000元。这时，他便完全打消了把钱交出去的念头，只等待着放学。

放学后，小明真的去镇上转了一下才回家。

小明姑姑天珍大娘的丈夫早逝，丢下她和儿子卓有光母子俩。天珍大娘勤耕苦作，省吃俭用，好不容易才把卓有光拉扯大。

因为母子相依为命，天珍大娘很怕儿子有什么闪失，所以对儿子百依百顺，只要求儿子读书，不要他做其他任何事情。

卓有光高中毕业考不上大学，想外出打工，天珍大娘生怕儿子在外打工她看不到、管不着，不安全、不放心，所以不让他外出打工。留在家里，卓有光不肯干耕田种地这种花力气多却收入少的活，又不会做家务，整天游手好闲，在村里游游荡荡。天珍大娘想，这样下去不行，得让儿子有工可做。做什么呢？她问儿子："有光，你已长大，得做工了。你想做什么呀？"

卓有光看见村里有摩托车的人骑着摩托车来来去去，非常威风，便说："妈，买辆摩托车给我，我用摩托车载客挣钱。"

虽然家里积蓄少，但是儿子开了口，又可让他有工可做，大娘当即表示同意，并当即前往叔伯们家，向他们说明情况，请求叔伯们借钱给她。叔伯们可怜她，个个当即慷慨解囊，凑足买一辆摩托车的钱给她。她非常高兴，回家后当即把钱交给儿子。

第二天，卓有光兴冲冲地带着钱去镇上买摩托车，因为不小心，把钱丢了。

天珍大娘母子在路上找丢失的钱，找来找去找不到，天珍大娘伤心欲绝。夕阳西下，回家路远，而天珍大娘的娘家就在附近，所以天珍大娘决定带有光到娘家去住一晚，明天早起继续寻找丢失的钱。来到娘家，天珍大娘诉说丢款之事，大家听了，愁眉苦脸，唉声叹气。

黄昏，小明回来了。他妈问他去了哪里，他说他放学后去镇上买即开型奖券，中了9000元。大家要他把钱拿出来，他把钱拿出来，天珍大娘母子一看，正是卓有光丢失之款。

小明妈劈头盖脸地打小明，边打边骂："这么小就这么贪心，这么会吹牛，长大后不是更坏？找不到钱，表哥失魂落魄，姑姑痛不欲生，你不贪心，就什么事也没有！"小明低着头，小声地对姑姑、表哥说对不起。他妈妈要他跪下来大声说，他姑姑说："算了算了，这钱幸亏被他拾到，要是被别人拾到，就可能石沉大海了。"

买摩托车的钱失而复得，天珍大娘母子喜出望外。第二天，卓有光便去镇上把车买回来，上车牌后，即去载客。

天珍大娘怕儿子开车太快，发生意外，一再叮嘱他千万要注意安全，注意车速，卓有光满口答应。

一天，卓有光载一个客人去数十里外的地方，傍晚还没回来。天珍大娘忧心如焚，出门边走边往前张望，不知不觉走了四五里路还不见儿子的踪影。在山边转弯处，一辆摩托车风驰电掣般飞来，把她撞飞，开车人没下车救她，一溜烟地跑了。

卓有光送完客回到家里，不见母亲身影，以为她去了舅舅家。他又饥又渴，便用开水泡了两包方便面当晚饭，又能果腹又解渴。吃完，他打电话给舅舅们，问妈妈是不是去了他们家，舅舅们一个个都说没有。他又打电话给姑姑等亲戚，他们都说他妈妈没有去他们家。他突然害怕起来，怕什么？他想起自己开车回来时，在离家五里左右的山边转弯处撞飞一个人，那个人有点像自己妈妈。当时由于惊慌失措，怕赔医药费，他便加大油门离去。那个人是不是自己妈妈呢？因为天黑，所以看不清。他开车去那里一看，果然是自己妈妈。他立即打电话给医院，医院派救护车把天珍大娘送回医院抢救。抢救后，医生对卓有光说："伤者没得到及时抢救，有死亡危险，即使不死，也将成为植物人。"卓有光听了，眼前一黑，栽倒地上。

延伸阅读：姜钦峰《请你相信，我一定回来》（《读者》2006年第14期）

◆ 小说的创作

小说，文学的一大样式，是以叙述故事、塑造人物形象为主的文学体裁。小说通过人物的塑造、情节和环境的描述来反映社会生活。因此，人物、情节和环境是小说的三个基本要素。通常，小说围绕一个中心人物或者一组中心人物来讲述生活事件，通过生活事件来展现人物性格、命运，表现生活内涵。

按照篇幅长短、容量大小、情节繁简等，小说可以分为长篇小说、中篇小说、短篇小说。近数十年来，微小说、小小说也逐渐多起来。

互联网时代的到来，为微小说、小小说的创作赋予了新的活力。随着手机、平板电脑等阅读载体的出现，随时随地的碎片化阅读成为可能。于是，微小说、小小说很快走红于网络，赢得了众人喝彩。

这里的小说指微小说、小小说和短篇小说。

篇幅短、人物少、情节简单，但是能够以小见大、见微知著、构思巧妙，是微小说、小小说和短篇小说的艺术特点。《中奖》不足700字，只有一个人物，情节简单，主题突出，结构紧凑，但是能够以小见大——通过阿福的"煮熟了的鸭子飞了"这个故事，说明不能被突如其来的惊喜冲昏头脑、在取得重大胜利时不能忘乎所以的道理。

因为这三种小说写的是生活长河中的一朵浪花，所以学习写这些小说要善于观察、思考，捕捉生活中的瞬间镜头、小事件，把它们作为创作这些小说的"原料"。

因为这些小说只撷取生活的一点一滴,所以取材要"小",要善于在丰富多彩的社会生活中,截取有典型意义的片断。《飞往火星》《中奖》《自作自受》都撷取生活长河中的一朵浪花,取材很"小"。

写小说不受真人真事的约束,可以虚构,但是不能违背生活规律,不能胡编瞎造,不能脱离生活实际。《中奖》是虚构的故事,但在现实生活中被突如其来的惊喜冲昏了头脑、在取得重大胜利时忘乎所以的人,不是屡见不鲜吗?所以,它并没有脱离生活实际。

写这些小说应该力求人物形象鲜明。它是小说,而小说的中心是写人。老舍说:"创造人物是小说家的第一项任务。"这些小说中的人物很少,应该抓住能够充分显示其性格或"闪光点"的行为来勾勒人物的风采或者精神世界,突出其性格的传神之点。《中奖》抓住阿福老实却轻狂的性格特征来塑造他。《自作自受》抓住小明贪小便宜的性格和卓有光没有担当精神的特征来塑造他们。

小说构思力求精巧新颖,有起伏,特别是结尾往往出人意料。英国画家、美学家荷迦兹说:"变化产生美。"平铺直叙,一览无余,就会缺少兴味。对于微小说和小小说来说,"变"集中体现在结尾上:整个布局为结尾服务,读者以为情节向东演进,结果却向西而行。因为打破了情节惯用的结构手法,在小篇幅里制造了大变化、大反差,所以产生了独特的审美效果。从情节发展的方向和轨迹来说,这些小说比较多的是"先蓄势后反转"的样式,即作品所描写的事情(或人物性格)被充分渲染、铺垫后,突然反转,使故事的结局和情节的初始方向刚好相反。《飞往火星》《中奖》的结尾都陡然一转,出人意料。

◆ 小说题目

(一)误会

(二)巧遇

65. 课本剧

完璧归赵

第一幕

（赵惠文王的宫殿里。一把大椅子放在舞台中央。赵王坐在椅子上。他的旁边站着缪贤。文武大臣若干人站在两边。）

赵　王　众位爱卿，秦王想用十五座城池交换寡人的和氏璧。大家知道，那秦王是个蛮不讲理的人。跟他换，恐怕和氏璧给了他，却得不到那十五座城池；不跟他换，又恐怕他以此为借口，派兵来攻打我国，而我们又不是他的对手。大家说，该怎么办？

（大臣们面露难色，无人说话。）

缪　贤　大王，微臣有个门客，叫蔺相如，是个足智多谋、善于排忧解难的人。现在大家无计可施，可以叫他来商议这件事吗？

赵　王　这个人现在在哪里？

缪　贤　臣知道今天商议交换和氏璧这件大事，便带着他上朝，现在正在门外等候。

赵　王　宣他进殿！

缪　贤　宣蔺相如进殿！

（蔺相如迈着有力的大步上场，在赵王面前跪下。）

（众人看着他的一举一动。）

蔺相如　（行礼）大王！

赵　王　蔺相如，秦王说要用十五座城池交换寡人的和氏璧，要不要跟他换？

蔺相如　秦王拿十五座城池来换和氏璧，大王不换，理亏的是大王；和氏璧给了他，他不给十五座城池，理亏的是秦王，他的信誉就会在天下人面前丧失得一干二净。

赵　王　（茅塞顿开）有道理！（面向众大臣）众位爱卿，寡人想派一位使者带和氏璧到秦国去，同秦国交换十五座城池，你们谁愿意去？

（众大臣个个低下头，无人出来应答。）

蔺相如　大王，如果没有人愿意去，我愿意去。秦王果真拿十五座城池来交换，我把和氏璧交给他；如果没有把握得到那十五座城池，我会带着完好无损的和氏璧回到赵国来。

（大臣们有的吃惊，有的捂着嘴暗笑。）

赵　王　好！寡人现在任命你为使者，希望你做好准备，过几天送你上路。

蔺相如　（行礼）谢大王！

第二幕

（秦昭王的宫殿里。一把大椅子放在舞台中央。秦王坐在椅子上。他的近旁站着两个妃子，稍远处站着一个老太监。文武大臣若干站在两边。）

老太监　宣蔺使者上殿！

（蔺相如抱着用布包着的和氏璧，带着两个随从上场。他们走到秦王面前跪下。）

蔺相如　（行礼）拜见大王。

（秦王回礼，蔺相如与随从站起来。）

秦　王　蔺使者，把和氏璧献上来！

（蔺相如把和氏璧交给老太监，老太监小心翼翼地把包裹和氏璧的布打开，再把装璧的盒子打开，把璧交给秦王。秦王大喜，众人也大喜。）

秦　王　哈哈！哈哈！哈哈哈！果然名不虚传！举世无双，举世无双呀!

(秦王把和氏璧交给一个妃子。那妃子才看了一会儿,另一个妃子便抢了过去。两人你争我夺。)

秦　王　哎,别抢!别抢!

(秦王从座位上站起来,从妃子手中拿回璧玉,兴奋地看一下,吻一下。)

(蔺相如注视着他们的一举一动。他眉头一皱,计上心来。)

蔺相如　大王,这块璧玉虽然精美无比,天下无双,但是也有一些瑕疵,请让我指给大王看。

秦　王　什么?这块璧玉也有瑕疵?怎么寡人看了这么久还看不出来?好,你指给寡人看。

(秦王把和氏璧交给老太监,老太监把璧交给蔺相如,蔺相如拿着璧退后几步,靠在一根柱子上。)

蔺相如　(非常气愤)赵王为了尊重大王,在决定送璧前来交换后,斋戒五天,在正殿上举行隆重的送璧典礼。可是,大王不但不在正殿上接见我,而且接璧时一点礼节也没有。我看大王也没有拿十五座城池来换璧的诚意,所以用计把璧取回来。如果大王逼迫我,硬要抢璧,我就在柱子上把璧撞破,再把我的头撞破!

(蔺相如手拿和氏璧,斜着眼看着柱子,做出将要在柱子上撞璧的样子。秦王大吃一惊。)

秦　王　(急切地)蔺壮士,且慢,且慢!寡人一时疏忽,没有遵照礼仪来迎接和氏璧,请壮士千万不要把璧撞破。寡人立即叫人拿地图来,把十五座城池划给赵国。

蔺相如　和氏璧是天下公认的稀世珍宝。赵王送璧时斋戒五天,在正殿上举行隆重典礼。现在,大王也要斋戒五天,在正殿上举行隆重典礼,把十五座城池划给赵国,我才把璧送上。

秦　王　是!是!是!寡人一定做到!一定做到!

第三幕

（布景与第二幕相同。）

老太监　宣蔺使者上殿！

（蔺相如独自一人空手上殿。秦王等感到意外。）

秦　王　（大惑不解）蔺壮士，按照你的要求，寡人已经斋戒五天，今天举行接璧典礼，你怎么不带和氏璧来？你那两个随从呢？

蔺相如　自秦穆公以来，秦国的二十多位君王没有一个讲信用、重合约。我担心被大王欺骗，辜负了赵王，所以，我已经叫两个随从化装成百姓，带着和氏璧抄小路回赵国去了。他们已经走了几天，估计已经回到赵国了。

（秦王大吃一惊，随即大失所望，猛拍胸口。妃子、太监、大臣们也深感震惊。）

秦　王　（非常愤怒）蔺相如，你不想活了？

蔺相如　大王且息怒，听我解释。秦国强大，赵国弱小，赵王是不敢不尊重大王的。大王你看，你派个使者到赵国去，说想用十五座城池换和氏璧，赵王立即派我带和氏璧来交换。如果大王真有诚意换璧，真的把十五座城池划给赵国，赵王就是吃了老虎胆，也不敢不把和氏璧奉送给大王，以免得罪大王，招来灭国之灾。今天，我欺骗了大王，该当死罪，但我早已把生死置之度外，你处死我吧！

（秦王、大臣等面面相觑，懊丧而又无可奈何。）

一大臣　大王，这家伙胆大包天，明目张胆地欺骗大王，应该把他拉出去，一刀砍了！

众大臣　（异口同声）对！把他砍了！

秦　王　（沉吟，无可奈何。）把蔺相如杀了，不但得不到和氏璧，反而会使赵国和秦国断绝外交关系，有害无益。不如趁此机会，好好招待他，让他平平安安回国，在赵王面前美言几句。相信赵王不会在交换和氏璧这件事上欺骗寡人、得罪寡人。传寡人命令,在正殿上设九宾之礼接待蔺使者!

蔺相如　(行礼)谢大王!

幕落

(根据《史记·廉颇蔺相如列传》改编)

◆ 课本剧的创作

课本剧:将课本上的散文、故事、小说、寓言、诗歌等改编成可供师生(以学生为主)在舞台上表演的剧本。

随着"减负"的展开,素质教育的落实,很多学校注重提高学生的综合素质,积极探索提高学生综合素质的途径。把课文改编为剧本,要阅读分析原文,按较高要求写作,是读与写的综合训练。戏剧主题鲜明、冲突激烈、人物形象生动,是文学、美术、音乐、舞蹈的综合。因此,课本剧的改编和演出,对学生素质的提高具有"大兵团作战"的效果,是提高学生综合素质的重要途径。为此,不少学校开展课本剧改编、演出活动。不少地方举办课本剧会演。

把课本中的文章改编为剧本,应忠实于原作,至少主要情节(或矛盾)应该符合原作。应该尽量以原主干作为戏剧的主要情节。《完璧归赵》便是如此。有些作品由于矛盾太复杂或者情节太简单,或者因时代等问题,做较大调整也是可以的,但是主要轮廓应与原作相符。

课本剧既要忠实于原作,还要忠实于生活,因为原作是从现实生活中产生,并用来反映现实生活的,涉及国家、民族等重大问题时要谨慎,应符合有关方针政策;涉及历史人物、重大事件时,要查找、核对有关资料,符合历史事实,不能随心所欲地改编。想象要合理,符合社会现实的主流本质。

在改编时,既要考虑忠实于原作,又要考虑剧本的特点和表现手法,依据文学剧本的主题鲜明、矛盾集中、人物形象生动、结构紧凑等特点,以对话为主要表现手法去改编,否则难以编写出好的剧本,从而导致难以演出。为此,应该发挥想象力,进行艺术的再创造。《完璧归赵》大体忠实于原作,按照文学剧本的特点和主要表现手法去改编,做到主题鲜明、冲突激烈、人物形象生动,以对话为主要表现手法。

在改编时,还要考虑演出的可行性。一般来说,班级、学校的资金有限,所以布景不宜过多,不应过于追求逼真,服装、道具不宜过多,不应过于贵重,也不宜过于追求服装、道具的真实。演员以学生为主,所以演出难度不宜过高。此外,表演时间也不能太长,一般不宜超过20分钟。《完璧归赵》在改编时便考虑到了布景要简单、演出要容易等问题。

◆ **课本剧题目**

学校将于"五四"青年节当晚举行课本剧会演,请将语文课本中一篇课文改编为剧本。

66. 寓言

两条泥鳅

泥鳅甲、泥鳅乙生活在同一个小水沟里。一天，泥鳅甲对泥鳅乙说："兄弟，我们整天躲在稀泥里面，见不到阳光，看不到精彩世界，实在太憋闷了。我们离开这里，到大江河、大海洋去好不好？"泥鳅乙说："我也曾经这么想过。"于是，它们决定游向江河、海洋。

它们顺着水沟游向小河，顺着小河游向大河，顺着大河游向大江。到了大江，它们被急流、浪涛、漩涡弄得晕头转向，头晕眼花，被撞得浑身疼痛。泥鳅乙对泥鳅甲说："兄弟，在这里已经这么危险了，再往下游会性命不保，我们还是回到小水沟里去，过安安稳稳的日子吧！"泥鳅甲说："兄弟，想有更大的发展空间，让自己变得更大更壮，有丰富多彩的生活，就得不怕风浪，不怕摔打。我们还是继续往前游吧！"泥鳅乙说："我已受不了了，不想再折腾了，我们各走各道吧！"于是，在发现江边有一小河时，泥鳅乙向小河游去，在小河边发现一小水沟时，向小水沟游去，此后一直生活在小水沟里。泥鳅甲不怕水流湍急、波涛汹涌、漩涡急旋，不怕一会儿撞到石上，一会儿撞到船身，勇敢、顽强地继续向前游，终于游到了大海。

那里海阔天空，有丰富的食物，有看不尽的景物，可以尽情地遨游，可以经受更大风浪的锻炼。因此，泥鳅甲变得越来越壮，越来越大，能够经受百里漩涡、滔天巨浪。它游遍所有海洋，看尽海面无限风光，赏尽海底神奇景象。数年后，它长到数尺长、数斤重，成为泥鳅之王。

猪圈难养千里马，花盆难种参天松。海阔凭鱼跃，天高任鸟飞。

狼狈为奸

一天,老虎捉住了狈,拔掉它的毛,打算吃掉它。狈痛苦得嗷嗷直叫。它的邻居大象、狮子等闻声赶来,硬是把它从虎口里救了出来。

在大象、狮子等无微不至的照料下,狈不但治好了伤,而且变得更强壮、更漂亮了。

可是,狈不但不感谢大象、狮子等邻居,反而整日在邻居面前炫耀自己身强体壮,根本瞧不起邻居们。为此,邻居们十分讨厌它。

狼来到狈的窝,说:"狈兄弟,那次你被老虎捉住,是我带领大伙救你,你才能死里逃生。现在,大家厌恶你,我却从老远的山头跑来看你,我才是你真正的朋友。不!我才是你真正的救命恩人。你的前腿极短,后腿极长,跑动时把前腿搭在我身上才能跑得快,否则跑得极慢。这是老天爷要你有所不足,要你依附于我。在当今世界上,我是老大,你是老二。你完全有资格做这个山头的霸主,并且有优势协助我成为万兽之王。"

狼的话可说到狈的心坎里去了!狈先兴奋而后愤懑地说:"我确实有资格做这个山头的霸主,可是大象、狮子这些家伙,却不肯拜倒在我脚下,实在可恨!"

狼说:"有我做你的靠山,你完全可以征服它们!"

于是,狈疯狂地向邻居进攻:今天毁坏大象的窝,明天侵扰狮子的洞,妄想征服四邻,当山寨之主。大象、狮子等忍无可忍,狠狠地揍了它一顿,它趴在狼的身上,慌慌张张地逃窜。

从此,狼和狈声名狼藉,极度孤立,落得个"狼狈为奸"的千古骂名。

延伸阅读:乔春辉《人性寓言》(《广西文学》2002年第11期)

◆ 寓言的创作

寓言:用假托的故事来说明某些道理,达到劝诫、教育或讽刺目的的文学作品。它通常以动物为主人公,通过虚构的故事来寄寓某一思想。

寓言有如下特点：

（1）通过一个虚构的故事来说明某个道理。这些道理多是普通道理，有的带劝诫性，有的带讽刺性。《两条泥鳅》劝告人们要有远大的追求。《狼狈为奸》讽刺忘恩负义者。

（2）比喻性。寓言往往借此喻彼、借远喻近、借小喻大、借古喻今，用比喻性的故事来说明道理，寓意深刻。《两条泥鳅》中的泥鳅甲比喻有远大追求者，泥鳅乙比喻没有大抱负者。《狼狈为奸》中的狈比喻恩将仇报者。

（3）虚构性。寓言所写的情景、场面、故事都是虚构出来的，并不是真实的。

写作寓言要注意以下四点：

（1）要有想要表达的明确的道理。写作时要明确自己写这个寓言到底要说明什么道理，或者讽刺什么现象，或者要告诫人们什么。笔者写《两条泥鳅》《狼狈为奸》都有想要表明的明确的道理：前者表明有大抱负才有大前程，后者表明恩将仇报、自不量力者绝没有好下场。

（2）大胆想象，编造出恰当的故事来表明道理。寓言的质量如何，主要看故事编造得怎样。要把故事编造得既恰当又生动、新鲜，就得思维活跃，大胆地展开想象的双翅，并运用寓言创作常用的拟人和夸张手法。《两条泥鳅》《狼狈为奸》都较好地运用了这些手法，从而既比较生动，又比较新鲜，可读性较强。

（3）短小精悍。寓言的篇幅一般很短，少的几十字，多的几百字，很少有超过千字的。因此，表达要简洁，不一定要有详尽的描写。

（4）结尾往往直接点明寓意。不少寓言在篇末点明此寓言说明什么道理。《两条泥鳅》的结尾句便是直接点明寓意的句子。

◆ **寓言题目**

你最喜欢什么动物？请以你最喜欢的动物为描写对象，写一则寓言，表达某种寓意。

67. 童话

聪明与愚蠢

一头牛在草地上吃草，虻、蚤、虱在它背上议论世上谁聪明、谁愚蠢。

虻说："我的翅膀透明闪亮，世上数我会装扮。我能爬会飞，本领高强。我敢吮牛的血，敢吸人的血，世上数我聪明能干。"

蚤说："我小巧玲珑，能钻会跳。你虻小子在吮吸人血时，被人家一巴掌便打死了。我呢？专门钻到人不易打着的地方去吮吸，被人发现的话，一跳便逃之夭夭，我不比你聪明？"

虱说："你们都是笨蛋，整日里东奔西跑，东躲西藏，见不得人似的。看我，一动不动地藏在牛的毛发里，饿了张嘴就吃，饱了闭眼就睡，何等清闲自在。不用多说，我才最聪明。下面就议论谁最愚蠢吧！"

虻说："我看牛最愚蠢。它吃的是草、禾秆，却用那么大的力气给人拉犁耙、拉车。"

蚤说："牛的确无比愚蠢。人用草、禾秆喂它，它却为人长一身肥肉，流那么多奶汁。"

虱说："我也觉得牛最愚笨。它活着任人役使，死后任人宰割；骨头给人烧成灰做肥料，肉是人的美味食品，厚皮被人制鼓咚咚敲。我们把这蠢物推倒吧！"

于是，虻、蚤、虱便使劲推牛，牛不耐烦了，用尾巴轻轻一扫，便把虻、蚤、虱扫到地下的烂泥里。

延伸阅读：格林《十二兄弟》（2015年哈尔滨出版社《格林童话》）

◆ 童话的创作

童话：通过幻想、夸张手法塑造形象，语言通俗易懂，适合少年儿童阅读的故事。

创作童话要注意下面六点：

1. 要充分发挥想象，虚构出奇特的故事、人物或事物来

童话是编造出来的，写童话就要充分发挥自己的想象，虚构出离奇的故事来。如果被生活的真实局限住了，不敢虚构、幻想，就编不出童话来。

2. 想象必须建立在现实生活的基础上

童话的内容是虚构出来的，但是不能胡编乱造、不符合生活实际，而应该源于现实生活，能够在现实生活中看到它的影子。在现实生活中，我们不是经常可以看到类似《聪明与愚蠢》中虻、蚤、虱那样自吹擂、不自量力的人吗？

3. 要符合少年儿童的口吻和心理

要用少年儿童的眼光去想象，使他们看得明白，能够理解、接受。要用少年儿童的话去写，简洁明白，通俗易懂。

4. 思想内容要健康

少年儿童的思想比较单纯，容易相信童话里的故事是真的，他们有可塑性。因此，写童话要注意思想内容，要富有教育意义。

5. 要了解描写对象的有关常识

比如，要以蚂蚁、黄牛作为描写对象，就要了解蚂蚁、黄牛的常识，如形体、颜色、习性以及与其他事物或生物的关系等。有了这些基本常识，编写童话才有依据。从《聪明与愚蠢》中不是可以看出笔者对虻、蚤、虱的外表、习性有一定的了解吗？

6. 善于运用拟人手法

拟人作为一种描写手法，在其他作品中也有运用，不过不像童话那样运用广泛罢了。可以说没有拟人就没有童话。拟人之所以被广泛运用于童话创作中，是因为这种手法十分适合儿童的心理和气质，可以使童话的魅力倍

增，使少年儿童更喜欢阅读。在童话中使用拟人手法，要注意"人化"的动物、植物等的独特之处：它们是物却又像人，即既有物的属性，又有人的某些特点。

◆ 童话题目

（一）铅笔与削笔刀

（二）狗与猫

68. 故事

买肉

　　1945年夏季的一天，家里来了稀客，伯父叫我去离家约五千米的鹤市镇买肉，快去快回，以便招待客人。我六岁的弟弟瑞初还没有去过镇里，非要跟着我去不可，我只好带着他一起上路。

　　走到街口，看到一大群人围着看卖药的表演杂技、魔术，我和弟弟泥鳅似的钻进去，蹲着看了起来。我和弟弟还没有看过这么精彩的表演，看得津津有味、全神贯注。

　　玩了一通杂技后开始卖药，不少人想离开，我也想拉弟弟走开。就在这时，一个卖药的指着已经拉好的钢丝说："各位乡亲，我们只卖一阵子药，等一下就表演走钢丝，在钢丝上倒立。"那钢丝有一丈多高、两三丈长。在上面行走和倒立，对极少去镇里的乡下小孩来说，简直不可思议，于是我和弟弟不走了。

　　卖了近一小时的药，走钢丝表演开始了。两三个青年男女在上面走来走去，倒立，人们都屏气凝神地观看。围观的人越来越多。

　　走钢丝表演完毕，又开始卖药了，不少人又想走开，我也拉起弟弟想走开。就在这时，一个卖药的大喊："各位乡亲请留步，等下有'刀砍美人'表演。一把刀对准美女的颈砍下去，美女的头和身断开，却没有死，你说奇怪不奇怪？机会难逢，千万不要错过。这药只卖10包，卖完10包即刻表演！"大家听了又不动了。我虽然很想看，但想到要买肉回去招待客人，便想拉弟弟离开，哪知怎么拉、怎么说他也不肯走。我只好决定继续看。卖药的一边卖药一边唱通俗诙谐的山歌，不时引得人们哈哈大笑。围观的人越来越多。不知不觉中又卖了近一小时的药,开始表演魔术。那魔术果然不可思议,大家啧啧称奇。

魔术表演结束后,不少人想走。就在这时,两个高大威猛的男人挤了进来,卖药的、敲锣打鼓的高喊"师傅"。一个卖药的说:"乡亲们,我们刚才的表演不过是家常便饭,我们师傅的表演才真正精彩哩!千万别走!"人们又不走了,围观的人越来越多。我和弟弟也不走。

卖了大约一小时药后,师傅表演武术,看过师傅的表演弟弟还不想走,因为一小时后师傅还要表演魔术。我硬把他拉起来往肉摊走去。买了肉后,肚子饿得咕咕叫。我找到在镇上做小工的堂兄张作林,向他要了一点钱,买了五个油糍,拿三个给弟弟,留两个给自己,边吃边赶路。虽然吃了油糍,我们还是又饥又渴,加上弟弟从没有走过那么远的路,只好慢慢走。

回到家时,太阳快下山了,客人早走了。

神仙显灵?

有个人,名叫赖发波,人们把"波"的"三点水"移到"发"字左边,叫他赖泼皮,犹如"冯京读马凉"。

他是个惯偷,偷鸡摸狗,偷番薯芋头,偷玉米青菜,偷衣服鞋帽,偷秧苗。村里人非常厌恶他,才把他的名字改为泼皮。

播稻种时,家家户户忙于耕田播种,他不播。到插秧时,他带全家人去偷秧,哪块田的秧好就偷那块田的秧,弄得人家不够秧莳田,咒他不得好死。

有个人,名叫王有智,对赖泼皮非常反感,很想整蛊他,但始终想不出好办法。

又到了播早造谷种时间,家家播种,赖泼皮照样一粒也不播。王有智有一块将近一亩的田,因为土质好,向阳,灌溉便利,年年用来播种。因为秧苗长得好,所以年年有半数左右被赖泼皮偷去。这次,他照样选这块田播种,比往年施了更多更好的肥。"庄稼一枝花,全靠肥当家。"因为施了更多更好的肥，所以这块田的秧长得特别好，又粗壮又绿油油，全村没有一块田的秧比它好。插秧时，赖泼皮把这块田的秧全部偷走，莳到自己田里。

"秧好一造禾。"赖泼皮的禾苗长得非常好，全村没有人的禾比他的禾好。他高兴得合不拢嘴。可是，到了抽穗时所抽的穗极短小，所结的谷又少又瘪，几乎颗粒无收。"好笑禾苗大哭谷"本指一般的禾苗疯长而稻谷很少，用来指赖泼皮的这些水稻也非常恰当。村里人非常高兴，认为这是他罪有应得。赖泼皮莫名其妙，捶胸顿足，心痛至极。

不久，村里人传说，神仙显灵，惩罚赖泼皮，使他知道偷东西没有好下场，不敢再偷东西。

其实，这件事与神仙无关，与王有智有关。王有智听说用晚造谷种当早造谷种，禾苗长得再好也会几乎颗粒无收，于是播早造谷种时用晚造谷种，使赖泼皮失收，今后不敢再偷秧。

延伸阅读：韩阳《误会》（故事会2022年第12期）

◆ 故事的创作

故事：真实的或者虚构的用来讲述的事情。真实故事讲的是真人真事，如《买肉》。虚构故事是编造出来的故事，如《神仙显灵？》。故事侧重于事情过程的描述，强调情节的连贯性和生动性，富有吸引力，能感染人。所以，故事被称为"世界的解药"。

创作故事必须注意下面四点：

（1）要以讲故事人的口气叙述故事。

（2）要注意情节的生动曲折。情节生动曲折，故事才动听，才称得上是故事。

（3）篇幅一般较短。这里指的是小故事或短篇故事，数分钟可以讲完。中小学生创作故事，宜从创作小故事、短篇故事开始。

（4）以小见大。篇幅不长，事情不大，但或能告诉人们一个道理，或能抑恶扬善。《买肉》告诉人们沉迷于无关的事会耽误正事。《神仙显灵？》告诉人们做坏事不会有好下场。

◆ **故事题目**

（一）阅读范文《知识就是力量》，在范文的启示下，学习用故事说理的方法写一个小故事，说明"知识就是力量"。

知识就是力量

有一位大力士同一位书生打赌，比谁力量大。

大力士夸口："我力抵千斤，谁也比不过我。"

书生说："我们这边是一个院墙，你能把这块手帕扔到院墙外面去吗？"

大力士呵呵大笑地说："这块手帕不足一两，扔过院墙有何难哉！"于是接过手帕，就往院墙外边扔。一次，没有扔过去；两次，又没有扔过去；第三次，用尽全身力气，还是没有扔过去。

书生走上前来说："你的力量再大，也比不过我。"说着，在地下拾起一粒石子，用那块手帕包起来，轻轻一扔，就扔过了院墙。

一个是手帕没有扔过院墙，一个是手帕加石子扔过了院墙，大力士认输了。其实这位大力士哪里知道，一块手帕重量太轻，空气中的自然浮力抵消了大力士扔手帕所用的力，所以，手帕怎么也扔不过去；而手帕包了石子，体积小，重量相对增加，自然浮力对它也不起作用了，所以，只要轻轻一扔，便仍过了院墙。大力士因为不懂得这个科学道理，所以只好认输。从这个意义上讲，我们可以说：知识就是力量。当前，在党的工作重心已转到现代化建设上来的时候，需要我们迅速掌握各种科学知识。只有掌握了各种丰富的科学知识，我们才有力量尽快地实现四个现代化。

【要求】（1）要有故事情节。（2）简要地说明科学道理。（3）不要重复范文的故事情节。（4）不少于600字。（湖北省武汉市中考作文题）

（二）根据提供的材料作文。

华隆好（喜欢）弋（yì，射）猎。畜（养）一犬，号曰"的尾"，每将自随（带着它跟随自己）。隆后（后来有一次）至江边，被一大蛇围绕周身。犬遂（就）咋（zá，咬）蛇死焉。而华隆僵仆（倒）无所知（一点儿知觉也没有）矣。犬彷徨（徘徊）嗥吠，往复路间（在华隆的家至江边的路上走来走去）。家人（指华隆家中人）怪其如此，因（于是）随犬往。隆闷绝（窒息）委（倒）地。载归家，二日乃（才）苏（醒）。隆未苏之间，犬绝不食。自此爱惜如同于亲戚焉。

【要求】以"义犬救主"为题，加以合理的想象发挥，写成一则不少于600字的小故事。不能是对原文的直译或意译。（陕西省中考作文题）

（三）大跃进中的小故事（全国高考作文题）

69. 科幻故事

三栖汽车

一天早上，我从广州出发，驾着车沿广湛高速公路行驶，打算去海南岛旅游。我这车可以在陆上行驶、天上飞、水里游。称它是车而不称飞机、船，是因为它大部分时间在陆地上行驶，偶尔在天上飞，在海上航行。

我在薄而透明的触摸屏上按了时速、目的地，车子便自动在公路上飞奔。我在车里上网浏览当天的新闻。一则新闻说：从北京到月球、火星的穿梭飞船即将开通，每天一班，每班100人。我是个旅游迷，看了这个消息，打算从下个月开始每月存2000元，一年后就可以用这笔钱到月球上去见见嫦娥，到火星上去开开眼界了。

一个小时后，车里铃声响了，原来车子已经到了徐闻县海边。前面是茫茫大海，到底是从天上飞过琼州海峡还是从海上渡过去呢？我往海里一看，海上大小船只、三栖汽车不少，比较拥挤，于是决定从天上飞过去。我在触摸屏上按了按，我的车便变成了小飞机。我驾着它直飞海口，不久便到了，在一广场上慢慢降落。

我在触摸屏上按了按，小飞机又变回了小汽车。我驾着车在海口市游览了两个多小时，肚子饿了，便开始做饭。车上有饮料、面包、面条、大米、蔬菜、肉、水等，当然也有炊具了。我做了一碗煎蛋肉丝面，吃完后再吃一个面包便饱了。

吃饱后，我打算继续上路。我看看能源表，能源已经不多了，于是打开太阳能装置补充能源。10分钟后，补充能源完毕，我又继续开车上路。

一小时后，我到达五指山。在五指山玩了三个小时后已近黄昏，我开始做饭。吃过饭后,我在车里看电视,看了两小时后想睡觉了,在触摸屏上按了一下,车厢里便出现了一张舒适的床。

第二天,我开车直奔天涯海角。在天涯海角玩了大约一个小时后,我想到海上去游弋一番,于是便把车子变成一艘小艇。我驾着小艇在海上尽情飞驰,有时兜大圈,有时勇往直前。风驰电掣,如入无人之境。海上有各种游艇,还有礁石、珊瑚礁等,因为所有游艇都有自动避让装置,所以不会相撞。

在海面玩够了,我想往海底看看。我在触摸屏上按了一下,我的小艇便变成一艘小潜艇,潜入海底。在海底,我看到大大小小、五颜六色、奇形怪状的鱼,以及大小珊瑚、礁石、海底植物等,犹如观赏一幅幅美不胜收的图画。

浮上水面,我在触摸屏上按了一下,小潜艇变回小游艇。我驾着游艇往岸边飞驰。正打算上岸时,多功能电视的荧幕上突然出现妻子在家中客厅面色苍白,站立不稳,昏倒在地上情形。与此同时,家中机器人打电话给我说:"女主人突然患病,我将立即送她去附近医院,请您尽快回来。"

我立即将游艇变成时速2000公里的飞机,转瞬回到广州,前往医院。到医院后,妻子已经转危为安,我转忧为喜。

我与妻子、机器人回到家里,机器人立即做饭。不久,机器人做好饭、菜、汤,我与妻子美滋滋地吃饭、喝汤。

延伸阅读:安永碳中和课题组《零碳的一天》(2021年机械工业出版社《一本书读懂碳中和》)

◆ 科幻故事的特点和创作

科幻故事:以科学幻想为题材,运用超现实手法创作的故事。作者描写的是自然科学领域里尚未出现,但从已知科学原理去推测可能出现的情景。

科幻故事有三个特点:

1. 科学性

科幻故事以当前所掌握的科学原理、科学成就等为基础,对未来世界进行幻想式描绘。它只能用超现实表现手法而不能用超自然表现手法，即不能写灵魂、鬼神之类违反科学的东西。

2. 幻想性

故事情节在科学幻想而非真实的天地里展开，实现了从现实向幻想的跳跃。幻想要大胆，全新的科幻点子决定科幻的价值。

3. 文学性

科幻故事对未来科技世界所做的描写不是一般的说明，而是文学描绘，有故事性。

科幻故事是想象出来的，因而在创作科幻故事时要敢于想象、善于想象，在幻想的大环境中，借助想象勾画出具体的故事内容来。要根据人类在未来有可能实现的科学技术来想象，要用讲故事的方法把想象的故事描写出来。《三栖汽车》就有一定的故事性，它所描写的三栖汽车是想象出来的，故事内容也是想象出来的。但这并不是胡思乱想，而是人类在未来有可能实现的。

◆ 科幻故事题目

（一）你想到宇宙空间或者其他星球去旅游吗？你想和外星人接触吗？请根据你所掌握的资料，展开丰富的想象，以此为话题写一篇科幻故事。

（二）20年后的家庭机器人

70. 故事新编

八戒应聘

话说西天取经结束后,悟空回到花果山,每日游山玩水,好不快活。

眼看着各个地方办厂的办厂,办农庄的办农庄,开公司的开公司,悟空想:花果山满山的花果,稍加经营便是大花果园,不办公司实在可惜。于是悟空决定成立花果山花果业总公司,利用得天独厚的资源办花果园,出售鲜花,利用果子办果品加工业。

悟空生性好动,坐不住,不愿当总经理,便决定请八戒来当。他一个筋斗便到了高老庄,找到八戒说明来意。八戒说:"聘书呢?"悟空说:"来得匆忙,没写。"八戒说:"回去写好聘书再来。"悟空无奈,只好回去写了聘书再来。八戒接过聘书看了看,说:"这聘书只写聘我担任总经理,没有写明年薪,不行,再写。"悟空便按八戒要求,写上年薪50万元。八戒这才喜滋滋地接过聘书。

悟空、八戒来到高老庄门口,八戒问:"我的轿车呢?"悟空说:"你我都会腾云驾雾,比坐车快千万倍,要那劳什子干什么?"八戒说:"如今是什么时代?哪个总经理没有高档小车?没有我的专用高档小车,你别想请我。"说完把聘书还给悟空,扭头便回家去了。悟空只好买了一辆高档小轿车、请了个司机再请八戒。

八戒带着娘子、儿女来到花果山,悟空把他们领到一间普通房屋里,叫他们歇息。八戒说:"这就是我家住的地方?"悟空说:"公司刚刚开办,万事开头难。你将就一下,以后会建别墅给你。"八戒说:"哼!叫总经理一家住这样的房屋,简直是开玩笑!建好豪华别墅再来请我!"说完头也不回地领着娘子、儿女走了。

悟空只好以金箍棒作抵押，去银行贷了一笔款来建别墅、办公楼，建好后再去请八戒。八戒见别墅豪华、办公楼气派，才得意地走进总经理办公室。

总经理办公室装修不俗，设备齐全，悟空想这下八戒该满意了。谁知八戒在总经理位子上坐下来后问："怎么不见秘书倒茶递烟？"悟空说："秘书正在聘请，找到合适的立即叫其上班。"八戒立即站了起来，说："那我也暂时不上班。秘书几时上班，我也几时上班。"说完大步离开。

秘书请来了，八戒一看是个小伙子，满脸不高兴，对悟空说："猴头，如今的总经理秘书哪有不是时髦女郎的？你弄个愣头青来，我不要。快去换个姑娘来。要年轻漂亮的。"悟空再也忍不住了，发作道："你这呆子，念着你是我师弟，我才请你。想不到你如此摆谱。我不请你了，你回去吧！"

此后，再也没有人请八戒了，他只好继续在高老庄干些粗重的农活。

◆ 故事新编的创作

故事新编指以神话传说、民间故事、文学作品、历史事件中的人物来充当主人公，重新虚构这些人物的言行以表达作者思想感情的文章。

故事新编的创作要注意下面几点：

（1）切合原著精神。故事新编绝对不是胡编乱编，人物的性格、言行举止应该尽量符合原著中人物的性格、言行举止。

（2）立足现实。故事新编的主旨是借古说今，折射当今现实社会，因此在构思时就得让古人今事都具有现实意义。

（3）选择熟悉的原著改编。只有对原著人物、故事了解得全面透彻，编出的故事才生动有趣而又切合原著精神。

（4）大胆想象。巧妙构思，重新组合，变换故事情节，创作出新的人物、故事，艺术地穿插进某些现代生活细节。

《八戒应聘》是根据古典名著重新演绎的故事，以大家熟悉的八戒充当主人公,虚构他的言行,来表达笔者的看法和情感。此故事新编切合原著的精神,如八戒在应聘中的表现,便与原著中贪、摆架子、好色的八戒相符;立足现实,折射现实,文中的八戒实际上就是当今社会某些有点优势的人在应聘时的写照,也是贪得无厌而最终什么也得不到的人的写照。

这种文体的时空限制较少,思维活跃、善于想象的同学写这种文章容易发挥自己的长处,这些同学不妨一试。想提高自己虚构能力的同学,也不妨一试。

◆ 故事新编题目

(一)请以《三国演义》《水浒传》《西游记》中的人物为原型,写一篇故事新编。不少于800字。

(二)请以鲁迅、金庸、莎士比亚笔下的人物为原型,创作一篇故事新编。不少于800字。

(三)请以屈原、李白、苏轼、陆游、海明威等人为原型,创作故事新编一篇。不少于800字。

(四)请以嫦娥、牛郎和织女、许仙和白娘子的故事为原型,写一篇故事新编。不少于800字。

图书在版编目（CIP）数据

七十种作文示范与解说/张荣初著. — 上海：上海教育出版社，2023.7
ISBN 978-7-5720-2123-7

Ⅰ.①七… Ⅱ.①张… Ⅲ.①作文课－中学－教学参考资料 Ⅳ.①G634.343

中国国家版本馆CIP数据核字(2023)第127863号

策划编辑　李光卫
责任编辑　朱剑茂　顾　翊
美术编辑　静　斓

七十种作文示范与解说
张荣初　著

出版发行	上海教育出版社有限公司
官　网	www.seph.com.cn
地　址	上海市闵行区号景路159弄C座
邮　编	201101
印　刷	上海信老印刷厂
开　本	787×1092　1/16　印张 20.25
字　数	280千字
版　次	2023年7月第1版
印　次	2023年7月第1次印刷
书　号	ISBN 978-7-5720-2123-7/G·1900
定　价	49.80元

如发现质量问题，读者可向本社调换　电话：021-64373213